TONGJI
COMMUNITY DEVELOPMENT
STUDIES

,

COMMUNITY
STUDIES
AND
PLANNING

同济大学社区研究
上海社区研究与规划

朱伟珏 / 主编

社会科学文献出版社
SOCIAL SCIENCES ACADEMIC PRESS (CHINA)

序 言

城市规划一直在寻找多学科的合作，社会学无疑是其中最重要的。在过去的三十年中中国的城镇化快速增长的同时，经济学始终伴随着中国的城市规划，工程技术则一直是传统城市规划的根基。今天我们已经达成一种共识：应该回归"人"这一本体。因此，城市规划将不再仅仅是工程和经济的思维，生态保护、文化传承、生活品质化、多样性与创新以及吸引力和魅力，所有这些城市发展目标的实现都需要立足于"人"这个复杂、多元的群体。因此，社会融合、身份认同、公共交往、绅士化、移民、养老以及社会组织的作用等城市社会学话题在城市规划领域被越来越多地提及。正是在这样的背景下，同济的城乡规划学科与社会学学科启动了以"城市空间"为对象的合作研究。

社区是城市社会的基本单位，也是城乡规划与城市社会学可以交叠研究的空间单位。虽然社区的空间边界并不是固定的，也常常是模糊的，但却实实在在地存在于城市空间和城市社会之中。这也是同济城乡规划与社会学的合作研究首先选择从社区起步的原因。

社区规划是当下城乡规划领域的热门话题之一。规划人考虑的社区规划往往关注于公共服务设施（包括老龄住区的老年人便利和服务设施）、混合居住、混合功能、邻里交往空间、高密度以及公众参与等方面，重点依然离不开传统的自上而下思维，希望通过研究标准、规范甚至模式来解决我们过去在规划中缺失的社会关注，从而改善社区的品质。虽然这方面的研究也不可或缺，但是如果我们缺乏社区研究的基础性工作，得出的结论可能使结果走向我们期望的另一面。

社区研究的基础是社区调研。社区调研和在此基础上展开的社区分析与社会学的研究方法和分析想象力直接相关。城市社区的空间类型和社会结构类型都是多样且丰富的，规划人对社区社会结构多样性影响的分析可能会觉得力不从心，而社会学家则可能并不关注社区空间类型的多样性，这正是城乡规划需要与社会学合作开展社区规划研究的理由。当我们将空间与社会在社区这个对象上结合后究竟会发现什么呢？

  本书是同济规划和社会学第一期合作研究的部分成果。在第一期合作中，社会学的专家们以上海中心城区的社区为对象，与规划师共同确定研究目标，共同设计研究方案，进行了为期一年半的社区研究工作。书中的研究成果基于在上海不同类型社区收集到的千余份问卷、上百次的社区居民访谈和进行的实地观察，视角各不相同，一定程度上反映了上海中心城区社区的状况，可以作为建构社区规划理论和开展社区规划的工作基础。

  书中的研究结论尚未包含本期课题调研数据的全部，我们计划在将要开展的第二期合作研究中做进一步的分析和解释。

上海同济城市规划设计研究院院长
同济城市与社会研究中心主任
周 俭
2015 年 6 月 15 日于同济

目 录
CONTENTS

老年健康的社会影响因素
　　——基于上海市社区综合调查数据的实证研究 …… 朱伟珏　1
社区公共空间的社会性 ………………………………… 范靖宇　36
基于社会空间视角的上海社区商业研究 ………………… 钟晓华　66
社区认同与空间 ………………………………………… 张　俊　104
公众参与与社区满意度研究
　　——以上海市社区综合调查为例 …………………… 王甫勤　133
社区文化研究报告
　　——基于社区文化活动、文化设施和　　　　　　　　 162
　　　社区归属感的分析 ………………………………… 章　超
社区变迁与社区比较研究：记忆、场所、认同 ………… 陈　晋　193
社区规划中的居住空间分异问题及其应对策略 ………… 孙　明　214
有关日本社区规划政策法规的社会学研究
　　——可持续发展的社区规划指标体系初探 ………… 戴建方　253

老年健康的社会影响因素

——基于上海市社区综合调查数据的实证研究

朱伟珏（同济大学社会学系，教授）

摘要：本文基于社会资本理论，运用同济大学社会学系2014年实施的"上海市社区综合调研"数据，对影响上海市老年人健康状况的社会影响因素进行了较为深入的考察。老年人是健康相对弱势的群体，普遍存在生活自理能力下降、健康疾患增多、慢性病增多、残疾或因病致残增多的"一降三多"问题。老年健康不仅是作为个体的老人的个人问题，更是重要的社会问题，老年人的健康受到社会环境的极大影响。本研究的主要目的是揭示社会环境，尤其是社会资本对老年人健康的影响机制，并从社会资本的角度寻求促进老年人健康状况的方案。

关键词：社会资本　主观健康感　心理健康　生理健康　老龄化

一　研究背景

近年来，从社会资本角度探讨老年人健康的社会影响问题成为医学社会学和公共卫生学等健康科学领域的新趋势。长期以来，社会学研究已经发现社会网络和社会支持与健康之间存在着密切联系，但直到最近，社会资本与健康的关系才得以正式确立。众多研究显示，社会资本（信任、互惠和网络）对长寿、婴儿死亡率、心血管疾病、心理健康和主观健康感[①]具

[①] 主观健康感（健康自评）指人们对自身健康状况的主观评价，是一个同时反映身体健康、心理健康以及收入与居住环境等社会因素的综合指标，目前已成为国际上较为通用的健康评价方法之一（杉澤秀博，杉澤あつ子，健康度自己評価に関する研究の展開米国での研究を中心に，日本公衆衛生雜誌1995, 42（6）: 366-378；星旦二，健康指標とQOL，日本保健医療行動科学会編，日本保健医療行動科学会年報 Vol. 3. クオリティ·オブ·ライフと保健医療，東京，メヂカルフレンド社，1988; 59-68）。

有重要影响，即使控制收入变量后这种影响依然存在（王建、于倩倩，2005）。研究同时发现，丰富的社会资本对提高老年人的生活质量、维持其良好的健康状况具有重要作用（近藤克则，2010）。最近的一项国外研究使用元分析的实证方法，得出了社会资本与自评健康具有相关性的结论，认为丰富的社会资本使得拥有健康身体的可能性增加了27%。

当前，中国社会正快速步入老龄化，而上海已正式进入老龄社会①。如何提高老年人的生活质量——这种影响很多时候可以通过老年人在社区中拥有的社会资本反映出来——使其在自己长期居住的社区安享幸福健康的晚年生活，成为全社会关注的焦点。

在各种影响老年人生活质量的因素中，健康始终占据着极为重要的位置。那么，何为"健康"？在传统意义上，健康主要指生理功能的健全和生理机能的正常发展，而现代意义上的"健康"概念则蕴含着更为丰富的内涵。世界卫生组织（WHO）在1946年发布的宪章中，将健康定义为"一种生理、心理和社会的完全的安宁状态"②；1986年，WHO又在其旨在"增进健康"（Health Promotion）的渥太华宣言中明确提出了"健康是日常社会的资源，并非人生目标"的主张；③ 2005年，WHO正式将"增进健康"作为健康的决定性因素追加进《曼谷宪章》。在此，"增进健康"被定义为"使人们有能力把握或者改善自身的健康以及各种决定健康因素的手段与方法"④。

---

① 据上海统计网站发布的2013年《上海统计年鉴》显示，截至2012年底，上海全市共有60岁以上的上海户籍老年人口367.32万人，其中60~64岁122.05万人，65~79岁178.24万人，80岁以上67.03万人；而同期上海户籍人口总数为1426.93万人。上海户籍60岁以上老年人口已占了总数的25.7%，65岁以上老年人口已占据总数的17.2%，超过联合国"老龄社会"标准三个百分点，且这一趋势仍在不断持续，养老问题形势极为严峻（2013年《上海统计年鉴》，http：//www. stats - sh. gov. cn/data/toTjnj. xhtml? y = 2013）；截至2013年底，上海市60岁及以上户籍老年人口387.62万人，占户籍总人口的27.1%；65岁及以上人口256.63万人，占总人口的17.9%；70岁及以上人口171.93万人，占总人口的12.0%；80岁及以上人口71.55万人，占总人口的5.0%，占60岁及以上人口的18.5%［《2013年上海市老龄事业发展报告书（一）》，http：//www. shrca. org. cn/58］。

② WHO constitution. http：//apps. who. int/gb/bd/PDF/bd47/EN/constitution-en. pdf（参照2011 - 11 - 25）；健康日本21総論 第2章. http：//www. kenkounippon21. gr. jp/kenkounippon21 /about/souron/index. html（参照2011 - 11 - 25）。

③ The Ottawa Charter for Health Promotion, http：//www. who. int/healthpromotion/conferences/previous/ottawa/en/（参照2011 - 11 - 25）。

④ 日本ヘルスプロモーション学会：「ヘルスプロモーションとは」, http：//www. jshp. net/HP__kaisetu/kaisetu__head. html（参照2011 - 11 - 25）。

也就是说，我们必须从生理、心理和社会多角度、综合性地探讨健康的形成机制，寻找增进或改善健康的有效途径。目前，世界卫生组织的主张已成为衡量健康状态的一般标准。

总体而言，大部分的老年人处于相对弱势的健康状态。概括起来讲，老年人生理健康状况呈现出明显的"一降三多"现象，即生活自理能力下降，健康疾患增多，慢性病增多，残疾或因病致残增多。此外，老年人在生理状况发生改变的同时，心理也发生各种变化，出现认知功能障碍、失落感、孤独感、衰老感、对疾病的担忧、对死亡的恐惧、对儿女的期望、对应激事件的反应和处理改变以及主观健康状况差等现象（郝晓宁、胡鞍钢，2010）。除了以上这些生理和心理因素外，养老保障、医疗保障、居住环境等社会环境因素同样在很大程度上影响着老年人的生活质量和主观健康感。因此，揭示社会环境对老年人健康的影响机制，通过改善社会环境维持和增进老年人健康水准，进而提高其生活质量，成为医学社会学的核心内容与目标。

本文将老年人的健康问题置于社会资本的视角下进行深入考察，具体计划从上海市老年人健康与社会资本的关系和社区养老服务利用率与社会资本的关系两方面展开定量研究。在此基础上提出维持与增进老年健康方面富有价值并具可操作性的建议。

二 理论框架与研究假设

1. 社会资本理论

社会资本理论作为一项前沿学说，不仅是社会科学领域内重要的学术思潮，而且因其强有力的解释力而得到广泛运用，成为从资源角度研究社会现象和社会问题的新视角。社会资本概念最早可以追溯至19世纪。美国著名实用主义哲学家杜威（John Dewey）在1899年发表的《学校与社会》中，首次使用了社会资本一词（Dewey，1899）。此后，哈尼凡（1916）、雅各布斯（1994）和托克维尔（1969）等人先后使用了这一概念。例如，哈尼凡（1916）认为，区域社会的自治性发展必须具备善意、同伴意识和相互交流；雅各布斯（1961）从城市社会学视角，强调了现代都市邻里关系的重要性。此外，托克维尔则将19世纪公民网络所具备的强大力量及其潜在可能性归结为公民的"自发性连带"并大加称赞。总之,早期的社会资本概念将良好的邻里关系视为农村与城市共同体形成的必要条件而对此倍加关注。

20世纪后半期,"社会资本"研究取得了巨大进展并逐步建立起一整套理论体系和分析框架。最早系统考察社会资本概念的是法国著名社会学家布迪厄(Pierre Bourdieu)。在《资本的形式》一文中,他将个人拥有的资本划分为经济资本、文化资本和社会(关系)资本三大类,并提出社会资本与一个群体中的成员身份有关,它从集体拥有的角度为每个成员提供支持(Bourdieu, 1986)的主张。詹姆斯·科尔曼则从功能主义角度对社会资本进行概念界定,将其视为"个人拥有的社会结构资源"。科尔曼用丰富且高度抽象化的表述,阐明了这样的社会机制,即由义务与期望、信息网络、规范和有效惩罚等"社会资本"构成的"信任"与"社会网络",对理性行动者的协调行动起到了促进作用。这一观点此后成为美国政治学家帕特南的社会资本论的理论基础。

当前被广泛应用的社会资本理论主要由帕特南所确立。20世纪末,他对意大利20个地方政府进行了长期追踪调查,并使用"公民共同体指数"对这些地区的公民共同体程度进行了测量,得出公民共同体程度的不同会对地方经济产生深远影响的研究结论。在此基础上,帕特南进一步给出了社会资本的定义:社会资本指"社会组织的特征,诸如信任、规范以及网络,它们能够通过促进合作行为来提高社会效率(帕特南,2001)。尽管帕特南深受科尔曼的社会资本理论影响,却与从个人层面考察社会资本的科尔曼有着很大不同,他着重强调了社会资本的制度层面,认为社会资本是集体生产的,因而应该隶属于整体,能够作为一种集体财富与资源使整体受益。

21世纪以降,社会资本理论经由旅美华人学者的推介进入中国并引起社会科学界的广泛关注,成为理解转型期中国社会的新视角。边燕杰认为资本最根本的形式有三种:物质资本(即各种物质财富)、人力资本(包括知识、技能、创意等)和社会资本。其中社会资本的本质是行动者之间的关系网络所蕴含的、在社会行动者之间可转移的资源。任何人都不能单方面拥有这些资源,只有通过关系网络才能发展积累和运用这些资源(边燕杰,2004)。郑杭生将"社会资本"看作一个十分有价值的概念,认为它将微观意义上的个人和宏观意义上的社会连结起来,为正确处理人和社会的关系提供了途径;社会资本强调网络、规范、信任;社会资本形成的基本途径是长期的交往、沟通和参与,因而对社会的稳定和发展有着重要意义(郑杭生、奂平清,2003)。王卫东认为,根据个人与资本的不同关系,可以将资本划分为个人资本和社会资本;个人对社会资本不具有所有权,但却可以在一定条件下加以运用,从而获取社会资本——其中一部分社会资本就来源于其非正式的社会关系即社会网络之中(王卫东,2006)。邹宇春则认为,社会资本不属于个体,但它必须建立在个体与他者关系网络的基础上,归属于网络架构内的其他成员。他对2009年中国大城市社会网与求职调查中的广州数据进行了量化分析,认为社会资本还会影响信任的生成(邹宇春,2012)。朱旭峰也曾提出,社会资本就是可以被使用的社会网络的结构。这些网络虽然不是社会资源本身,但人们通过对其的使用可以得到某种回报(朱旭峰,2006)。尽管各有侧重,但中国学者大致同意信任、互惠、社会网络是社会资本的主要构成要素。"社会资本是指个体或团体之间的联系——即社会网络、互惠性规范和由此产生的信任,指个人在社会结构中所处的位置给他们带来的资源"(刘博,2011)。

不过,尽管人们普遍认为个人或团体可以通过建立相互信任与联系获得社会资本,但在如何测量社会资本问题上,至今仍未找到一致的解决方案。从国内外学者对于社会资本的已有研究可以看出,社会资本的测量层次可以大致分为两类:一类认为社会资本是个体层次的变量,应该从微观角度加以考察;另一类认为社会资本是个人所处的集体所产生的,应该从宏观角度研究这一群体层次的变量(刘金菊、孙建敏,2011)。从微观的角度来理解社会资本,强调社会资本是处于其中的成员当有需要的时候可以利用的资源。虽然成员身处社会资本中,但是这种资本的存在是以个人的行动以及需求为实现条件的;微观层面的社会资本被视为个人的资源与财富。林南是从微观层次考察社会资本的代表之一。他认为社会资本是嵌入在社会结构中的,社会网络(社会资本)为个体提供了可以接近并且使用的嵌入资源的必需条件(Abdelnasser M. Abdelaal,2012)。从宏观层面测量社会资本,则以强调社会资本作为一种集体财富与资源的帕特南社会资本理论为代表。帕特南从政治参与、社会参与以及宗教参与等宏观角度分析了美国社会资本在20世纪后30年的变化趋势(帕特南,2011),并且将

"信任、互惠性与社会网络"作为测量社会资本的指标。

近年来，国内学者在社会资本的测量方面做了许多有益探索。较具代表性的有方亚琴与夏建中（2014）的《城市社区社会资本的测量》和桂勇、黄荣贵（2008）的《社区社会资本测量：一项基于经验数据的研究》。方亚琴与夏建中在社区社会资本测量量表中将社会互动、信任、志愿主义以及社会支持等8个资本形式作为衡量社会资本的维度和指标。而桂勇、黄荣贵于2006年至2007年通过对上海市50个社区的社会资本数据的收集，在经验分析的基础上，选取信任、志愿组织、社会支持、互惠以及非正式的社会互动等7个测量指标开展社会资本的研究。

从以上分析可以看出，社会资本大都是根据特定数据使用一组简单指标——通常为信任、互惠和网络三大指标——测量出来的，但由于社会资本是一个极为丰富且复杂的概念，很难用简单变量准确把握。即使部分学者运用变量组合进行社会资本的测量，也大多由于数据本身的限制，并非基于充分的理论依据。即便有学者为了摆脱数据的制约而采用多种数据来源，也往往由于各数据所选样本的不同，无法对调查结果进行统一分析。[①] 尽管存在以上种种问题，但从国内外的研究结果看，已有的测量指标和方法还是较为准确地反映了社会资本的总体特征及变化趋势，即绝大多数的经验研究共同验证了以下事实：21世纪初，随着个体化和城市化的进一步推进以及由此引发的社区共同体的衰落，社会资本正处于持续减少的过程中（帕特南，2011）。

2. 社会资本与健康

目前，社会资本理论不仅被广泛运用于社区共同体、经济的繁荣与发展、教育、犯罪、政治统治形态与效果等问题的研究，而且也成为医学社会学和公共卫生学研究健康的社会影响的新视角。[②] 长期以来，社会学研究已经意识到社会网络、社会支持和健康之间的关系。但社会资本和健康之间的关系研究直到21世纪以降才正式展开。相关研究表明，社会资本（信

[①] 藤澤由和、濱野強など：「ソーシャル・キャピタルと健康の関連性に関する予備研究」，『新潟医福祉4』（2），p.84を参照。

[②] 藤澤由和、濱野強など：「ソーシャル・キャピタル概念の適用領域とその把握に関する研究」，『新潟医学誌』7（1），p.26－32。

任、互惠和网络）对心脑血管疾病、心理健康、儿童虐待风险以及主观健康有着重要影响，即使控制收入变量后这种影响依然存在。Nieminen 等（2010）发现，信任与互惠性规范、积极的社会参与对心理健康和主观健康感有着显著的促进作用；Phongsavan 等（2006）的研究报告显示，相互信赖、区域安全、高度的社会互惠性可以降低抑郁症的发病率；其他研究也都证明了社会资本与主观健康感及心理健康之间显著的关联性（Rose R, 2000；Berry HL & Welsh JA, 2010；Pollack CE & Von Demknesebeck, 2004；Forsman AK, Nyqvist F & Wahlbeck K, 2011；長谷亮佑, 2012；日比野由利、高木二郎、神林康弘, 2011）。但也有研究显示，信任及互惠性与身心健康之间并没有必然联系（Ziersch AM, Baum FE & Macdougall, 2005），政府和民间组织的参加与否对主观健康及抑郁症未产生任何影响（Veenstra G, Luginash I & Wakefield S, 2005）。此外，社会资本与健康的关联度也会受国家（Pollack CE, Von Demknesebeck, 2004）、年龄（Veenstra G, 2000）、性别（Hyyppä MT, Mäki J & Impivaara O, 2007；Skrabski A, Kopp M, & Kawachi I, 2003）等多重因素的影响。因此有必要进行更多的实证研究来证明社会资本与健康的关系。

社会资本对老年人健康的影响问题也引起众多学者的关注，其中尤为突出的是日本的研究成果（市田行信、吉川郷主、松田亮三, 2005；太田ひろみ, 2014；渡邉直樹、安部幸志、竹田茂生, 2012；桝田聖子、津村智惠子、金谷志子, 2010）。日本学者近藤克则曾撰文介绍了社会资本与日本老年人健康之间的关系，提出了一个防止老年人功能退化的方案且加以实施。作者选取知多半岛15225名65岁及以上老年人作为样本，通过定量研究得出结论：丰富的社会资本与良好的健康之间存在密切的联系。更加平等的社会环境更有利于社会资本和个人健康水平的提高。此外，近藤认为，就干预方式而言，"生物—心理—社会"模式要比传统的"生物—医学"模式更适用于老龄化的健康方案（近藤克则, 2010）。

近年来，国内学者也开始重视社会资本与健康的关系并展开了一系列实证研究。例如，吴丽等2009年曾以杭州经济技术开发区失地农民为研究对象，对健康及幸福感与社会资本的关系进行了实证考察。研究发现，社会资本对失地农民的健康水平和幸福感起着正向的促进作用。个体之间的信任感水平越高，互惠互利、社会参与等相关内容增多，个体自评的健康水平越高。此外，自愿性的社会关系，如民间组织、工会组织对个体的自评健康水平（主观健康感）也具有正向的影响作用（吴丽等，2009）。笔者据此给出必须在社区重建过程中重视社区社会资本的提高、关注村民会员关系建设等政策建议。胡荣等着重考察了农民工精神健康的社会影响因素。结果显示，与受教育程度等一样，社会资本也对农民工的精神健康产生较大影响。具体而言，信任对精神健康具有积极影响，而社会网络对健康的影响则较为复杂，虽然社会网络密度对农民工的精神健康具有积极影响，但这种影响仅仅局限于农民工之间的交往。调查显示，农民工与当地居民（厦门居民）的频繁交往，反而对其精神健康不利。作者主要从参照体的选择角度对此进行了说明（胡荣、陈诗斯，2012），他们认为人们的心理满足感和健康水平很大程度上取决于其选择的参照群体。通常情况下，人们倾向于选择与自己交往频繁的社会网络成员作为参照群体。如果农民工和厦门居民过从甚密，那么他们自然会更多地以厦门居民作为参照群体，更容易感受其经济地位与当地人的差距，这种感受对他们的精神健康会产生不利影响。

王江蓉和张拓红利用北京大学 2010 年"中国家庭动态跟踪调查"数据，对社会资本与城市居民健康的相关性进行了定量研究，发现社会资本对城市居民的健康自评具有显著影响。具体来说，就是社会资本因素中的组织参与、人际交往和社会公平认同均对健康自评具有积极作用。"参与社会组织、人际交往越频繁，公平认同越高者，自评健康状况越好"（王江蓉、张拓红，2012）。从社会资本角度关注城市老年人健康的研究近几年来在公共卫生学领域取得了一定进展，许多学者从社会支持、社会网络和社会参与的角度对老年人健康问题进行了研究（王辉等，2013）。不过，将老年人健康的社会影响直接置于社会资本视角下的社会学研究成果比较少，较具代表性的有薛新东等的《社会资本决定健康状况吗？——来自中国健康与养老追踪调查的数据》（薛新东、刘国恩，2012）和裴晓梅等利用 2010 年 CGSS 数据所做的《社会资本与晚年健康》定量研究报告。在后一份报告中，作者分别从个人层面社会资本及结构层面社会资本两个方面与老年人健康的关系进行了逻辑回归分析，得出亲戚数量和单位转换频度等个人层面社会资本要素对老年人健康具有正向促进作用的研究结论（裴晓梅等，2014）。总体而言，目前国内运用社会资本理论对老年人身心健康的社会影响因素进行深入且富有价值的研究仍不多见,而从社会资本角度针对上海市老年人健康问题的实证研究则更为鲜见。在此意义上,本研究具有重大的现实意义和较高的学术价值。

3. 研究假设

本研究的基本问题是:社会资本与老年人健康之间是否存在一定的联系?如果存在联系的话,那么是其中哪些因素在起作用?这些因素又对健康产生何种影响?Folland 和 Kawachi 曾分别从个人和社区层面探讨了社会资本对健康的影响机制。Folland 指出,在个人层面,社会资本主要通过创造良好的社会环境、传播有益的健康信息以及培养社会责任感这三种途径对健康产生影响。首先,社会资本有利于增进社会交往并创造相互信任的社会环境,这些因素能有效降低个人面临的压力;其次,社会资本有助于个人获取更多有关健康的知识和信息,从而提高个人健康生产的效率;再次,社会参与和社会交往有助于社会责任感的培养,而社会责任感可以明显降低危险行为的发生(Folland,2008)。Kawachi 等(1999)则从集体层面(他使用社区社会资本以区别于个人所拥有的社会资本)考察了社会资本对个人心理健康的影响途径:1)社区社会资本可以通过促进心理健康信息的传播、培养遵从健康的心理行为规则以及对偏离心理健康的行为加以有效控制等方式,促进邻里间的心理健康行为;2)社区社会资本可以通过提高居民社会团体的参与热情,有效提高其接触愉快事件的机会;3)社区社会资本可以通过提供情感支持、提高自尊和鼓励互助等方式对个人心理健康产生积极影响(Kawachi I, BP Kennedy & R. Glass, 1999)。总之,社会资本通过提供社会支持、增强互信与互惠等方式,来促进健康行为、创造良好的健康环境并有效缓解心理与社会压力(Berkman, LisaF & Syme, S. Leonard, 2001; Harpam, T., Grant, E. & Thomas, E., 2002; Henderson, S & Whiteford, H, 2003; 太田ひろみ, 2014; Kawachi, I. & Barkman, L. F., 2001; I, Barkman L. F., 2000)。

社会资本对健康的影响机制研究同样可以用来理解老年人健康的社会因素。国内外已有的研究表明,社会支持、社会参与、信任和互惠等社会资本要素可以增进邻里间的互助精神、拓宽获取健康知识和信息渠道、增加由人际交往带来的愉悦感等方式对老年人心理健康和主观健康感(健康自评)产生重大影响。

不过，国内现存关于社会资本与老年健康相关性的研究，一方面数量较少，另一方面分析的观点比较单一，只是验证出"具有相关性"这一结论，而具体社会资本对于老年健康的作用机制并没有得到细致的论述；同时，虽然已有研究在分析中采用的控制变量都有性别、年龄、收入和受教育程度等基本的社会人口学信息，但是却很少涉及老年人的居住环境——而笔者认为，居住环境对老年人社会资本的拥有量可能有显著影响，进而影响到老年人健康状况。据此，为了再次验证已有结论的准确性，并进而发现社会资本与老年人健康状况之间更深层次的相关关系，本文提出以下四点研究假设。

第一，老年人的社会资本拥有量与其健康状况具有显著的相关性。

第二，老年人的健康状况与年龄呈负相关。

第三，老年人的收入与其健康状况呈正相关。

第四，老年人健康状况与居住环境及居住年份具有显著相关性。

二 数据与研究变量

1. 数据概述

2014年6月，同济大学社会学系组织了一场针对上海居民的大型社区综合调研，内容涉及居住、社区商业、社区公共生活、邻里交往、社区安全、社区认同、社区参与、社区文化活动、老年健康和社区养老等几大方面。此次调研以上海市十三个不同层次、特点的居民区为样本选取的基础，在调查过程中控制样本的性别、年龄比例，采用随机抽样的方式展开调研。经过两周的调研，共获得有效样本1040个，其中60岁以上样本411个，此即我们分析的依据。

在这411人中，男性174人，占42.34%，女性237人，占57.66%。按年龄层次区分的话，60~65岁占47.93%，66~74岁占33.82%，75~80岁占11.44%，80岁以上的占6.81%。从教育程度来看，初中以下的占49.88%，高中/中专/高职的占26.52%，大专及以上的占23.60%。就收入而言，19.46%的老年人月收入在2000元以下，68.86%的老人月收入在2000元至4000元之间，8.76%的在4000元至8000元之间，有2.92%的老年人月收入在8000元以上。

在411位老年人中，8.03%为独居老人，28.95%为双老（空巢）家庭，63.02%的老人还与除配偶之外的其他人一起居住。在我们调查到的老人中，27.25%的老人在所在小区居住1~5年，16.55%的老人在现在的小区居住了6~10年，27.01%的老人在所在小区居住了11~20年，7.79%的老人在所在小区居住了21~30年，另外还有21.41%的老人在所在小区居住了30年以上。从他们的居住面积来看，7.30%的老人目前居住面积在20平方米以下，23.60%的老人目前居住面积为21~50平方米，45.99%的老人目前居住面积为51~100平方米，23.11%的老人目前居住面积大于100平方米。① 他们的居住房屋类型也比较多样化：11.68%的老人住在公房当中，10.71%的老人住在新式里弄中，14.36%的老人住的是老式里弄，35.77%的老人住的是新建商品房，14.11%的老人住的是动迁安置房，13.63%的老人住在经济适用房中（见表1）。

表1 样本基本统计情况

变量		人数（人）	比例（%）
性别	女	237	57.66
	男	174	42.34
年龄层	60~65岁	197	47.93
	66~74岁	139	33.82
	75~80岁	47	11.44
	80岁以上	28	6.81
教育程度	初中以下	205	49.88
	高中/中专/高职	109	26.52
	大专及以上	97	23.60
收入	2000元以下	80	19.46
	2000~4000元	283	68.86
	4000~8000元	36	8.76
	8000元以上	12	2.92

① 由于此次调查涉及多种房屋类型，所以在居住面积测量方面存在建筑面积和使用面积两种不同标准，而调查问卷并未对其做出区分，致使数据出现偏差。另外，居住面积部分以家庭为单位而非人均面积，也导致测量结果的偏差，拟在下一阶段的调研中做出改进。

续表

变量		人数（人）	比例（%）
家庭形态	独居	33	8.03
	双老家庭	119	28.95
	非独居、非双老	259	63.02
居住年份	1～5年	112	27.25
	6～10年	68	16.55
	11～20年	111	27.01
	21～30年	32	7.79
	30年以上	88	21.41
居住面积	20平方米以下	30	7.30
	21～50平方米	97	23.60
	51～100平方米	189	45.99
	100平方米以上	95	23.11
房屋类型	公房（单位房改房、公租房）	48	11.68
	新式里弄	44	10.71
	老式里弄	59	14.36
	新建商品房	146	35.52
	动迁安置房	58	14.11
	经济适用房	56	13.63

2. 变量设置

通过对数据的分析，笔者想要探究的是老年人健康的影响因素，尤其是社会资本对老年人健康的影响，所以将老年人的健康状况作为因变量，而将社会资本及社会资本以外的其他变量作为自变量（见表2）。

表2 变量设置

因变量	自变量	
主观健康 心理健康 生理健康	社会资本	信任 小区医疗设施 互助与信任 社会责任感 与他人联系 社区认同 社会支持

续表

因变量	自变量	
主观健康 心理健康 生理健康	社会人口变量	性别 年龄层 家庭形态 教育程度 收入
	住房及社区条件	居住时长 居住面积 房屋类型

1）因变量

如前所述，世界卫生组织（WHO）将健康定义为"一种生理、心理和社会的完全安宁状态"，而不仅仅是传统意义上的生理功能和身体机能的健全。据此，我们从主观健康感、心理健康和生理健康三个方面探讨老年人的健康状况。主观健康感是一个综合健康指标，不仅反映老年人的身体健康状况，而且涵盖精神层面的健康状况、收入和居住环境等多重心理和社会因素（杉澤秀博、杉澤あつ子，1995；星旦二，1988）。本研究通过直接提问的方式测量老年人的主观健康感："您觉得您目前的身体健康状况是？"答案选项有：①很健康；②基本健康；③不健康，但生活能自理；④生活不能自理；⑤其他。

心理健康是情感、行为以及社会性等方面的一种正常与良好的状态（播摩優子、佐々木久長，2013），心理健康状况的判断介于主观与客观之间。本研究参考 CGSS2010 的调查问卷以及 2006 年中国健康与营养调查的成人调查表，将心理健康操作化为对抑郁度与孤独感的测量：①是否感到抑郁和沮丧；②是否感到孤独。"一直抑郁和沮丧"和"经常抑郁和沮丧"赋值 1 分，"偶尔抑郁和沮丧"赋值 2 分，"从未抑郁和沮丧"和"其他"赋值 3 分（缺失值和"其他"赋众值）；"总是感到孤独"和"经常感到孤独"赋值 1 分，"偶尔感到孤独"赋值 2 分，"从未感到孤独"和"其他"赋值 3 分（缺失值和"其他"赋众值）。"心理健康"分值由两项分值加总获得，总分 2~6 分，2~3 分算低，4~5 分算中，6 分算高。

生理健康指人体生理上的健康状态，其判断最具有客观性，可以通过量表进行测量。本研究的生理健康量表参考了美国 SF-36 生活质量调查表，总共设计了11道问题。生理健康分值由11项分值加总获得，最低分11分，表示最健康，最高分44分，表示最不健康，分数由低到高表示生理健康水平下降。由于大多数人（241人）的健康水平都在最健康的水平，在生理健康状况差的一级人数很少，为了能够有所区分，将21~44分定义为最不健康，划分6个层次：1（最不健康）=21~44分，2=17~20分，3=15~16分，4=13~14分，5=12分，6（最健康）=11分。

2）自变量

关于社会资本的测量，前文已做了充分的讨论。总体而言，信任、互惠性与社会网络可以作为社会资本测量的基本指标。由于本项研究主要针对老年群体的社会资本与健康的相关性，因此在参考了已有研究（播摩優子、佐々木久長，2013）的基础上，笔者将社会资本操作化为信任、互惠性、社会支持三个方面。信任一般分为强信任与弱信任两类。强信任指频繁且高强度的，嵌入广泛的网络中的个人关系的信任；弱信任（社会信任）指对一般他者的信任（罗伯特·帕特南，2011）。本研究的"信任"主要指弱信任，即对邻里以及所在社区的信任。"信任"的测量通过三个题目来完成：①小区居民关系和睦与否；②是否会让小孩一个人玩耍；③是否敢晚上一个人行走。通过赋值（1~3分），并计算得分，每一题的缺失值按该题的众值补全，分值统一从低到高排列，分值越低表示信任程度低，反之则信任程度高。"社会资本—信任"分值由三项分值加总获得，分值3~4分算低，5~6分算中，7分算高。

互惠性是指出于如果自己需要帮助的话他人也会乐意帮助自己的愿望，而打算帮助他人的意愿。互惠性体现了一种双向性（I.カワチ·S.V.スブラマニアン·他，2008）。本研究侧重社区内邻里间的互惠性，因此互惠性的测量操作化为医疗设施便利程度、互助与信任、社会责任感、与他人联系、社区认同这5项指标（见表3）。

表3 对老年人社会资本测量的操作化

信任	①小区居民关系和睦与否 ②是否会让小孩一个人玩耍 ③是否敢晚上一个人行走

续表

	医疗设施便利程度	社区离三甲医院的距离
互惠性	互助与信任	①是否能借到扳手、螺丝刀之类的工具 ②小区里大部分人都愿意相互帮助
	社会责任感	①自觉遵守小区的各项规章制度 ②破坏小区公共秩序的行为应该受到制止和批评 ③当遇到坏人时，周边的邻居能够挺身而出 ④当小区的集体利益受到损害，我会参加小区居民为此发起的一些联合行动 ⑤如果你居住的社区有玩耍的孩子在破坏花木或公共物品，你是否会阻止他们
	与他人联系	①您在小区中有没有相对固定的交往圈子 ②小区里和您见面会彼此打招呼的居民数量 ③关系好到可以登门拜访的小区居民数量 ④户外活动的时候你与其他人交流吗
	社区认同	①喜欢我的小区 ②告诉别人我所住的小区，感觉很自豪 ③如果不得不搬走会很遗憾
社会支持		①当您有需要的时候，您的家人和亲属是否倾听个人问题或者个人关心的事情 ②当您有需要的时候，您的家人和亲属是否提供经济上的支持 ③当您有需要的时候，您的家人和亲属是否做一些家庭杂事 ④当您有需要的时候，您的邻居是否倾听个人问题或者个人关心的事情 ⑤当您有需要的时候，您的邻居是否提供经济上的支持 ⑥当您有需要的时候，您的邻居是否做一些家庭杂事

"社区医疗设施便利程度"数据通过给13个居委会负责人分发的问卷获取，回收有效问卷11份。测量题目是社区医疗设施便利程度一览表中的"社区离三甲医院的距离"栏目，可选项有：①1公里以内（步行15分钟以内）；②2公里以内（步行30分钟以内）；③3公里（步行45分钟以内）。三个选项分别构成"社区医疗设施"的三个分类。

"互助与信任"通过两道题目来测量：①是否能借到扳手、螺丝刀之类的工具；②小区里大部分人都愿意相互帮助。同样通过赋值计算得分，缺失值按该题的众值补全，分值统一从低到高排列，"互助与信任"分值由两项分值加总获得，总分2~6分，2~3分算低，4~5分算中，6分算高。

"社会责任感"的测量包括5项：①自觉遵守小区的各项规章制度；②破坏小区公共秩序的行为应该受到制止和批评；③当遇到坏人时，周边的邻居能够挺身而出；④当小区的集体利益受到损害，我会参加小区居民为此发起的一些联合行动；⑤如果你居住的社区有玩耍的孩子在破坏花木或公共物品，你是否会阻止他们。计算方法与前两个类似，"社会责任感"分值由5项分值加总获得，总分5~15分（实际最低分为6分，没有出现5分情况），6~8分算低，9~12分算中，13~15分算高。

　　"与他人联系"由四项组成：①您在小区中有没有相对固定的交往圈子；②小区里和您见面会彼此打招呼的居民数量；③关系好到可以登门拜访的小区居民数量；④户外活动的时候你与其他人交流吗。第一题赋值1~2份，缺失值分小区按众数补齐；第二题0~3个人算1分、4~19个算2分、20个以上算3分，该题缺失值分小区按均值补齐；第三题0人算1分，1~3人算2分、4个人以上算3分，该题缺失值分小区按均值补齐；第四题"不太交流"和"不交流"算1分，"偶尔交流"算2分，"几乎每次都交流"和"经常交流"算3分，该题缺失值按众数补齐；分值统一从低到高排列，"与他人联系"分值由4项分值加总获得，共4~11分，4~6分算低，7~9分算中，10~11分算高。

　　"社区认同"测量的时候结合三个问题：①喜欢我的小区；②告诉别人我所住的小区，感觉很自豪；③如果不得不搬走会很遗憾。每一题赋值1~3分，缺失值按该题的众值补全，分值统一从低到高排列。"社区认同"分值由3项分值加总获得，总分3~9分，3~4分算低，5~7分算中，8~9分算高。

　　社会支持通常指社会联系以及互助活动（畑荣一、土井由里子，2009）。但笔者认为，老年人的社会支持主要指来自家庭成员特别是邻里的支援与帮助。据此，在本研究中"社会支持"由"家庭支持"和"社区支持"两部分组成，共6道题（两个量表）：①当您有需要的时候，您的家人和亲属是否倾听个人问题或者个人关心的事情；②当您有需要的时候，您的家人和亲属是否提供经济上的支持；③当您有需要的时候，您的家人和亲属是否做一些家庭杂事；④当您有需要的时候，您的邻居是否倾听个人问题或者个人关心的事情；⑤当您有需要的时候，您的邻居是否提供经济上的支持；⑥当您有需要的时候，您的邻居是否做一些家庭杂事。每一题的缺失值按该题的众值补全,分值统一从低到高排列,统一成 1~2 分,(选项 4~7 算 1 分,选项 1~3 算 2 分);"社会支持"分值由"家庭支持"和"社区支持"分值加总获得,由于社会资本更为看重邻里间的互助,即社区支持,因此社区支持分值加权乘以 2,计入总分。最终总分为 9~18 分,9~11 分算低,12~15 分算中,16~18 分算高。

3)控制变量

为进一步明确社会资本对老年人健康的实际效应,本研究在参考前文所述的关于社会资本与健康以及老年人健康关系的实证研究的同时,根据此次研究重点纳入其他可能影响老年人健康的变量,包括年龄、性别、教育程度、收入、家庭形态、居住年份、居住面积等。

三 研究结果分析

1. 研究对象的基本特征

在数据处理的基础上,笔者分析得出,研究对象的基本特征如下。

从健康状况来看:主观认为不健康的占 21.17%,主观认为健康的占 78.83%;心理健康程度低的占 3.41%,心理健康程度中的占 42.09%,心理健康程度高的占 54.50%;生理健康情况中,最不健康的占 3.16%,最健康的占 59.12%,其余的都介于二者之间(见表 4)。可以看出,被访者健康状况总体来讲较好。

表 4 健康状况

变量		人数(人)	比例(%)
主观健康感	0 = 不健康	87	21.17
	1 = 健康	324	78.83
生理健康	1(最不健康)	13	3.16
	2	14	3.41
	3	39	9.49
	4	52	12.65
	5	50	12.17
	6(最健康)	243	59.12

续表

变量		人数（人）	比例（%）
心理健康	1 = 程度低	14	3.41
	2 = 程度中	173	42.09
	3 = 程度高	224	54.50

从社会资本拥有状况来看，信任程度低的占 10.46%，信任程度中的占 74.94%，信任程度高的占 14.6%；互助与信任程度低的占 7.79%，程度中的占 55.96%，程度高的占 36.25%；社会责任感程度低的占 7.3%，程度中的占 13.63%，程度高的占 79.08%；与他人联系程度低的占 11.92%，程度中的占 47.93%，程度高的占 40.15%；社区认同程度低的占 9.49%，程度中的占 30.17%，程度高的占 60.34%；社会支持程度低的占 44.77%，程度中的占 42.58%，程度高的占 12.65%（见表 5）。这些数据表明，受访的老年人社会资本拥有量总体而言比较可观，但在社会支持一项中表现稍不明显。

表 5　社会资本概况

变量		人数（人）	比例（%）
信任	1 = 程度低	43	10.46
	2 = 程度中	308	74.94
	3 = 程度高	60	14.60
互助与信任	1 = 程度低	32	7.79
	2 = 程度中	230	55.96
	3 = 程度高	149	36.25
社会责任感	1 = 程度低	30	7.30
	2 = 程度中	56	13.63
	3 = 程度高	325	79.08
与他人联系	1 = 程度低	49	11.92
	2 = 程度中	197	47.93
	3 = 程度高	165	40.15
社区认同	1 = 程度低	39	9.49
	2 = 程度中	124	30.17
	3 = 程度高	248	60.34

续表

变量		人数（人）	比例（%）
社会支持	1 = 程度低	184	44.77
	2 = 程度中	175	42.58
	3 = 程度高	52	12.65
社区医疗设施便利程度	1 = 1 公里以内	75	18.25
	2 = 2 公里以内	197	47.93
	3 = 3 公里以内	139	33.82

2. 社会资本与健康的关系

上一部分的数据已经大致反映出受访老年人普遍比较健康，同时，他们也大都拥有较好的社会资本。但这并不能直接反映社会资本与老年人健康之间的相关性。为了进一步测量二者的相关性，笔者将社会人口变量、住房及社区条件这两类变量作为社会资本的控制变量，与社会资本的几个指标分别与老年人的心理健康、生理健康、主观健康感进行模型分析。从模型分析结果（表6）可见，社会资本与老年人的健康存在显著相关。

（1）社区医疗设施便利程度，即社区离医疗设施（三甲医院）的距离与老年人心理健康呈显著正向相关性。在模型1.1中，其他条件相同的情况下，与1公里内有三甲医院的社区相比，3公里内有三甲医院的社区居民心理健康度较高的可能性降低69%，在模型1.2中这种相关关系依然存在，为64%。可见，便利的医疗设施能够促进老年人的心理健康。在此次调研中，笔者曾经走访了部分老人，他们普遍表示居住在医院附近比较放心。有位84岁的张姓阿婆在十几年前特意把家搬到了某三甲医院旁边。我问她当时是否得了什么慢性病？她说自己至今还算健康，搬家是因为住在好医院附近会比较安心。这说明便利的医疗设施不仅能为老人提供必要的医疗服务，还可以促进老年人心理健康。

（2）"社会支持"与老年人心理健康呈显著的正相关性。模型1.1和模型1.2都显示，在其他条件相同的情况下，与社会支持程度低的居民相比，社会支持程度中的居民心理健康较高的可能性提升1.8倍左右（模型1.1和1.2数值近似）。说明社会支持对老年人心理健康具有促进作用。究其原因，主要是来自亲朋好友及邻里的援助可以帮助老人稳定情绪和改善精神状态（青木邦男，2014）。不过，社会支持对老年群体心理健康的影响机制是复杂的。研究显示，社会支持的心理健康促进作用只发生在"社会支持程度中"的老年居民中，社会支持"程度低"和"程度高"均不能促进心理健康。说明社会支持只有高到一定程度时才能促进老年人的心理健康，过高和过低都起不了作用。这可能是社会支持程度高的老人普遍较有依托造成的。这些老人大多家庭和睦、子女孝顺。家庭本身就提供了丰富的情感支撑。对于他们而言，心理健康与否更多取决于自身身体健康状况等因素，社会支持的作用反而下降了。国内相关研究也显示了社会支持与老年心理健康之间的复杂关系。有研究发现，社会支持对老年人心理健康的影响与老年人自身的压力水平有关，并且存在性别差异（陈立新、姚远，2000）。说明社会支持对老年人心理健康的影响同时深受其他各种因素的制约。

（3）"与他人联系"与老年居民的主观健康感呈显著负相关性。从模型3.1和3.2可见，"与他人联系"程度提高时，老年人的主观健康感反而降低。和"与他人联系"程度低的老人相比，"与他人联系"程度高的老人选择主观健康感较高的可能性显著降低69%（模型3.1和3.2数值相当）。这在一定程度上说明，与他人频繁的接触不利于老年人的主观健康感。国内外部分研究也得出了相近的结论。2014年英国斯特灵大学行为科学中心研究员迈克尔·戴利等人对低收入人群健康状况不佳的原因进行了调研。结果显示，低收入人群健康状况差的主要原因并不是缺少金钱，而是与邻里等的攀比所产生的心理压力导致的（环球网，2014）。胡荣（胡荣、陈诗斯，2012：152-153）等在对厦门市农民工社会交往与精神健康关系的实证调查中也发现，社会网络对农民工精神健康的促进作用仅限于农民工之间，他们与厦门市民的密切交往，反而不利于精神健康。就此推断，农民工与厦门居民的频繁接触会由于比较而产生心理压力，进而不利于精神健康。这些研究均显示，过多的社会交往会增加由于攀比导致的心理失衡，进而对健康产生不利影响。

（4）"社会支持"与老年人的主观健康感呈显著的正向相关性。模型3.1和模型3.2都表明，社会支持与老年人的主观健康感存在显著的正相关关系，在模型3.1中，与社会支持程度低的居民相比，社会支持程度中等的居民主观健康感较高的可能性显著提升3.5倍，社会支持程度高的居民主观健康感较高的可能性显著提升6.6倍。模型3.2在增加住房及社区条件以后，社会支持程度中和高的居民，主观健康感较高的可能性分别显著提升3.8倍和6.3倍。这意味着社会支持程度越高，老年人的主观健康感也越强。国外早在20世纪中后期就开始关注社会支持与主观健康感的关系，发现社会支持对健康自评（主观健康感）具有直接的正向作用（Cott CA，Gignac MA，Badley EM，1999：731-736），此次调研得到了一致的结论。

此外，分析结果表明社会资本与老年人的生理健康不存在相关性，这与已有的研究相一致。

3. 其他变量与老年人健康的关系

除了我们已经分析过的社会资本与老年人的健康状况存在显著相关性之外，数据分析还显示了其他的结果。（见表6）

（1）性别与老年人心理健康存在显著相关性。数据显示，相对于女性，男性的心理健康和生理健康程度普遍较优。在模型1.1和模型1.2中，与女性居民相比，男性心理健康程度更高的可能性分别显著提升1.7倍和1.9倍；在模型2.1和2.2中，男性生理健康程度更高的可能性均显著提升1.7倍。迄今为止，各国女性的平均预期寿命普遍高于男性，但同时，女性的健康状况却不如男性。已有的研究表明"女性的疾病发病率也高于男性，特别是在生命的后期。女性更可能去寻求医疗服务，自报患病的比率也高于男性"，本文的研究结果与此一致。吉登斯曾经从社会学角度分析了导致男女健康差距的原因。他指出，收入不平等和繁重的社会角色是造成女性健康状况差的主要社会因素。在绝大多数情况下，女性收入低于男性，这使得她们无法获得可以提高其独立性的资源。不仅如此，女性还要扮演多重角色，既要从事家务劳动、照顾老人孩子，还要承担专业职责。这些都会增加她们的身心压力并最终影响健康（安东尼·吉登斯，2003）。

（2）年龄层与老年人生理健康有显著的相关性，年纪越大的老年人，生理健康程度越低。模型2.1和模型2.2表明，与60~65岁居民相比，66~74岁居民生理健康更好的可能性显著降低60%多，75~80岁显著降低80%左右，80岁以上显著降低90%左右，这与人们的日常经验相符。

（3）居住时长与老年人心理健康和主观健康感均呈显著的正向相关性。模型1.2和模型3.2还测出，在同一社区内居住时间长短与老年人的心理健康和主观健康都存在显著的正相关关系。但是这种相关性只出现在那些在同一社区居住了30年以上的老年人身上。从表6可见，与居住5年以下的居民相比，居住30年以上的居民心理健康度更高的可能性显著提升3.2倍，而主观健康感更高的可能性显著提升4.3倍。这从一个侧面反映出社会资本经过长期的积累，从而会影响到老年人的健康状况。

表6 老年人健康水平影响因素的逻辑斯蒂（次序、二元）回归系数（N=411）

变量			心理健康		生理健康		主观健康感	
			模型1.1	模型1.2	模型2.1	模型2.2	模型3.1	模型3.2
社会资本	信任（程度低为对照组）	程度中	0.954	1.022	0.992	1.08	1.59	1.522
		程度高	0.533	0.528	1.018	1.147	1.033	1.018
	社区医疗设施便利程度（1公里以内有三甲医院为对照组）社区	2公里以内	0.541*	0.615	0.795	0.63	0.446*	0.491
		3公里以内	0.313***	0.357*	0.954	0.739	0.644	0.839
	互助与信任（程度低为对照组）	程度中	0.875	0.884	0.914	0.804	0.694	0.761
		程度高	1.228	1.108	1.12	1.079	0.813	0.959
	社会责任感（程度低为对照组）	程度中	0.601	0.525	0.724	0.687	0.738	0.634
		程度高	0.563	0.464	0.623	0.562	0.604	0.545
	与他人联系（程度低为对照组）	程度中	0.674	0.642	1.573	1.625	0.469	0.464
		程度高	0.88	1.004	1.32	1.313	0.313*	0.306*
	社区认同（程度低为对照组）	程度中	1.051	1.079	1.001	0.955	0.915	0.844
		程度高	1.808	2.123	1.088	0.979	1.195	1.072
	社会支持（程度低为对照组）	程度中	1.783*	1.803*	0.826	0.826	3.495***	3.833***
		程度高	1.212	1.234	0.987	0.852	6.583***	6.33***
社会人口变量	性别（女性为对照组）	男	1.721*	1.867**	1.675*	1.725*	1.13	1.214
	年龄层（60~65岁为对照组）	66~74岁	1.163	1.038	0.389***	0.361***	1.259	1.119
		75~80岁	0.783	0.677	0.203***	0.164***	0.776	0.642
		80岁以上	0.805	0.781	0.101***	0.083***	0.328*	0.355

续表

变量			心理健康		生理健康		主观健康感	
			模型 1.1	模型 1.2	模型 2.1	模型 2.2	模型 3.1	模型 3.2
社会人口变量	家庭形态（独居家庭为对照组）	双老家庭	1.832	2.107	0.668	0.609	1.075	0.941
		非独居、双老	1.454	1.648	0.596	0.591	0.752	0.602
	教育程度（初中以下为对照组）	高中/中专/高职	1.033	1.065	1.109	1.113	1.94	1.911
		大专及以上	0.782	0.747	0.881	0.829	1.434	1.328
	收入（2000元以下为对照组）	2000~4000元	1.136	1.317	1.131	1.166	1.419	1.461
		4000~8000元	1.378	1.628	0.893	1.016	1.611	1.603
		8000元以上	0.332	0.39	1.478	1.8	1.837	1.72
住房及社区条件	居住时长（5年以下为对照组）	6~10年	—	1.277	—	0.915	—	0.869
		11~20年	—	1.128	—	1.135	—	1.118
		21~30年	—	1.818	—	0.932	—	3.274
		30年以上	—	3.184*	—	2.083	—	4.281*
	居住面积（20平米以下为对照组）	21~50平米	—	1.153	—	0.966	—	2.414
		51~100平米	—	0.489	—	1.46	—	3.334
		100平米以上	—	0.581	—	0.732	—	4.271
	房屋类型（公房为对照组）	新式里弄	—	0.68	—	1.521	—	0.532

续表

变量		心理健康		生理健康		主观健康感	
		模型1.1	模型1.2	模型2.1	模型2.2	模型3.1	模型3.2
住房及社区条件	房屋类型（公房为对照组） 老式里弄	—	0.453	—	0.778	—	0.67
	新建商品房	—	1.808	—	2.046	—	0.886
	动迁安置房	—	2.758	—	1.536	—	0.946
	经济适用房	—	1.44	—	1.678	—	1.237
cut1		0.802	1.0885	0.8252	1.1117	—	—
cut2		0.7569	1.064	0.7996	1.0937	—	—
cut3		—	—	0.7836	1.0794	—	—
cut4		—	—	0.7768	1.0723	—	—
cut5		—	—	0.7734	1.0691	—	—
Prob > chi2		0.0052	0.0035	0.0002	0.0004	0.0009	0.0034
Pseudo R2		0.0702	0.0966	0.0546	0.0694	0.1251	0.152

注：* $p<0.05$；** $p<0.01$；*** $p<0.001$

4. 社区养老服务利用率与社会资本

社区中与老年人健康密切相关的一个因素是养老服务——老年人对养老服务的使用频率，也会一定程度上影响他们的健康状况。此次调研涉及上海市13个社区，提供的养老服务具有相似性，在调研中询问了老年人对老年日托中心、老年活动室、老年助餐服务、免费体检、老年服务志愿者等社区养老服务的使用频率（各题描述性统计分析参见表7）。调研数据显示，养老服务的利用率，也与社会资本之间存在相关性。在分析养老服务使用频率一项时，笔者将缺失值去掉，分析了剩余的307个样本。进行赋值加分之后，使用频率加总分值为5~25分，将其区分为三个层次：1~10分为低，11~15分为中，16~25分为高。据此得出的结果是：使用频率低的占38.76%，使用频率居中的占39.74%，使用频率高的占21.50%（见表

8)。建立两个模型①对养老服务使用频率进行回归分析之后发现如表9所示结果。

（1）模型一显示，信任程度高与养老服务使用频率呈显著的正相关关系。说明信任程度高能够提高养老服务的使用频率。但是这种相关性在添加了住房及社区条件之后就消失了。因此，信任和养老服务使用率的相关性还有待进一步研究。

（2）两个模型都验证了社会支持程度高与养老服务使用频率存在显著正相关关系。说明社会支持程度高能够提高养老服务的使用频率。

（3）模型二还显示，与公房相比，新式里弄更加不利于提高养老服务使用频率——数据显示出，新式里弄与养老服务使用频率呈显著的负相关关系。

表7　养老服务使用频率各题描述性统计结果（N=307）

变量		人数（人）	比例（%）
老年日托中心	1=没有该服务	160	52.12
	2=从不	120	39.09
	3=很少	10	3.26
	4=有时	10	3.26
	5=经常	7	2.28
老年活动室	1=没有该服务	43	14.01
	2=从不	107	34.85
	3=很少	48	15.64
	4=有时	39	12.70
	5=经常	70	22.80
老年助餐服务	1=没有该服务	129	42.02
	2=从不	145	47.23
	3=很少	11	3.58
	4=有时	13	4.23
	5=经常	9	2.93

---

① 模型一为社会资本与社会人口变量叠加之后跟养老服务使用频率回归分析，模型二在模型一的基础上叠加了住房与社区条件的影响。

续表

变量		人数（人）	比例（%）
免费体检	1 = 没有该服务	33	10.75
	2 = 从不	74	24.10
	3 = 很少	54	17.59
	4 = 有时	81	26.38
	5 = 经常	65	21.17
老年服务志愿者	1 = 没有该服务	71	23.13
	2 = 从不	122	39.74
	3 = 很少	28	9.12
	4 = 有时	36	11.73
	5 = 经常	50	16.29

表8 养老服务使用频率

变量		人数（人）	比例（%）
养老服务使用频率	1 = 低	119	38.76
	2 = 中	122	39.74
	3 = 高	66	21.50

表9 社会资本与养老服务使用频率的相关性

变量			养老服务使用频率	
			模型一	模型二
社会资本	信任	程度低	对照组	—
		程度中	1.376	1.292
		程度高	3.01*	2.803
	社区医疗设施便利程度	1公里以内（有三甲医院）	对照组	—
		2公里以内（有三甲医院）	1.028	1.112
		3公里以内（有三甲医院）	1.556	1.618
	互助与信任	程度低	对照组	—
		程度中	.965	.918
		程度高	.799	.772

续表

变量			养老服务使用频率	
			模型一	模型二
社会资本	社会责任感	程度低	对照组	—
		程度中	.775	.766
		程度高	.639	.611
	与他人联系	程度低	对照组	—
		程度中	1.953	1.8
		程度高	2.145	2.105
	社区认同	程度低	对照组	—
		程度中	.591	.561
		程度高	.771	.82
	社会支持	程度低	对照组	—
		程度中	1.379	1.389
		程度高	2.271*	2.364*
社会人口变量	性别	女	对照组	—
		男	1.283	1.341
	年龄层	60~65岁	对照组	—
		66~74岁	1.315	1.279
		75~80岁	1.798	1.816
		80岁以上	.557	.651
	家庭形态	独居家庭	对照组	—
		双老家庭	1.944	1.984
		非独居、非双老	1.469	1.49
	教育程度	初中以下	对照组	—
		高中/中专/高职	.765	.778
		大专及以上	.607	.654
	收入	2000元以下	对照组	—
		2000~4000元	1.284	1.451
		4000~8000元	1.126	1.087
		8000元以上	1.769	1.88

续表

变量			养老服务使用频率	
			模型一	模型二
住房及社区条件	居住时长	5 年及以下	对照组	—
		6~10 年	—	.925
		11~20 年	—	.902
		21~30 年	—	.843
		30 年以上	—	1.557
	居住面积	20 平方米以下	对照组	—
		21~50 平方米	—	.615
		51~100 平方米	—	.728
		100 平方米以上	—	1.063
	房屋类型	公房	对照组	—
		新式里弄	—	.341*
		老式里弄	—	.575
		新建商品房	—	.563
		动迁安置房	—	.703
		经济适用房	—	.456
Prob > chi2			0.0489	0.1460
Pseudo R2			0.0578	0.0705

注：* $p<0.05$；** $p<0.01$；*** $p<0.001$

四 总结与讨论

本文的主要目是揭示社会环境，尤其是社会资本对老年人健康的影响机制，并从社会资本的角度寻求促进老年人健康状况的方案。前面已经指出，笔者最主要的研究假设是：老年人所拥有的社会资本与其健康状况之间存在显著的相关性；同时，笔者还意识到，社会资本不可能独立地影响老年人的健康状况，它还会受到其他因素的交互影响。因此提出了其他的辅助性假设：老年人的健康状况还与其年龄、收入、居住环境与居住年份等具有相关性。

1. 四个假设及其验证情况

本研究的主要目的在于从社会资本角度揭示社会因素对老年人健康的影响机制。前面已经指出,笔者主要的研究假设,为了验证上述假设,笔者采用"上海社区综合调研"数据呈现上海市 13 个社区老年居民的健康状况,从社会资本角度分析了老年居民健康状况的社会影响因素,并探讨了其作用机制。

第一,研究证明了老年人社会资本拥有量与其健康状况的显著相关性。笔者得出了:1)医疗设施(三甲医院)可达性与老年人心理健康呈显著的正相关;2)"社会支持程度中"可能促进老年人的心理健康程度;3)"与他人联系程度高"与老年人的主观健康感成负相关;4)"社会支持"程度越高,老年人的主观健康感越强。这些结论都与已有研究存在一致性,说明在上海的社区中,社会资本与老年人的健康状况同样具有显著相关性。

分析结果同时显示,并非社会资本的所有方面都会对老年人的健康产生积极影响,具有显著促进作用的只有"社会支持"和"社区附近的医疗设施"两项,其他因素均无明显影响。有些因素如"与他人的联系"还会对健康产生不利影响。此外,社会支持对心理健康的影响以复杂的方式呈现,社会支持对心理健康的影响只发生在社会支持程度中的老年居民中。这些发现对解决如何提升社会资本以增进老年健康具有重要的参考价值,也为从增加社会资本的角度促进社区养老提供了正当性。

第二,分析表明,居住时间(30 年以上)与老人健康状况(心理健康和主观健康感)呈正相关。笔者在其他的研究中发现,保证住地的稳定性能有效提升社会资本(朱伟珏、范文,2015)。这一结论或许可以用来解释为什么长期居住在同一社区的老人心理和主观健康感更强。我们已经发现,社会资本对健康有显著的促进作用,而社会资本的获得需要长时间积累,缺少时间的累积,再多互动也无法提升社区凝聚力。现代大都市最大的特征就是熟人互动减少,陌生人之间的短暂接触占据社会交往的绝大部分。霍利将持续性和稳定性作为社区存在的基础(Hawley Amos,1950),没有稳定的居住环境将不能称其为社区,只能称为居住地而已。频繁的搬迁也许改善了物质生活条件,却失去了看不见的社会支持网络,这会直接影响居住者的健康。

但是在此次研究中,老年人的收入与其健康状况呈正相关并没有得到验证，这与其他的很多研究结论是不一致的。李实、杨穗的研究认为，养老金收入水平影响老年人的自评健康状况，而且收入不平等也会影响老年人的健康状况（李实、杨穗，2011）；胡洪曙、鲁元平通过对中国老年人健康长寿影响因素调查（CLHLS）2005年的数据的分析，认为收入不平等恶化了老年人的健康状况，增加了其不健康的概率，从而影响了他们的幸福感（胡洪曙、鲁元平，2012）；张希等对河北唐山市不同经济收入社区老年人健康状况差异性的研究也说明，固定收入（以养老金为主）影响老年人的健康状况（张希、陈长香、辜滪翔等，2014）。国外的研究也有类似的结论：格尔达·菲林本（Gerda G. Fillenbaum）等对巴西南部的研究表明，收入与健康自评存在相关性（Gerda G. Fillenbaum, Sergio L. Blay, et al, 2013）。或许我们可以从调研对象本身来考虑这个问题，可能存在两个原因：第一种可能性是，我们的调研对象基本上都是有退休工资的上海老人，他们在上海有房，不需要为房租发愁，在不发生重大变故的情况下，退休工资已基本能够满足个人生活所需，因而收入不至于成为影响其健康状况的主要因素。还有第二种可能性，或许是调研所获得的收入数据不准确而造成分析结果的不准确。

2. 社会资本与养老服务使用频率的相关性

由于老年人是否使用社区提供的养老服务对其健康也可能产生影响，所以笔者进一步分析了社会资本与社区养老服务使用频率之间的相关性。结果说明，社会资本中的信任、社会支持两个要素与养老服务使用频率之间有显著的相关性，而且均为正相关。但是二者的正相关性都是在"程度高"的情况下才具有显著性，说明一般的信任与社会支持程度也很难明显提高养老服务的使用频率。

3. 从社会资本视角给出的老年健康促进初步建议

在经验研究的基础上，笔者想就得出的结论提出几个从社会资本视角促进老年健康的建议。

第一，在针对老年人的社区规划中，要把医疗设施作为重要的考虑因素，对于老年人来说要具有便利的可达性。这不仅是方便老年人就医，还能够有利于促进老年人的心理健康程度。

第二，社会支持不仅影响老年人的心理健康、主观健康感，还会影响老年服务的使用频率，所以应在社区邻里之间提倡一种互帮互助、尊老爱老的氛围，提升老年人的社会支持程度。

第三，由于社会资本是一个需要长期积累的过程，所以应在社区规划时考虑社区的可持续性，尽量减少中老年人搬家的次数，使他们能够按自己的意愿在熟悉的社区中安度晚年。

第四，信任对于老年人的影响是非常综合且复杂的——虽然这里只测出它对养老服务使用频率的影响，但是推动社区文化建设，提供安全保障，提高社区成员之间的信任程度也能够在某种程度上促进老年人的健康状况。

五 研究展望

研究至此，只是一个开始而远非结束。已有的这点研究只是初步验证了社会资本、年龄、居住年份等因素与老年人健康状况存在相关性，而并未提供更为细致的作用机制的分析，有待进一步深入地探索；收入与老年人健康状况的相关性，需要再次验证。另一方面，笔者在调研过程中还发现了居住环境可能对老年人健康状况有所影响，有必要进行深入的分析。因此，今后还将继续开展更加严谨和细致的研究，进一步探索社会资本与老年人健康状况之关系，在已有成果的基础上进一步改进和优化。同时，老年人居住环境与健康之间的关系，也将成为笔者下一步研究的重点之一。鉴于养老问题的现实性和严峻性，在进行完这些验证性的研究之后，还要探索增进社区社会资本的可行办法，制定更加细致且具有可操作性的老年人健康促进方案，切实推动养老问题的解决。

参考文献

安东尼·吉登斯，2003，《社会学》，北京大学出版社，第 141 - 142 页。

边燕杰，2004，《城市居民社会资本的来源及作用——网络观点与调查发现》，《中国社会学》第 3 期。

方亚琴、夏建中，2014，《城市社区社会资本的测量》，《城市问题》第 4 期。

桂勇、黄荣贵，2008，《社区社会资本测量：一项基于经验数据的研究》，《社会学研究》第 5 期。

郝晓宁、胡鞍钢，2010，《中国人口老龄化：健康不安全及应对政策》，《中国人口·资源与环境》第 3 期。

胡洪曙、鲁元平，2012，《收入不平等、健康与老年人主观幸福感——来自中国老龄化背景下的经验证据》,《中国软科学》第 11 期。

胡荣、陈诗斯,2012,《影响农民工精神健康的社会因素分析》,《社会》第 6 期。

环球网:《邻里攀比易导致健康状况下降》,http://health.huanqiu.com/health_news/2014-10/5184820.html

〔日〕近藤克则,2010,《社会资本和福祉:老年健康政策》,《社会保障研究》第 1 期。

李实、杨穗,2011,《养老金收入与收入不平等对老年人健康的影响》,《中国人口科学》第 3 期。

刘博,2011,《社会资本理论视域下的城市居家养老问题研究》,哈尔滨工程大学硕士论文。

刘金菊、孙建敏,2011,《社会资本的测量》,《社会与实践》第 9 期。

罗伯特·帕特南,2001,《使民主运转起来》,江西人民出版社,第 195 页。

罗伯特·帕特南,2011,《独自打保龄:美国社区的衰落与复兴》,北京大学出版社,第 21-81 页。

裴晓梅等,2014,《社会资本与老年健康》,《广西民族大学学报(哲学社会科学版)》第 1 期。

王辉等,2013,《中国社会资本与老年心理健康研究文献的计量学分析》,《中国老年学杂志》第 33 期。

王健、于倩倩,2005,《在健康调查中测量社会资本的关键问题》,《国外医学:社会医学分册》第 9 期。

王江蓉、张拓红,2012,《中国成年居民社会资本相关因素与健康自评的关系》,《北京大学学报(医学版)》第 6 期。

王卫东,2006,《中国城市居民的社会网络资本与个人资本》,《社会学研究》第 3 期。

吴丽等,2009,《失地农民健康、幸福感与社会资本关系实证研究》,《农业经济问题》第 2 期。

薛新东、刘国恩,2012,《社会资本决定健康状况吗——来自中国健康与养老追踪调查的证据》,《财贸经济》第 8 期。

张希、陈长香、辛沧翔等,2014,《不同经济收入对社区老年人健康状况的影响》,《河北医药》第 18 期。

郑杭生、奂平清,2003,《社会资本概念的意义及研究中存在的问题》,《学术界》第 6 期。

朱伟珏、范文:《我们需要怎样的居住空间——上海市社区社会资本的分布和影响因素研究》,截至本文发稿时未发表。

朱旭峰,2006,《中国政策精英群体的社会资本——基于结构主义视角的分析》,《社会学研究》第 4 期。

邹宇春，2012，《中国城市居民的信任格局及社会资本影响——以广州为例》，《中国社会科学》第5期。

長谷亮佑，2012，「山陽子野市健康づくり計画の基礎調査におけるソーシャルキァピタルおよび生活習慣と健康との関連」，『山口医学』第61巻。

日比野由利、高木二郎、神林康弘，2011，「他．ソーシャルキァピタルと主観的健康感：JGSS（日本版総合社会調査）データから」．『日本予防医学会雑誌』，6（1）：7-16。

市田行信、吉川郷主、松田亮三，2005，他．日本の高齢者：介護予防に向けた社会疫学的大規模調査ソーシャルキァピタルと健康．公共衛生 69（11）：914-919。

太田ひろみ，2014，個人レベルのソーシャルキァピタルと高齢者の主観健康感・抑うつとの関連．日本公衛誌。

渡邊直樹、安部幸志、竹田茂生，2012，「学生キャラバンと自殺予防～地域高齢者のソーシャルキャピタルと抑うつ感について～」，学生キャラバンと自殺予防」，『関西国際大学研究紀』第13号。

桝田聖子、津村智恵子、金谷志子，2010，「高齢者の地域見守りネットワークとソーシャル・キャピタル」，『高齢者虐待防止研究』6（1），130-139 など。

杉澤秀博、杉澤あっ子，1995，「健康度自己評価に関する研究の展開：米国での研究を中心に」，日本公共衛生雑誌42（6）。

星旦二，1988，「健康指標とQOL」，日本保健医療行動科学会編，日本保健医療行動科学会年報 Vol．3．クオリティ・オブ・ライフと保健医療．東京：メディカルフレト社。

播摩優子、佐々木久長，2013，「地域住民のソーシャル．キャピタルと精神的健康との関連」，秋田大学保健学専攻紀要21（2）。

I. カワチ・S. V. スブラマニアン・他，2008，『ソーシャル・キャピタルと健康 第1版』，イチロー・カワチ，S. V. スブラマニアン，ダニエル・キム編，日本評論社，p. 93。

畑栄一、土井由里子編，『行動科学——健康づくりのための理論と応用 改訂第2版』，南江堂，p. 29。

青木邦男，2014，「在宅高齢者の健康関連QOL満足度に及ぼす運動実施状況の影響」，『山口県立大学学術情報』，p. 23。

Abdelnasser M. Abdelaal, Measuring social Capital in the Domian of Community Wireless Networks, *System Science* (Hicss) 2012 45th Hawaii International Conference: 4851.

Berkman, LisaF. and Syme, S. Leonard, 2001, Social Networks, Host Resistance, and Mortality: *S Nine-year Follow-up Study of Alameda County*, *Advances in Mind-Body Medicine*, 17 (1), 5.

Berry HL, Welsh JA, 2010, Social Capital and Health in Australia: An Overview from the Household, Income and Labour Dynamics in Australia Survey, *Social Science & Medicine*,

70（4）：588 – 596.

Bourdieu, Pierre, 1986, *The Forms of Social Capital*, in Handbook of Theory and Research for the Sociology of Education, (ed.) by John G. Richardson, Westport, CT. ：Greenwood Press.

Cott CA, Gignac MA, Badley EM, 1999, Determinants of Self-rated Health for Canadians with Chronic Disease and Disability, J Epidemiol Community Health, Vol. 53, No. 11, pp. 731 – 736.

Dewey, John, 1899, The School and Society. Being Three Lectures by John Dewey, Supplemented by a Statement of the University Elementary School, *Chicago University of Chicago Press.*

Folland, S, 2008, An Economic Model of Social Capital and Health, *Health Economics*, *Policy and Law*, No. 3, pp. 333 – 348。

Forsman AK, Nyqvist F, Wahlbeck K. , 2011, Cognitive Components of Social Capital and Mental Health Status among Older Adults：A Population-based Cross-sectional Study. *Scand J Pubic Health*, 39（7）：757 – 765.

Gerda G. Fillenbaum, Sergio L. Blay, et al, 2013, *The Association of Health and Income in the Elderly*：*Experience from a South*. PLOS ONE, 8（9）, 1 – 11.

Hanifan, L. J, 1916, The Rural School Community Center, *The Annals of the American Academy of Political and Social Science.* Vol. 67.

Harpam, T. , Grant, E. and Thomas, E. , 2002, Measuring Social Capital within Health Surveys：Key Lssues, *Health Policy* ：*lan*, 17（1）, 106 – 111.

Hawley Amos, 1950, *Human Ecology*：*A Theory of Community Structure*, The Roland Press.

Henderson, S. and Whiteford, H. , 2003, *Social Capital and Mental Health*, Lancet North Am Ed, 362：505 – 506。

Hyyppä MT, Mäki J, Impivaara O, et al, 2007, Individual-level Measures of Social Capital As Predictors of All-cause and Cardiovascular Mortality：A Population-based Prospective Study of Men and Women in Finland. *Eur J Epidemiol*, 22（9）：589 – 597.

I, Barkman L. F. , 2000, Social Cohesion, Social Capital, and Health, In：Berkman I. , KawachiI, eds, *Social Epidemiology.* Oxford University Press. New York：174 – 190.

James Samuel Coleman, 1990, *Foundations of Social Theory*, Belknap Press of Harvard University Press, p. 302.

Jane Jacobs, 1994, *Systems of Survival*：*A Dialogue on the Moral Foundations of Commerce and Politics*, Vintage.

Kawachi I. , BP Kennedy and R. Glass, 1999, Social Capital and Self-rated Health：a Contextual Analysis, *American Journal of Public Health*, 89（8）, 1187 – 1193.

Kawachi, I. and Barkman, L. F., 2001, Social Ties and Mental Health, *Urban Health*, 78 (3), 458-467.

Keon L Gilbert, Sandra C Quinn, Robert M Goodman, et al., 2013, A Meta-analysis of Social Capital and Health: A Case for Needed Research, *Journal of Health Psychology*, 18 (11): 1385-1399.

Nieminen T, Martelin T, Koskinen S, et al., 2010, Social Capital as a Determinant of Self-rated Health and Psychological Well-being. Int J, *Pubic Health*, 55 (6): 531-542.

Phongsavan P, Chey T, Bauman A, et al., 2006 Social Capital, Socio-economic Status and Psychological Distress Among Australian Adults, *Social Science & Medicine*, 63 (10): 2546-2561.

Pollack CE, Von Demknesebeck, 2004, Social Capital and Health among the Aged: Comparisons between the United States and Germany. *Health Place*, 10 (4): 383-391.

Rose R, 2000, How Much Does Social Capital Add to Individual Health? A Survey Study of Russians, *Social Science & Medicine*, 51 (9): 1421-1435.

Skrabski A, Kopp M, Kawachi I, 2003, Social Capital in A Changing Society: Cross Sectional Associations with Middle Aged Female and Male Mortality Rates. *J Epidemiol Community Health*, 57 (2): 114-119.

Tocqueville, A, *Democracy in America*, 1969, George Lawrence, Garden City, Anchor Books.

Veenstra G, Luginash I, Wakefield S, et al., 2005, Who You Know, Where You Live: Social Capital, Neighbourhood and Health. *Social Science & Medicine*, 60 (12): 2799-2818.

Veenstra G, 2000, Social Capital, SES and Health: An Individual-level Analysis. *Social Science & Medicine*, 50 (5): 619-629.

Ziersch AM, Baum FE, Macdougall C, et al., 2005, Neighbourhood Life and Social Capital: the Implications for Health, *Social Science & Medicine*, 60 (1): 71-86.

社区公共空间的社会性[*]

范靖宇（同济大学社会学系，讲师）

摘要：中国目前正处于一个宏伟的城市化过程中，但在已经建成的城市当中，产生了大量问题和困惑。其中城市公共空间问题，业已成为学术界的一个热点。既有公共空间资源匮乏，也有设计不尽合理、缺乏吸引力和利用率不高等诸多弊端。本文研究主题为社区公共空间的社会性，融合城市规划和社会学的理论，从活动、交往和互动出发，探讨如何提高社区公共空间的活力。

关键词：社区公共空间　行动　活力　活动　交往

20 世纪 80 年代以来，中国正在进行着人类历史上最大规模的城市化运动。伴随着城市化进程而来的是乡村人口向城市的大规模迁徙，城市经济、政治和社会结构发生了巨大变迁。本文基于中国目前大规模城市化进程中公共空间的巨变，以及由此带来的诸多经济、政治和社会问题的背景，以社区公共空间的社会性为研究主题，探讨如何提高社区公共空间的活力，加强人际交往和互动，增加社区生活品质和审美趣味，并尝试为将来提供相应的可操作的社区评估体系和规划导则打下一个基础。

一　研究背景和意义

根据官方报道，改革开放以来，中国城镇人口从 1978 年的 1.7 亿增长

---

[*] 本课题科研经费来自同济大学高密度区域智能城镇化协同创新中心与上海同济城市规划设计研究院委托课题，项目编号：KY - 2014 - ZD8 - A07。

到 2012 年的 7.1 亿，城镇化率基本达到世界平均水平。但和世界同等发展水平国家的城镇化水平相比，中国的城镇化还有很大的提升空间。①

中国不仅面临城市化的巨大挑战，而且在现已建成的城市当中，也遇到了种种困境。比方说，城市在外观上的千篇一律、千城一面，城市化带来的就业、养老、医疗和教育问题形势极其严峻。造成目前这种格局的原因是多方面的，其中城市规划难辞其咎。由政府和开发商所主导的城市规划，把西方已经抛弃的现代主义设计思路，不加修改地照搬到中国来，是产生当前城市规划中种种失误的主要原因。

作为城市规划基本组成部分之一的社区规划，同样也存在很多问题。比如小区内过多的私人汽车，严重挤占了公共空间的资源，不仅影响到道路畅通，更直接影响到居民出行的便捷性和安全性，妨碍了正常的人际交往、散步和休憩。开发商和政府引导了整个社区规划，从商业利益出发，追求政绩，使得整个社区的公共空间越来越缺乏人情味。现有的社区规划对邻里之间老死不相往来、社区归属感的降低难辞其咎。

因此，如何提高社区公共空间的活力，在商业利益、政府绩效和社会需求（锻炼、休闲、娱乐、养老、安全、环保等）之间如何达成平衡，成为本文研究的中心问题。

二 本课题主要观点

所谓公共空间，根据百度百科的定义，狭义上是指那些供城市居民日常生活和社会生活公共使用的室外空间。它包括街道、广场、居住区户外场地、公园、体育场地等。广义的公共空间不仅仅只是地理的概念，更重要的是进入空间的人们，以及展现在空间之上的广泛参与、交流与互动。这些活动大致包括公众自发的日常文化休闲活动，和自上而下的宏大政治集会。公共空间又分开放空间和专用空间。开放空间有街道、广场、停车场、居住区绿地、街道绿地及公园等，专用公共空间有图书馆、运动场等。

公共空间的社会性，是相对于公共空间的物理属性或地理属性而言。公共空间的物理属性（客观条件）一般牵涉到地点、地理位置，空间规模

---

① 中国新闻网：中国绘定新型城镇化图景　部分地区打造城市群，2013 年 12 月 17 日，http://news.xinhuanet.com/house/nb/2013 - 12 - 17/c＿118583618.htm。

和设施等，而公共空间的社会性更多的是指一个人们在家庭和工作场所之外进行活动的空间，在其中进行日常生活、交往和消费的场所，牵涉到不同的族群、阶级阶层，以及各种各样的行为。在古希腊，它是一个政治集会的场所；在中国历史上，它可以是被用作祭祀祖先的场所。但即便在古代，它也有普通百姓进行娱乐休闲的功能。在今天城市公共空间中，这两种功能都被保留了下来，其中公共空间的生活休闲功能逐渐占据主导地位。其次公共空间是相对于私人空间而言的。人们在自己居住场所可以发生的行为，在公共场所却不一定被允许。比如你在家中可以高声说话，但在公共场合，大声喧哗被视作一种不文明举动。公共空间大多数情况是一种陌生人相处的状态，它对人们的行为有着比私人空间更多的限制。

　　本文研究的主题为社区公共空间的社会性。显然，社区的公共空间，比一般意义上的公共空间范围更为狭隘。公共空间可以是城市的，也可以是乡村的。本文把研究范围限定于城市中的社区公共空间。社区公共空间，首先归属于在此居住的人们共同拥有，它可以对非本居住区的进入者加以限制。比如每个小区门口往往设有门卫，有的小区门卫要询问陌生人找谁，否则不予放行，这点对本文后面的研究十分重要。

　　那么究竟如何理解社区公共空间的社会性，根据前面对公共空间的一般理解，笔者认为社区公共空间是一个生活、休闲、锻炼、运动、娱乐的场所，当然这里牵涉范围比较广泛，本文限于篇幅，也不可能面面俱到。但是社区公共空间至少应该包括活动、交往、互动、生活品质和美感等几个方面内容，也就是说可以从这几个方面加以研究，其中尤其以活动、交往和互动最为重要。评价一个社区公共空间的好坏、优劣、成败，或者说有没有活力，主要可以从活动、交往、互动这几个视角去理解。有的社区公共空间面积很大、设施豪华，却没有什么人气。比如有的开发商在推销楼盘时，广告上声称该社区拥有罗马广场之类云云，其中中央广场、水池、喷泉、石柱、雕刻，一应齐全，但没有什么人气，就是在休息天也死气沉沉，少见人迹。很显然这样的公共空间是不成功的，它过度强调了奢华，却忽略了最为重要的人际交往和活动，是一种没有生机的社区，这是目前城市新建社区普遍存在的通病。相形之下那些我们小时候曾经居住过的里弄，虽然面积狭小、空间逼仄，但那时住在那里的人邻里关系和睦、彼此十分熟悉。

就理论视角和研究方法而言，本文主要从城市规划、社区规划和社会学理论出发，运用新城市主义、社会资本理论和交往理论，基于社会调查（问卷法、访谈法和观察法）所收集到的事实和数据，考量社区公共空间的社会性。从空间和行动者关系出发，反对纯粹以物质主义思维方式进行社区规划，强调社区公共空间的社会属性，探讨如何将社区公共空间的客观条件（物质属性）和社会属性有机地结合起来。不仅仅探讨社区公共空间特点和功能，更强调行动者（社区居住者、居民）的主观认知、感受和体验，关注社区规划在人文关怀方面的意蕴。

本文是以同济大学社会学系师生于 2014 年 3 月至 5 月对上海市 13 个居委会的问卷调查共收集到的 1040 份有效问卷为依据进行统计分析。并对不同类型的社区有选择地进行访谈、观察（不局限于这 13 个调查点），研究目前城市社区公共空间的活动、交往和互动等情况的现状，找出其中存在的问题，为增进社区公共空间的归属感和安全感、提高公共空间的活力、改善社区人际关系，提供一种可能的思路，并为最终制定社区评估体系和社区规划导则，提出一些或许有益的思路。

三 城市规划和社会学的相关理论

西方对城市公共空间的探讨，大致可以分为三个时期，从早期思想家带有乌托邦色彩的人本主义思潮倾向，到西方现代城市主义，以及后现代主义对前人的超越。

1. 早期思想家带有乌托邦色彩的人本主义思潮

霍华德（Ebenezer Howard, 1850~1928）关于田园城市的设想。按照霍华德的观点，田园城市应该建立在 6000 英亩土地的中心附近，用地为 1000 英亩。城市形状是圆形的，从中心到边缘为 1240 码（大约 3/4 英里）。6 条壮丽的林荫大道从中心通向四周，把城市划分成 6 个相等的分区。中心是一块 5.5 英亩的圆形空间，布置成一个灌溉良好的魅力花园；花园的四周环绕着用地宽敞的大型公共建筑——市政厅、音乐演讲大厅、剧院、图书馆、展览馆、画廊和医院（霍华德，2010：13~14）。

格迪斯（Patrick Geddes, 1854~1932）创造了"城市学"（Urbanology）概念，是西方城市科学的奠基者。他强调区域规划和调查，周密地分析地域环境的潜力和限度，以及居住地布局形式与地方经济体系之间的影响关系。

2. 西方现代城市主义的观点

柯布西耶（Le Corbusier，1887~1965）作为现代主义城市规划理论的核心人物，其理论观点可以概括为：功能分区理论、公园中的高楼理论、宽大马路理论和由行列式大板楼组成的住宅小区理论。无疑，柯布西耶对于现代城市规划的影响是巨大的，尤其对于中国城市化过程中的大拆大建式的改造影响甚巨。

弗兰克·劳埃德·赖特（F. L. Wright，1869~1959）提出"广亩城市"的观点。强调建筑的自然属性，由实体转向空间，由静态转向动态的流动和连续的空间，强调建筑的有机性。

1933年《雅典宪章》主要是在柯布西耶思想指导下制定的，深刻地影响了城市规划，以及人们对公共空间理解。

3. 后现代主义对前人的超越

社区宜居性城市理论提出新形势下城市规划的基本出发点——对人的关怀和对社会的关注。20世纪60年代简·雅各布斯对现代主义发起攻击，并揭示了城市活力和宜居性的秘密，自此社区宜居性理论便成为西方城市发展理论研究的核心之一。

新城市主义是现代主义的真正终结者，其代表人物为克里尔兄弟、安德列斯·杜安伊、彼得·卡尔索普等人。新城市主义的主要观点为：（1）适宜步行的邻里环境，大多数日常需求都在离家或者工作地点5~10分钟的步行环境内完成；（2）连通性。格网式相互连通的街道成网络结构分布，可以疏解交通。大多数街道都较窄，适宜步行。高质量的步行网络以及公共空间使得步行更舒适、愉快、有趣；（3）功能混合。商店、办公楼、公寓、住宅、娱乐、教育设施混合在一起，邻里、街道和建筑内部的功能混合；（4）多样化的住宅；（5）高质量的建筑和城市设计。强调美学和人的舒适感，创造一种区域感；（6）传统的邻里结构；（7）精明的交通体系。高效铁路网将城镇连接在一起。适宜步行的设计理念鼓励人们步行或大量使用自行车等作为日常交通工具；（8）可持续发展；（9）追求高生活质量。

1991年《阿瓦尼原则》（Ahwahnee Principle）的出台，标志着新城市主义的正式亮相，以前各种凌乱的观念、思潮和理论得到总结和整合，形成了新城市主义的理论体系，新城市主义开始作为一门严肃的科学迅速在美国传播。1996年，在总结、发展《阿瓦尼原则》的基础上，第四届新城市主义大会通过了《新城市主义宪章》（Charter of New Urbanism），标志着现代主义在美国的终结，也标志着新城市主义在美国的成熟。无疑，新城市主义是本文所强调的理论资源。①

美国精明增长理论体现了西方城市规划、建设的务实精神，以及多视角的管理方法和法治原则。无论何种城市规划决策，必须以问题为导向；多视角的管理方法意味着把城市看作是经济实体的城市、社会组织的城市、公共管理的城市、生态环境的城市，实现环境、生态、经济三方面公平均衡发展；法治原则，即城市规划、社区建设有法可依。

4. 国内对城市公共空间的探讨

国内学者分别从城市规划和建筑设计、地理学、公共经济学、城市社会学和政治学角度探讨了城市问题。

主要研究成果有杨德昭的"住宅小区的消逝与新社区的崛起系列"专著，其中包括《新城市与新社区》《花园公寓》《社区的革命》。该丛书与国内很多专著、教材仍然介绍城市功能分区等现代主义观点截然不同，书中旗帜鲜明而又详细、全面地介绍了现代主义的灭亡和新城市主义、社区宜居性的理论与实践。在批判现代主义思潮基础上，明确反对把社区理解为"住宅小区"的规划思路，系统地介绍了西方新城市主义、适宜居住社区的几十个精品社区个案的设计与实施效果。

周进的《城市公共空间建设的规划与引导——塑造高品质城市公共空间的研究》一书高度关注城市规划在塑造使用者需要的城市公共空间上的作用，以如何通过对城市公共空间建设实施规划控制和引导以提高城市公共空间品质为研究主题。

蒋涤非的《城市形态活力论》中涉及的城市活力区域有城市中心区、城市交通枢纽、旧城区和公共空间，而且把城市公共空间作为城市活力的研究重点。

胡宝哲的《营建宜居城市理论与实践》认为，城市发展到今天这样的信息化、生态化、网络化时代，已经远远超出传统的城市规划理论和方法，

---

① 参见百度百科"新城市主义"条目。

该书是作者本人对国内外宜居城市环境营造理论和实践的总结。①

5. 社会学相关文献

在社会学研究中,主要有社会资本理论和交往理论与本文讨论的社区公共空间相关。

社会资本理论的代表人物有布迪厄、科尔曼、帕特南等。社会资本有两种研究取向:第一种是以格兰诺维特和伯特为代表的,从社会网络视角出发,强调嵌入性,探讨关系强度(强关系、弱关系)、结构洞、网络位置与个体工具性行动之间的关系。第二种是以布迪厄和科尔曼为代表的,强调互惠、信任与社会团结关系的研究。

布迪厄把社会资本理解成为那些实际的或者潜在的,与对某种持久网络的占有密切相关的资源的集合体。这一网络是一种众所周知的、体制化的网络,或者说是一种与某个团体的成员身份相联系的网络,它在集体拥有的资本方面为每个成员提供支持,或者提供赢得各种声誉的"凭证"(布迪厄,2005:14)。布迪厄强调了社会资本的再生产预设了对社会交往活动的持续投入和交换的连续系列,在交换中认同感被不停地肯定和再肯定。

科尔曼(2005:19)的贡献在于将布迪厄的社会资本理论引入到美国,并在此基础上加以发展,使得社会资本这个概念得到了广泛的传播。科尔曼从功能角度理解社会资本,社会资本不是单一实体,而是由一系列拥有两个共同要素的不同实体构成,这些要素均由社会结构的一些方面组成,而且它促进了参加者(无论是个体还是法人参加者)的某些行动。然后科尔曼分别从结构的责任、预期和信用,信息渠道,准则与有效制裁方面阐述了社会资本所包含的具体内涵。

帕特南(2011:7-12)把社会资本理解成为个人之间的相互关系——社会关系网络和由此产生的互利互惠和互相信赖的规范。他把社会资本区分为两类:连接性社会资本和粘合性社会资本,也就是兼容性社会资本和排他性社会资本。粘合性社会资本有助于加强特定的互惠原则和成员间的团结。

---

① 中外有关城市公共空间的文献综述,分别参考了:吴志强,2000,《百年西方城市规划理论史纲》导论,《城市规划汇刊》第 2 期;张庭伟,2007,《为中国规划师的西方城市规划文献导读》,《城市规划学刊》第 4 期;伍学进,2013,《城市社区公共空间宜居性研究》,科学出版社。(附注:"城市规划学刊",原名"城市规划汇刊",2005 年改名,由教育部主管,同济大学主办)

例如以种族为特征区分的社会资本，可以为成员提供社会和心理方面的支持。相对而言，连接性社会资本可以产生更加广泛的互惠规则。

在他们的基础上，**波茨**（Alejandro Portes）做了一个严格的定义：社会资本是指构成行动者的生产性资源（productive resource）的非正式组织领域，社会资本是个人通过自己所拥有的网络关系以及更广泛的社会结构来取得稀缺资源的能力。

哈贝马斯的交往理论吸取卡尔·波普的思想，将世界分为三类：主观世界、客观世界和社会世界。社会世界又可以区分为制度化（体系化）世界和生活世界。生活世界的特点在于它的绝对明确性、总体化力量和背景知识的整体论，它是我们共同生活、共同经历、共同言说和共同行动的基础。社会世界是我们日常生活的出发点，人们在生活世界中进行交往。

哈贝马斯将人的行为分为四种类型：目的性行为、规范性行为、戏剧性行为和交往行为。哈贝马斯强调的是交往行为，以及交往行为中言语的功能。交往行为使用语言或非语言符号作为理解各自行动的工具，以便使人们能够在如何有效地协调自身的行为上达成一致；通过言语行为，人们达成共识。它是主观世界、客观世界和社会世界的综合与扬弃，所以就必然是合理性的行为。哈贝马斯认为，他的交往行为概念有四个功能：一是理解的功能，有助于把握知识；二是合作的功能，使社会形成一个有机的整体，以实现社会的目标；三是社会化功能，即能够使个体认同社会规范和价值取向，从而有助于形成某种价值导向；四是社会转型功能，因为前三种功能的总目的就是要重建历史唯物主义，重现资本主义国家的应有功能，实现资本主义社会的结构转型、结构变迁和社会进化。也正因为此，哈贝马斯始终坚持认为"现代"仍然是一项"未竟事业"。[①]

四　社区公共空间的社会性的两个研究视角

本文以下部分，分别从两个视角研究探讨社区公共空间的社会性：第一，主要根据问卷调查的结果，描述活动、交往、互动，以及社区安全的现状。这部分主要从**社会学角度**，考察和分析现有公共空间的活动状况，

---

① 百度百科"哈贝马斯"条目。

并在此基础进一步分析影响公共空间活力的因素。第二，从**社区规划角度**出发，分析影响社区公共空间活力的客观条件。包括不同居住区类型公共空间的活动、交往和互动状况；社区公共空间的位置及其功能；社区空间的界面功能以及空间中的设施问题等。为了实际分析的方便，有时候会把对不同类型居住区的分析，放在第一部分社区公共空间的社会学分析中，同样也会把某些社会性因素分析，放到第二部分社区公共空间的客观条件中。

（一）社区公共空间的活动、交往和互动现状

1. 户外活动情况

通过对小区活动情况了解，包括活动内容对应于活动频率、活动地点，以及在小区内还是小区外活动，考察社区公共空间的使用情况。假设一个小区大多数居民很少在所居住的小区及其附近活动，那么很显然，这个小区相对而言就缺乏活力。活动是前提，没有活动，就无所谓交往和互动，虽然有活动不一定有交往（比如一个锻炼身体的人专注于使用器械健身，不愿意与别人多交流）。但是没有活动，至少社区公共空间中绝大多数的交往不会发生。

活动内容—活动频率

就活动内容对应于活动频率交叉分析表而言（参见表1），一共列举了10项活动内容，分别对应于5种不同的活动频率。在剔除几乎从不参加的情况之外，其中户外锻炼身体和在户外散步的比例最高，在剔除几乎从不参加情况和缺失样本之后，有效百分比分别为77.7%和86.37%。在几乎每天都去的情况中，尤其以户外锻炼身体和散步为最多，分别占总样本的55.52%和67.77%。

表1 活动内容—活动频率交叉分析

活动内容＼频率	几乎每天都去	每周一次	一月几次	一月一次	几乎从不参加	合计
在户外锻炼身体	55.52	14.65	5.16	2.37	22.29	100.00
在户外散步	67.77	11.78	5.06	1.76	13.64	100.00
在户外跑步	25.92	9.86	4.93	2.06	57.22	100.00

续表

活动内容＼频率	几乎每天都去	每周一次	一月几次	一月一次	几乎从不参加	合计
在户外晒太阳、纳凉	41.24	9.94	6.33	2.37	40.11	100.00
在户外聊天	44.25	11.84	5.81	1.90	36.20	100.00
在户外喝咖啡、喝茶	12.24	8.24	4.36	4.00	71.15	100.00
在户外打牌、打麻将、下棋	10.92	7.20	4.68	1.80	75.39	100.00
在户外带孩子玩	20.81	8.32	3.30	2.08	65.48	100.00
在户外遛狗	11.06	2.39	1.13	0.13	85.30	100.00
在户外做其他活动	1.87	1.49	1.12	0.37	95.15	100.00

就总体样本而言，从事户外活动人数还是比较高的，这大约与物质生活条件改变，人们开始重视健康有关。当然不同类型的小区，由于公共空间所能提供的场地面积大小和设施水平不同，势必影响到户外活动的频率，这在后面的不同居住区类型分析中将得到进一步探讨。

其次，在户外晒太阳、纳凉和聊天的比例也比较高。晒太阳、纳凉，是人们日常生活中习惯性的活动，并有可能为彼此间交流提供机会。因为户外锻炼和散步时，人际有可能发生互动，也可能不交流，相对而言，晒太阳、纳凉时，人们彼此发生交往的可能性大大提高。再对照一下跑步，那么在跑步中发生人际交往互动的可能性大大降低了。不同类型的活动内容，发生交往的可能性是不同的，这正验证了户外活动不一定发生交往的假设。有些活动更有可能发生人际交往。笔者发现，在曲阳东体小区里，经常看见在步行道中，人们散步、遛狗、带小孩子玩耍；在一块休憩场地上，老人坐在靠背椅子上闲聊、看风景，也有老人早上打拳，还有的人带着宠物狗溜达。由此可以看出，几种活动可能同时发生在一个公共空间里。这为我们提供了一个启示：如何在一个场地中，为不同类型的活动提供可能性，这在以后的社区规划当中要加以着重考虑，即提供一块具有多种活动可能性的场地，公共空间应该具备多样化的功能。这不仅可以提高社区公共空间的利用率，更有助于人际交流互动，增加小区的活力。

活动地点

接下来考察人们喜欢去哪些活动地点，换而言之，哪些场地更有人气。问卷调查发现，空地和绿化带是活动频率最高的地方，也就是说，使用率最高；其次是花园和公园；再次是步行道和室内场馆；商业设施附近、户外运动专用场地、广场依次为最少。这给我们一个启示，以后在社区规划时，要考虑到中国人的一些行为特点，不能一味地模仿西方。有不少社区喜欢搞面积很大的广场，但广场上缺乏有吸引力的活动设施，看上去十分美好，其实际使用情况欠佳。实地观察下来的情况也是这样，很少有人在空荡荡的小区广场上活动。

小区内公共空间中，空地、绿化带、花园和公园使用率最高。因此在今后的社区规划中，可以适当增加这些场地的面积，并提高其品质——包括空间设施和美化程度，增加对小区居民的吸引力。

小区内外比较

从调查中发现，居民更愿意在小区内进行活动（表2）。在不考虑活动的具体内容时，小区内发生活动可能性是小区外的3倍，这是就总体样本而言。该数据说明大多数活动还是发生在小区内的公共空间中，人们更偏爱在小区内部活动。因此如何搞好小区内部公共空间，包括面积、设施、品质和审美情趣等，是社区规划的首要任务。有些社区规划喜欢在小区之外公共空间耗费过多的场地，看上去十分气派，但实际使用效果欠佳。

表2　活动频率和小区内小区外的分析

	小区内	小区外	两者皆有	合计
频次	2650	859	477	3986
百分比%	66.48	21.55	11.97	100.00

在访谈中发现，"80后"和"90后"的年轻一代对于所在小区的公共空间兴趣显然不大。从统计数据上看，在几乎所有的居住区类型当中，30岁以下和30岁—39岁两个年龄层，相比其他年龄层，在小区外活动的频率更高。他们人际交往的对象，往往是跨居住区的，有的甚至跨越省市。如何提高小区内以及附近公共空间的吸引力，增加社区的归属感，尤其是吸引年轻人参与是十分重要的。当然不可能指望一个居住小区能够满足不同阶层、不同族群的所有要求，但是满足居民日常生活对公共空间的基本诉求，却是十分必要和必需的。

2. 交往互动状况

交流状况

在回答"户外活动的时候你与其他人交流吗"这一问题（表3）时，受访者回答几乎每次都交流的占19.8%（有效百分比），经常交流的为34.8%（有效百分比），两者相加为54.6%，已经超过一半。但是偶尔交流的比例也相当高，为31.3%（有效百分比），几乎与经常交流情况近似。偶尔交流、不太交流、不交流的三者比例达45.4%（有效百分比），看来小区居民交流状况，处于中等水平，交流程度有待于进一步提高。

表3 户外活动的时候你与其他人交流吗

		频率	百分比%	有效百分比%	累积百分比%
有效	几乎每次都交流	198	19.0	19.8	19.8
	经常交流	348	33.5	34.8	54.6
	偶尔交流	313	30.1	31.3	85.9
	不太交流	82	7.9	8.2	94.1
	不交流	59	5.7	5.9	100.0
	合计	1000	96.2	100.0	—
缺失	系统	40	3.8	—	—
合计		1040	100.0	—	—

交流话题

之所以考察在户外活动中人们交流哪些话题，是因为人际交往不仅与身份、地位相关，更与有没有共同话题相关。社会地位相同的人，假如没有共同话题，彼此之间互动的可能性就大幅度降低，调查也验证了这个情况（见表4）。回答百分比最高的依次为健康体育锻炼、共同兴趣爱好、家庭琐事，显然这是人们最有共同语言的话题。出乎意料的是，交流房子的比例，相对于谈论社区公共事务，甚至国家大事的要少，看来随着公民意识增强，人们对于与自身没有直接利益关系的事宜也越加关注。

哈贝马斯在研究交往活动中，强调话语层面的交流对于人际交往的重要性，所以本问卷设计的时候也考虑了这一点。当然话语层面的交流不是唯一的，交往还要受客观条件的制约，比如在休闲场地（有椅子凳子的地方）比运动场地更容易发生人际交往；运动场地中，集体性活动（如集体舞）比个体性活动（如跑步）更容易发生交往。因此，在社区公共空间里的交往活动中，社会性因素与客观条件（物质性因素）是相互作用的，互为因果关系，哈贝马斯则更多地考虑到交往的社会性层面——话语的因素。

表 4　交流话题

		响应		个案百分比%
		N	百分比%	（有效样本 940）
交流的话题[a]	你们经常交流健康、体育锻炼	438	21.7	46.6
	你们经常交流房子	141	7.0	15.0
	你们经常交流股票	65	3.2	6.9
	你们经常交流家庭琐事	308	15.3	32.8
	你们经常交流儿女及其配偶	96	4.8	10.2
	你们经常交流小孩子的培养	205	10.2	21.8
	你们经常交流共同兴趣爱好	377	18.7	40.1
	你们经常交流所在社区公共事务	164	8.1	17.4
	你们经常交流谈论国家大事	187	9.3	19.9
	你们经常交流其他	37	1.8	3.9
	总计	2018	100.0	

a. 值为 1 时制表的二分组。

小区之间互动

在涉及小区之间互动问题时，我们发现小区之间互动还是比较缺乏。回答不会去其他小区参加活动的比例居然占到有效百分比的 70.7%（见表 5）。但是从另外一个角度看，人们的交流地点，与居住地点一般联系紧密。在人类历史上的大多数时间，尤其在工业文明出现之前，由于交通、通讯不发达的原因，一般人们总与自己所居住的社区更多地进行交流。但是为什么今天交通和通讯那么发达，人们一般不愿意与其他小区的居民活动乃至交流呢？第一，与长期以来形成的生活习惯有关，即交流与居住地有关。第二，牵涉到认同感，对于自己居住小区的认同感要比附近的小区强，不管这个小区品质如何。第三，与邻里的熟悉程度相关，自己所居住的小区邻里之间要比邻近的小区更为熟悉，甚至同住一幢房子的邻居要比在同一个小区内但住在不同楼里的居民来的熟悉。当然这是就一般情况而言，这与人的活动半径相关。第四，与人的活动习惯有关，一般人们不会平白无故地跑到其他邻近或者陌生的小区，除非有某种需要。在同济绿园采访中发现，在没有设立门禁之前，其他小区的居民经常来这里锻炼身体、遛狗，因为同济绿园里的环境要比周围其他小区来的好；也有其他小区的居民或者路人，穿越同济绿园到控江路上，控江路是周围的一条大马路，各类生活和商业设施相对齐全，交通发达。

表 5　你会去其他小区参加活动吗

		频率	百分比%	有效百分比%	累积百分比%
有效	会	294	28.3	29.3	29.3
	不会	708	68.1	70.7	100.0
	合计	1002	96.4	100.0	
缺失	系统	38	3.7		
合计		1040	100.0		

"哪些人经常参加你所在小区的活动"（表6）这道题目主要测量居民对于所居住小区人员的熟悉程度（认知度），未必真的去询问对方是不是属于这个小区。假如在自己小区居住时间久了，而且经常活动，自然对于陌生面孔比较敏感。当然这道题目是带有主观性的测试题目，与表5所询问的问题相比，虽然同样属于主观题，但是性质毕竟有所不同。回答会去其他小区参加活动，并不一定真的去；反之回答不会去的也未必真的从来不去。但是就回答问题的确定性而言，表5显然要比表6所提问题要明确的多。而且表6当中回答不知道的比例也不少，要占到有效样本的26.6%。

至于不参加活动的原因是多方面的（见表7）。其中回答没有时间的比例最高（有效百分比46.2%）；其次为车辆太多、设施不行，分别占17.6%和17.3%；第三个因素是环境不好（15.7%）；第四是身体不行（13.3%）；第五其他原因占比例为11.8%。由于这部分问卷数据缺失比较多，大约占37.1%，所以只能作为参考，不能作为严格的统计数据加以分析。

表6 哪些人经常参加你所在小区的活动

		频率	百分比%	有效百分比%	累积百分比%
有效	小区内的人	646	62.1	66.4	66.4
	小区外的人	43	4.1	4.4	70.8
	其他小区的人	25	2.4	2.6	73.4
	不知道	259	25.9	26.6	100.0
	合计	973	93.6	100.0	
缺失	系统	67	6.4		
合计		1040	100.0		

表7 你为什么不在小区及其附近进行户外活动

		响应		个案百分比%
		N	百分比%	(有效样本654)
不在小区进行户外活动的原因[a]	因为身体不好	87	10.9	13.3
	因为没有时间	302	37.9	46.2
	因为设施不行	113	14.2	17.3
	因为自然环境不好	103	12.9	15.7
	因为车辆太多	115	14.4	17.6
	因为其他	77	9.7	11.8
合计		797	100.0	

a. 值为1时制表的二分组。

不过,从访谈中了解到,上班族的确没有时间参加活动,至少没有时间参与早锻炼。他们充其量在晚饭以后参与轻松一点的运动和锻炼,例如在同济绿园访谈的时候,比较多的人提到了散步。其次,小区以及附近的车辆过多,挤占了小区的步行道,同时也降低了道路的安全性,也是导致活动人数降低的重要原因。第三,小区设施不能适合现代人的需求,相对比较简陋,而且千篇一律,这也是一个重要因素。由此可见,有活动意愿的不在于少数,但是由于种种客观因素,导致了户外活动参与度的降低。有些部分是社区规划可以解决的,有的原因比如工作比较忙碌,导致没有时间参与活动,那就远远超出规划的范围,也不是做社区规划所能够解决的。

（二）社区公共空间的客观条件

前面主要从社会学角度，描述和分析了社区公共空间的活动、交往和互动状况，阐释了哪些因素影响到社区公共空间的活力。接下来要从客观条件（物质性因素）角度，考察哪些因素影响了公共空间的活力。

1. 不同居住区类型分析

假如说前面的分析着重于描述活动、交往、互动总体情况，分析各种因素（年龄、性别、收入、教育程度、居住时间等）对活动、交往和互动，以及小区安全的影响状况。那么接下去将分析不同的居住区类型，如公房、新旧里弄、商品房、保障房（经济适用房、动迁房）等，在影响活动、交往和互动因素方面有什么区别，主要从客观条件（物质性因素）角度分析这些差异，并进一步找出产生这些差异的原因。

（1）不同类型居住区的活动状况

活动频率

在相对于10种不同活动内容的活动频率中（表8），回答几乎从不参加的总体百分比占50.3%，其中以新旧里弄为最多（60.2%）。回答几乎每天都去的以保障房的居民最多（41.3%），新旧里弄为26.4%，总体百分比为33.5%。这似乎与公共空间面积有关，里弄受公共空间场地限制，面积不如保障房和商品房大，所以活动人数相对比较少。另外，前面已经提到过的，从社会性因素分析的话，可能里弄居住者年龄比较大，活动不方便，此处不再赘述。

从保障房与商品房之间的比较看，几乎每天都去活动的商品房类型居住区的百分比，要小于保障房；而几乎从不参加活动的商品房小区的百分比，又要大于保障房小区。商品房的公共空间，从面积上自然不会小于保障房，实地调查的情况也是这样，那么为什么商品房的活动频率反而小于保障房呢？这可能与商品房的居住者收入水平和教育程度较高相关。另外，就具体活动而言，以活动频率最高的锻炼身体和散步而言，保障房的活动频率高于其他类型的居住区。其他如跑步、在户外晒太阳纳凉、打牌打麻将下棋、遛狗的活动的比例，也是保障房要高于其他类型居住区。只有户外聊天、喝咖啡喝茶、在户外带孩子玩的比例，保障房的活动频率略微小于公房，但是都高于新旧里弄。

我们可以得出这样的结论：社区公共空间所能提供的面积大小，对于公共空间的活动频率肯定是有影响的。在不考虑其他因素前提下，两者呈现出正相关；但是在公共空间面积大小相近的时候，社会性因素往往对于活动频率起到了关键作用。当然公共空间的活动设施对于活动频率也十分重要，这在下面讨论"公共空间界面的功能和设施"一节时，将进一步分析。

表8 活动频率和小区房屋类型的交叉分析

			小区房屋类型				合计
			公房	新旧里弄	商品房	保障房（动迁、经适）	
活动频率	几乎从不参加	计数	539	1011	1202	1203	3955
		小区房屋类型中的	53.3%	60.2%	49.8%	43.7%	50.3%
	一月一次	计数	22	33	58	49	162
		小区房屋类型中的	2.2%	2.0%	2.4%	1.8%	2.1%
	一月几次	计数	36	68	124	133	361
		小区房屋类型中的	3.6%	4.1%	5.1%	4.8%	4.6%
	每周一次	计数	101	125	294	231	751
		小区房屋类型中的	10.0%	7.4%	12.2%	8.4%	9.6%
	几乎每天都去	计数	313	443	737	1138	2631
		小区房屋类型中的	31.0%	26.4%	30.5%	41.3%	33.5%
合计		计数	1011	1680	2415	2754	7860
		小区房屋类型中的	100.0%	100.0%	100.0%	100.0%	100.0%

活动地点

就活动地点而言，居住区类型的作用就比较明显（表9）。一般而言，里弄的公共空间规模和设施都不如商品房和保障房，而保障房基本上都是2010年前后建造，相对于原来的里弄和公房而言，公共空间面积和设施比较齐全。在活动地点中的空地和绿化带两栏里，保障房和商品房都要高于新旧里弄和公房；空地一栏保障房要高于商品房，而在绿化带一栏里商品房要高于保障房；在花园一栏里公房要高于其他房屋类型小区。这可能与设计思路有关，现在商品房和保障房小区里看到的草坪一般不允许居民在上面活动，在本来已经稀缺的公共空间资源中，又减少活动场地。这或许是今后社区规划时要考虑的问题，要更多地提高社区公共空间的可利用率，而不是首先顾及观赏性。在公园、户外运动专用场地、商业设施附近和室内场馆等活动地点方面，公房显然比其他类型要多。究其原因，公房内部以及附近的这四种场地，要么是免费的，要么是收费较低，因此在这里活动的人就比较多。当然考虑到在实地调查中，公房只调查了一个小区，所以这个论断有待于进一步考察。

小区内小区外

至于在小区内还是小区外活动，在不同居住区类型之间有着明显的区别（表10），保障房、商品房和里弄有着明显的差别。保障房和商品房在小区内活动方面依次为最多，第三位是公房，里弄的小区内活动最少；反之在小区外活动中，里弄为最多，其次为公房，第三位是商品房，在小区外活动最少的是保障房小区。商品房和保障房的公共空间面积和功能比较齐全，自然在小区内活动的人多，里弄和公房在这方面的面积和设施比较差，活动的人自然比较少，因此里弄和公房去小区外活动的人自然就多一些。保障房和商品房在小区内活动的人数相对比较多，这进一步验证了面积的改善，有助于公共空间的活动。

表9　活动地点和小区房屋类型的交叉分析

单位:%

	空地	绿化带	花园	公园	户外运动专用场地	步行道	广场	商业设施附近	室内场馆	其他	总计
公房	18.41	6.98	19.84	17.46	4.44	4.44	0.32	4.60	7.78	15.71	100.00
新旧里弄	15.47	5.80	3.68	7.49	0.75	2.68	0.56	2.18	2.43	58.95	100.00
商品房	21.12	18.00	8.95	5.74	3.81	7.62	1.88	3.61	4.80	24.48	100.00
保障房	36.71	16.79	8.38	5.21	2.44	5.47	1.84	3.03	4.74	15.38	100.00
总计	25.02	13.56	8.51	7.10	2.64	5.35	1.39	3.15	4.49	28.79	100.00

表 10 小区内小区外和小区房屋类型的交叉分析

单位:%

	小区内	小区外	两者皆有	合计
公房	59.41	30.96	9.62	100.00
新旧里弄	43.59	40.96	15.46	100.00
商品房	70.95	18.61	10.44	100.00
保障房（动迁、经适）	74.28	13.29	12.43	100.00
总计	66.48	21.55	11.97	100.00

（2）交流状况均值分析

在对户外活动与其他交流状况问题中，不同类型的小区之间并没有显著差异（表11）。保障房小区内的户外交流的均值为最高（3.58），商品房的最低（3.49）。

如果将户外活动时两种情况相加（几乎每次都交流和经常交流），里弄的交流情况并不比商品房、保障房小区内的情况更为频繁，这似乎与我们的生活常识相悖离。进一步分析不同的里弄也有差异，雁荡居委会辖区的情况甚至两者相加只有41.6%，明显低于平均水平（54.5%）。但同样是里弄，庆源居委辖区却有80.4%。这应该如何解释？

表 11 户外活动交流状况和小区房屋类型交叉分析的均值

小区房屋类型	户外活动的时候你与其他人交流吗
公房	3.56
新旧里弄	3.52
商品房	3.49
保障房（动迁、经适）	3.58
总计	3.54

从客观条件上分析，可能是与里弄所能够提供的交流空间有限，没有凳子、椅子之类的原因。站着交流虽然也可以进行，但毕竟不太方便。

从社会性因素角度分析，首先可能是里弄老年人比较多，尤其是60岁以上的老年人，要占到51.5%，商品房60岁以上的老人为41.9%。这两类小区的户外交流频率都低，可能由于60岁以上老年人相对而言活动不便，交流意愿降低。其次可能与收入因素相关。在月收入 2 万和 1 万～1.9999 万元范围里，依次以商品房和里弄人数为最多，但是他们的户外交流状况并不理想，一般而言相对最低。而在月收入 3000 元以下和 3000—5999 元两个收入段的样本中，几乎每次都交流和经常交流频率最高。最后，可能与受教育程度相关。在大学本科及以上和大专学历这两项里，也依次是商品房和里弄人数最高，但是户外活动时与人交流程度并不高。

在是否会去其他小区参加活动这个问题上（表12），以保障房小区为最高，其次才是公房小区，商品房小区排第三，里弄最少。

从百分比角度分析的话，居住在里弄的人去其他小区参加活动的比例，相比其他类型居住区的要低。里弄居民回答不会的为 77.2%，其次是商品房（74.1%）、公房（72.4%）和保障房（63%）。假如进一步考察不同里弄的话，回答"会的"除了雁荡居委辖内社区为 30.6% 之外，都低于 29.3%，太原居委辖内社区居然只有 8.7%。同济绿园虽然也是商品房，但是回答"会的"比例也比较低，只有 20.4%，原因前面已经提及，同济绿园在所处的地区，属于档次相对较高的小区，环境和设施比较好，其他小区来同济绿园活动的比较多，所以后来门口设置了门禁，要持有磁卡的人才能够进入。

表12　小区之间交流状况和小区房屋类型交叉分析的均值

小区房屋类型	你会去其他小区参加活动吗
公房	.28
新旧里弄	.23
商品房	.26
保障房（动迁、经适）	.37
总计	.29

注：取值："会"为1，"不会"为0。

从以上两个问题得出这样一个结论，新旧里弄在小区内公共空间交流中，以及去参与其他小区活动中，不仅表现不突出，而且几乎都处于相对劣势之中，这与我们习惯上的观念有所不同。根据大多数人的儿时的集体记忆，里弄无论在户外交流，还是小区之间的互动，都更为频繁。似乎里弄应该在户外交流更占据优势，里弄里居住的人应更愿意去其他小区参加活动，但事实上不是这样。一种解释就是里弄公共空间相对比较稀缺（前面业已提及），另一种解释可能是现在里弄居住的人口结构发生了变化。在实地调查中，发现许多人搬离了原来的里弄，纷纷在外面添置商品房。在虹口港蘭葳里（兰葳里）访谈中遇到一个老人，已经80多岁了，从他父亲一辈就居住在这个里弄中，到他儿女一辈纷纷买房子搬离这里，而且商品房就买在附近，他用手指了指所买商品房的方位，就在附近的一幢高楼里。另外，现在的里弄的住宅出租率很高，这在实地调查中发现的一个现象：原来的邻居不复存在，原来成长期的伙伴已经移居他处。

2. 社区公共空间的位置以及功能

那么，小区公共空间所处的位置是不是影响到人们的活动和交往？在实地调查中发现，假如一个小区有几处公共空间，其中一个空间所处的位置不合理，那么去那里活动的人就比较少。一般处于小区中心地带的公共空间，参与活动的人相对比较多一点，而且周围不能有阻拦物，比如有的公共空间周围光线被住宅楼阻挡，冬天不利于晒太阳。公共空间内部也不能空无一物，要有些树木之类的可以遮阴，方便夏天在那里纳凉、闲聊，尤其对于休闲、休憩场地来说更是如此。假如冬天不能晒到太阳，夏天没有树叶遮蔽阳光闲聊、看风景，那么小区居民为什么要到这里来休憩？呆上个一二小时甚至半天，还不如在家里更加舒服。

当然，未必要把公共空间都放在小区中心地带，尤其是有几处公共空间之时，可以根据实际情况分布于小区各处，而且要将这几处空间在功能上加以区分，定位明确：要么是活动锻炼场地，就需要配备有关的设施；要么是休闲场所，首先要比较安静，可以闲聊、看风景，场地上放置一些凳子、椅子和桌子，居民可以在那里下棋、打牌和玩耍。

在实地观察中发现，小区有几处公共空间的，在功能上区分不是很明确，有的甚至看不出什么差别来。比如鞍山四村的三处公共空间，几乎大同小异。其中两处空间设置有下棋的地方，三处空间都有几乎相同的活动锻炼设施。其中一处下棋的地方，当笔者去调查的时候，正好见到一群人在那里玩带有赌博性质的"斗地主"，桌面上放着钞票，周围一群人在围观。另外一处公共空间上在可以下棋的地方，桌椅都有所损坏，桌子下面的三角铁都暴露出来，人不小心碰到就容易擦伤；下面长条形板凳上的一条木块螺丝掉了，呈活络状态。该小区居民反映物业收费逐年增加，但是设施维护比较差。这里还被当作模范示范小区，中央领导和上海市领导经常来到这里视察。不过那里有一个顶棚很有特色，夏天温度过高可以用水喷淋地面，小孩子比较喜欢在那里玩耍。

假设小区有几处公共空间，可以在空间上采取彼此间分离的方法，也可以直接衔接，即几块不同的公共空间直接连接在一起，只要处理得当就可以大幅度提升公共空间活力。例如曲阳东体小区、碧云新天地，两个案例共同点在于：几块公共空间紧挨着，同时有商业设施。尤其是碧云新天地，在一块面积很大的公共活动场地旁边，紧挨着有一处商业空间，里面有琴行、武术馆、乒乓球馆、舞蹈馆、亲子生活馆，还有一处挂着上海音乐家协会浦东钢琴考试点和西安音乐学院校友协会（上海）的场所。笔者向一位小区居民询问这个小区的情况，她提到了这里有人晚上7点到9点会跳广场舞。下午3点多的时候，小孩子放学了在这里溜旱冰，显得生机勃勃。这是我所看见最有活力的社区之一。

因此，小区假如有几处不同的公共空间衔接，可以采取功能混合的方法，把活动空间与商业空间摆放在一起，彼此在空间上衔接起来，显然有助于提高小区的活力，有助于小区居民的活动、交往和沟通。另外，可以将休闲空间摆放到别处，因为休闲空间相对要求安静一些。

3. 公共空间界面的功能以及在空间中设施

围合性

社区公共空间，比如一处活动场地或休憩场地，为了与其他空间（比如道路）区分开来，经常使用铁丝网、铁栅栏、树木、灌木等作为边界加以区隔。围合的方式以及使用材料差别很大，比如小区里的网球场，一般用铁丝网围合起来。运动场地的边界，则有可能使用树木、灌木、低矮不过膝盖的水泥围墙等圈起来。围合的目的为了将活动、休闲等场地空间的功能与道路之类加以区别。甚至在一块场地内，不同的区域用不同的设施加以分隔，以及在地面上使用不同的材质或图案加以铺装。

一块场地的围合可以同时使用不同的方式和材料。首先，围合不仅要起到分隔、分离的作用，在使用功能上加以区分，而且要具有审美功能，有一种视觉上的愉悦。其次，围合不等于封闭，要保持空间的敞开性，视觉上看上去比较开阔。现在围合方式大都千篇一律，每个小区之间差别不大，没有各自的特色。再次，围合的地方可以在功能上多样化，如果既可以在上面运动,又可以休憩、交流,那就是上佳选择。比如曲阳东体小区一处活动场地,就具备活动和休憩两个功能——早上人们一般在空地上跳舞,周围有器械可以锻炼;晚饭之后经常有一群人一边放歌曲、一边快走;这里还可以溜旱冰,带孩子在上面溜达;周围的矮墙体可以供居民坐在那里休憩,摆放东西。

现在许多小区有草坪,但是一般不允许居民上去活动,这种场地纯粹是为了摆样子,起到装点门面的作用。另外有许多公共空间,内部差异不大,没有加以区分,整个一大块场地,都用水泥铺盖,显得比较单调。

空间中的设施

公共空间中的设施,除了前面提到的运动场地中的锻炼设施外,还有桌子、凳子和椅子。一般来说,公共空间中使用石头材质的桌子凳椅比较多,当然也有使用木质材料的。放置桌子、凳子还是椅子,使用什么材质,要结合具体使用功能,即关键看有没有人去使用。椅子要注意高度,而且要保持清洁、卫生和完好。大多数地方一开始有新设施的时候,看上去十分完好,但是时间一久就破损的厉害。尤其是那些木质的凳椅,时间一久日晒雨淋,大多数都逐渐有所损坏。而且主要原因是平时不注意维护,无人打扫,这是物业公司的责任。但是一般的物业公司,只要求清洁工人打扫小区道路,没有将这些设施很好地纳入管理范围内。因此,即便有这些设施也无法实际使用,没人到上面去坐;就是要去坐,也得随身带好报纸塑料纸之类铺垫一下,否则太肮脏。另外有些设施(比如椅子)摆放的位置不对,因此很少有人使用。有些空间当中空荡荡的,中间没有什么设施,注定是失败的,比如万科朗润园一处公共空间就是这样。适当的设施,可以增加空间的活力,为人们休憩、交流提供方便。

4. 围墙和门禁

一般围墙,尤其是门禁被认为是阻碍了小区之间的交往,降低了公共空间的活力。但在同济绿园访谈中发现,小区居民基本上都倾向于设置门禁,他们的回答可以概括为:出于安全性和环境的考虑。当初没有门禁的时候,其他小区的人来遛狗,狗随地大小便,遛狗的人又没有及时清理,破坏了小区的环境。据同济绿园访谈者的说法,其他小区的人素质差,还有其他小区的人来这里锻炼身体,妨碍了小区居民的正常锻炼。因此后来他们召开业主委员会大会,80%左右的人一致同意建立门禁,要凭磁卡进入。实地调查中发现,虽然有的小区有门禁,还设置了围墙,但允许其他小区的人来这里活动,那么那里公共空间的活力会比较高。调查中得出一个普遍结论就是,小区大都设有门禁,也都有摄像头,进出相对比较方便,保安不会盘问。

许多小区的围墙,建设成封闭式的,这种现象十分普遍。这既妨碍了空间视野的开阔性,又未必真正起到安全功能。在同济绿园访谈中,有多人提及,小区围墙可以设计成半封闭式的——用石柱或者铁栅栏来隔离小区内部和外面的空间。

5. 小区面积、人口规模与小区活力

在问卷访谈时,当询问道你所喜欢的小区规模时(表13),大约一半以上的人填写了少于1500人规模,填写501～1000人的最多,为23.7%,这就表明了居民并不喜欢太大规模的小区。比如在实地调查中我们发现,万科城市花园规模过大,截至2013年底,居住者有11247人之多。小区规模太大,不仅不利于管理,而且居民之间彼此不熟悉,会影响到公共空间的活力。因此人口规模是影响公共空间活力的一个重要因素,小区规模一般与公共空间活力呈负相关,规模越大,活力越低。

表13 您喜欢的小区规模

		频率	百分比%	有效百分比%	累积百分比%
有效	小于500人	114	11.0	11.6	11.6
	501～1000人	234	22.5	23.7	35.3
	1001～1500人	212	20.4	21.5	56.8
	1501～2000人	100	9.6	10.1	66.9
	2001～3000人	160	15.4	16.2	83.1
	3001～5000人	72	6.9	7.3	90.4
	5000人以上	95	9.1	9.6	100.0
	合计	987	94.9	100.0	
缺失	系统	53	5.1		
	合计	1040	100.0		

6. 小区公共空间场地不足,导致活力下降

目前在小区道路上,车辆挤占人行道的情况十分严重,几乎每个小区都有这样的问题。原来散步、运动的场地都被车辆占用了，以前还可以看到有人在楼前打羽毛球、踢球，现在基本上难以见到了。现在在步行道上运动的比过去少了，尤其是小孩子在上面玩耍的数量大幅度减少。建设更多的地下车库是一种解决方案，但是对现有社区进行大规模改造，成本比较大。从积极方面讲，还是要提倡公共交通，尤其是绿色交通工具，比如骑自行车、电动车，可以降低小汽车对于小区道路的挤占，国外也已有成功先例。可以将地铁、公交车、自行车三者形成一个网络。可以大力发展环保新能源汽车，而不仅是电动小汽车和混合动力汽车；在目前这个阶段，允许电瓶车继续存在，也不失为一个方案。在实地调查中发现，朗润园是一个例外，因为那里建设时间比较晚（2006年建成），建设之初已充分考虑到了私人汽车的普及情况。看来彻底解决小区公共空间被挤占的良方，还应该更多地从积极方面去着手，发展绿色快捷的公共交通，这是一个根本思路。

7. 公共空间的美感和主观体验

在实地调查中，发现现有小区在美观性和审美体验上做得很不够。有的小区在这方面做了很多努力，但是效果未必良好。比如证大家园一处公共空间，两旁是商店，中间是一块规模颇大的公共场地，设计不可谓不用心，但是中间显得空荡荡的，没有什么特别的审美趣味。根据百度百科介绍，证大家园位于上海市浦东金桥（巨峰路与五莲路交界处），小区总占地面积约800亩，综合容积率为1.2，建筑面积60万平方米，是由名列首届（2003年）上海市房地产开发企业50强的证大集团旗下的上海证大置业有限公司精心打造的又一成功项目。据笔者所知，证大集团的老板戴志康以重视文化品位著称，该公司在浦东还建设有喜马拉雅中心，由日本的建筑设计大师矶崎新主持设计。当然实事求是地说，证大家园相对于其他小区，在审美性和主观体验上还是相对比较好的。

许多小区都有景观、纪念碑和雕塑之类的公共建筑，但设计略显得粗糙。在问卷中要求填写者罗列出小区及其附近的三个独特标志，多数人都填写了大卖场、超市、百货店、公园、菜市场、医院、学校、附近的马路等，大多为商业设施和公共服务设施，活动休憩场所方面大多数填写的是公园，几乎没有什么人填写小区内部的公共空间场所和独特标志物。这就是说，现有的小区所能够提供的审美、观赏功能方面是有根本缺陷的。在对同济绿园的居民的访谈中，询问被访者对于小区总体评价之时，基本上都回答一般；当问及小区内有什么独特之处时，被访问者回答说没有。

就问卷、访谈和观察得出的总体结论是：对现有的小区总体评价不高，雷同的比较多、有特色的比较少，能够引起美感和美好的体验的更为罕见，能够产生地方性和小区记忆的十分稀缺。开发商基本上采取夷平化的策略，将小区的历史、过去与现在完全切割了开来。这种现象不仅在调查点普遍存在，而且在上海市，乃至全国各地都是极其普遍的。比如说，陆家嘴与过去的历史的关系，从现有的建筑上，基本上看不出来。与以往的地方性记忆的关联，由于原来的那些住户基本上都不存在了，所以也很难被识别出。这或许就是所谓进步的代价。

五　结论与研究局限

1. 社区规划和社会学的分析

社区公共空间的活力大小，具体而言，指活动、交往和互动的程度，很大原因在于：第一，小区公共空间的位置放置错误。同样一个小区的公共空间，为什么有的活力四射，有的则冷冷清清，原因之一在所处位置的差别。第二是设计不当，有些公共空间前后有住宅遮挡，不适合冬天晒太阳。当然这点也不是设计师的责任，开发商为了尽最大可能利用场地，就想方设法减少公共空间所占的面积。第三是功能定位不明确，比如朗润园一处公共空间，面积很大，当中也摆放了具有装饰性物件，但是不知道派什么用处。表面上看起来像一个过道，又有装饰性，想吸引居民在此休憩、逗留，但实际上没有起到相应的功能。第四是界面的功能和设施的原因。无论就围合的方式和材质、地面的铺装而言，很多公共空间看上去千篇一律，缺乏吸引力，空间中也没有合适的设施，时间一久，日晒雨淋，桌椅破破烂烂的，平时又缺乏管理保养。四周也没有什么树木，夏天纳凉显然是不适宜的。第五是缺乏地方性和美感体验。有的甚至引起身体和心理上的不舒服、不惬意感，所以导致活力下降。这是就社区公共空间的客观条件而言。

但是社区公共空间的活力，不完全是客观性因素造成的。有许多是社会性因素造成的。首先是居民工作忙碌、缺乏业余时间，没有空闲在社区公共空间活动、锻炼、休闲，更遑论与邻里进行沟通和交往。其次，车辆过多，占有了原来散步休闲的地方，很多居民觉得不安全，尤其不放心小孩子去社区里玩耍。再次，社区公共空间不可能满足所有人的需求。比如老年人喜欢的活动场所，未必是年轻人，尤其是"80后""90后"乐意去的地方。那些设备过于简陋，老年人或许愿意去那里锻炼，但是年轻人更愿意去健身房、体育馆等专业的场馆锻炼，比如游泳馆、网球场之类。在对同济绿园的调查中发现，有人提到这里缺少了一个游泳馆。最后，年龄、性别、收入、受教育程度、居住时间等因素，影响到公共空间的活力（活动、交往和互动），尤其以年龄、收入、受教育程度三个因素最为重要。从各类活动来看，以50~59岁这个年龄层最为活跃，他们有时间活动，而且身体尚可，是社区中参与活动的主力军；收入和教育程度越高，在社区公共空间活动频率和交往程度上就越低。当然这并不是说他们不活动、不与人交往，只是说明他们对所居住社区的活动兴趣相对不大，他们有自己的活动方式和社交圈。

2. 现有理论的启示

新城市主义无疑给我们很好的启示：**首先，强调小区的适宜步行性**。小区内的公共空间本来就是锻炼、休憩和休闲的场所，但是目前过多的私人汽车大量挤占了道路，甚至连开车的人自己也无法找到车位，这不啻是一个悲剧。笔者有同事声称自己所居住小区，晚上6点以后就找不到停车位，那么就意味着假如他开车外出，必须赶在晚上6点之前回家，否则无法停放在自己小区的话，就需要支付不菲的停车费；假如停放在马路上，就要准备接受警察的罚单。**其次，发展公共交通**，将小区的道路和所在地区的交通体系连接成为一个整体。这在上海闹市区以及中环地带可以办到。但是对于新建的小区，由于地理位置比较偏远，就有些困难。公共交通部门不愿意在那里开辟路线，因为这样容易亏本；私人交通工具载客的话，有关部门又不允许，比如顾村一带保障房小区就存在这样的问题。笔者觉得在公共交通路线开设之前，应该允许私人交通工具提供服务，尤其在城乡接合部的新建小区。**再次，小区及附近的公共空间，强调功能的混合性**。锻炼、休闲的空间可以适当地与商业空间加以混合，增加小区活力。**最后，提供更多的有吸引力的活动空间**。无论是免费的还是商业性的，应该为小区及其附近居民的交往和沟通提供更多的机会。要考虑老年人、中年人和青年人的不同趣味和爱好。当然，我们不能指望一个居住区附近，比如一个街道，能够满足几乎所有人的需求。现在的问题是一方面活动空间不足，另外已建成的小区居委会和街道的活动中心、文化馆之类，又没有什么人气，造成这种情况的原因主要是在设计的时候，没有考虑到居民的实际需求，设计过于单一和单调。今后在小区设计中，应该更多地吸引公民参与；在已建成小区中，可以听取居民意见，可以对已有的公共空间的功能加以调整。

因此在社区规划的实践中，还是应该首先从实际出发，而不是简单地抄袭西方规划理论，不管是现代主义思路，还是后现代主义的新城市主义、精明增长理论等最新最时髦的学说。具体细节在本文前面已经加以说明了。

就邻里关系而言，首先现在的社区居民，从社会资本理论出发，大多数是弱关系，无法与过去那种邻里间关系相提并论。过去里弄中邻里纠纷也多，一幢石库门房子，住着好几户人家，共同使用一个厨房和卫生间，经常为了一些小事争吵甚至打架。隐私权难以得到保护。其次，要区分现在的里弄与过去的不同，很多人买了商品房之后就搬迁出去了。再次，现在生活方式和观念也不同了，一味地怀旧没有必要。但是过去邻里之间相互关心、相互帮助的精神实质应该保留下来。在新建商品房中，经常出现住同一幢楼房里达十年以上，不仅连上下层的都不认识，甚至隔壁邻居也不是很熟悉的情况，的确十分可悲。究其原因，除了工作繁忙之外，过度强调私人隐私，或者根本不愿意与邻里交往，造就了新建商品房小区大多数居民老死不相往来的状况。邻里之间的交往、互惠、信任，不仅能够满足生活上的需要，而且可以让人得到情感上的满足并有利于身体健康，提高生活质量和幸福感，这已经被大量研究所证实的事实。从这次调查来看，邻里之间交往，最多的人填写了小区花园（健身场地），其次为住宅楼内公共区域（如电梯间、楼梯间）、小区道路（弄堂）、家中，较少人填写了社区活动中心（会所）、菜市场、公园（公共绿地）、附近的广场。因此，顾及现代人比较强调隐私的需要，如何在公共空间里为邻里之间交往提供必要的场地和设施，而且要有所侧重地增加某些公共空间的面积，这是社区规划必须认真对待的问题。

私人之间的交往，与正式的组织化、制度化交往不同。它是碎片化、偶然的、非系统化的，是生活世界中经常发生的、对于日常生活实践来说是不可或缺的行为。现代世界把人们高度地加以组织化制度化，也就是哈贝马斯所言的"系统化"。系统和生活世界构成了现代世界两个方面，但是系统对生活世界的侵蚀是显而易见的。现代世界把原来那种属于私人领域的生活世界管制起来，私人地带不断地往后退却，被挤压到一个狭小的空间中。规划意义上的公共空间属于公共领域的一部分，但是哈贝马斯忽略了物质、物理的公共空间对于交往的重要性。良好的公共空间促进人际交往；社会性因素（年龄、性别收入等）影响到人们在公共空间里的交往。人们在公共空间中交往，不仅能够提高身心健康、提高幸福感，而且更重要的在于能够形成共识。社会就是这样被组织起来的，通过面对面的直接交往、话语交流，逐渐地自发形成共识，以及共同的情感和认同感，文化和文明由此被保留下来。现代世界信息技术无孔不入，但是它不能替代面对面的直接交流，而且电子化世界也离不开话语的方式——无论是文字、图片还是视频。人类最原始意义上的交往，就是直接面对面的交流；但是在现代世界中，这种最原初意义上的交往大幅度降低了，哪怕亲朋好友见面，也可常见到大家低头忙于玩手机。这或许也是文明进步的代价。

3. 研究的不足之处

本文主题牵涉范围比较广泛，不仅有社会学方面的内容，而且牵涉城市规划相关理论。具体而言，涉及社区规划、城市社会学等方面的内容；同时在技术上又涉及社会调查、社会统计之类，笔者在这个方面有所欠缺。从被调查的小区类型而言，对于偌大的上海而言尚属不够，应该在今后的研究中增加不同类型居住区。同时总体样本的数量还有所欠缺，无论从数量上和男女比例上，另外对于30—39岁和30岁以下年龄层，应该着重研究他们在公共空间的行为特征。此外还需要进一步加强实地观察和访谈。

参考文献

布迪厄，2005，《资本的形式》，参见薛晓源、曹荣湘主编《全球化与文化资本》，社会科学文献出版社。
哈贝马斯，1999，《公共领域的结构转型》，曹卫东译，学林出版社。
科尔曼，2005，《人力资本创造中的社会资本》，参见张慧东等译《社会资本——一个多角度的观点》，中国人民大学出版社。

罗伯特·帕特南，2011，《独自打保龄球——美国社区的衰落与复兴》，刘波等译、燕继荣校，北京大学出版社。
伍学进，2013，《城市社区公共空间宜居性研究》，科学出版社。

＊本文在写作时，得到了项目负责人朱伟珏教授、周俭教授的指教，社会学系王丹希同学提供的技术方面的帮助，以及参与此次社会调查的同济大学社会学系学生的支持，一并致谢！

基于社会空间视角的
上海社区商业研究

钟晓华(同济大学社会学系,助理教授)

摘要: 本文是"社会空间与社区发展规划"课题的子课题"社会学视角下的社区商业空间研究"[①] 阶段成果。本文以社区商业空间为研究对象,旨在从空间社会学、消费社会学等视角,研究社区商业的空间形态及这些商业空间中的互动行为,解读社区商业空间在社区建构与发展中的作用。本文分为五部分:第一部分文献综述,主要对社会空间理论及已有社区商业研究进行梳理;第二部分上海社区商业传统与发展现状,从新中国成立前的传统里弄社区、计划经济下的新村社区及市场经济下的商品房社区三个阶段,归纳了上海社区商业的发展历程及现状;第三部分研究设计,从研究假设、研究问题、研究方法、研究内容等方面介绍了本课题的研究思路及实施方案;第四部分数据及案例分析,主要对居民问卷中"社区商业生活"部分的数据进行分析,了解不同社区居民的日常消费习惯、社区商业期望等,这一部分也对所选取的5个社区商业案例进行了初步比较分析;第五部分结论与讨论,从三个社会空间维度对社区商业的社会功能进行论述,并就空间形态、招商管理、社会功能、新型业态等方面进行了开放性讨论。

关键词: 社区商业 社会空间 消费 社会互动

近代上海兴起于通商,繁荣于商业,即使在没有"社区"概念传入之前,遍布于各类住宅区的零售商业都是不得不提及的世界都市景象,前店

[①] 本课题为同济大学高密度区域智能城镇化协同创新中心与上海同济城市规划设计院横向委托课题,项目编号:KY-2014-ZD8-A10。

后宅、下店上宅的特有住区空间展示出了上海摩登世界城市以外的另一面——作为移民落脚城市的市井气息。卢汉超在其著作《霓虹灯外》提到"商业行为并不局限于城市的商业区,而在居民区狭窄的弄堂里普通人家的后门前,房屋中,甚至是普通家庭的卧室内每天必须进行的事务。买卖就是在这种特别的住室和店铺的混合场所进行的"(卢汉超,2005)。这种基于社区的零售商业传统在上海从未消退,即使在工业发展主导和限制非公资本的时期,深植于里弄的烟纸店仍一息尚存,承载着这座城市稠密的邻里交往和精明的城市性格。

改革开放以来的大都市空间结构发生了巨大变迁,原先计划经济时代的生产性、政治性空间被转化为消费性、市场化空间。全球化和消费主义的影响裹挟而来,随着传统"公共空间"的逐渐消退,消费空间被认为逐渐成了"21世纪最后的、也是最普及的公共社会空间"(Rem Koolhaas et al.,2002)。消费空间作为特殊的社会空间,不仅将经济结构转型物化、制度化,也创造了现代公众文化和城市权力图景(莎朗·佐金,2011)。社区商业是"以一定地域的居住区为载体,以便民利民为宗旨,以提高居民生活质量、满足居民综合性消费为目标,提供日常生活需要的商品和服务的属地型商业"。社区商业概念于20世纪50年代出现在美国,60年代英国、日本、法国等发达国家也因郊区化的出现而出现社区(街区)商业,70年代新加坡也开始大规模发展社区商业。"社区商业"概念虽然是近十年才被引进到我国的,但与住区相关联的商业形式却早已出现在百年前的上海石库门。新时期,我国正大力推进城市居住社区建设,社区商业的规划和发展被视为关乎居民生活需求满足及城市综合商业能力的重要一环。国内外关于城市社区商业及消费空间的研究成了市场营销、文化研究、区域经济、地理学等诸多学科的研究热点。本文以社区商业空间为切入点,旨在从社会空间视角,研究社区商业空间与社区公共性重构之间的互构关系,解读社区商业空间在社区建构与发展中的作用。

一 文献综述

本部分综述了社会空间、消费空间的相关理论,并概括了上海社区商业发展的主要阶段,作为本文开展的理论基础。

1. 社会空间理论与社区空间生产

虽然在转型期的城市研究中，不乏空间视角，但多集中于规划学、建筑学及地理学领域，空间被简单等同于土地，大多数中国学者对城市空间结构的研究还处于城市形态研究与实证主义研究为主的阶段（Pacione，2001）。然而在全球化背景中城市已不仅仅是传统意义上的生活场所，更是生产要素集聚的中心，各种社会文化力量碰撞、融会的节点，城市空间的政治属性、社会属性特别是其作为战略竞争资源的作用日益显现，空间一方面为权力、利益、理念等要素提供了发生场所；另一方面也遮蔽和固化了城市扩张、人口流动等现象背后的社会分层、权力冲突、利益争夺等深层制度化的社会问题。"社会空间"为研究、理解和反思社会提供了一种新的范式；而转型城市为"社会空间"理论提供了一个"现场"或"诊断所"。

社会—空间辩证。其基本内容是人们在创造和改变空间的同时，又被生活、工作空间以各种方式约束和控制。美国南加州大学地理系的 Dear 和 Wolch 教授从三个层面指出了空间所具有的能动作用，即社会关系通过空间而构成；社会关系受到空间的制约；社会关系由空间作为中介，空间成为社会实践的"会合点"，正是通过空间的中介与调停作用，领域性（territoriality）和次文化等社会现象才得以生成。"社会—空间辩证"视角弥补了传统马克思主义和结构功能主义对空间的忽视或偏向，批判传统城市社会学过分重视技术作为变迁主体的推动力，并试图将更多因素纳入城市空间的分析框架，尤其是政治、经济和社会过程。

从社会空间的视角来看，社区作为现代城市的最基础单元，很难在空间生产的过程中"自成一体，而是与外在的社会结构紧密联系在一起，被卷入空间生产的趋势中"（黄晓星，2012）。伴随着土地和住宅商品化趋势，居住空间的生产对人的习性、心智结构、生活经验、家庭关系的生产都产生影响，继而影响到社区及社会阶层等。

2. 社区商业与消费空间

商业是城市重要的功能之一，国内对商业空间区位研究是 20 世纪 80 年代逐渐起步的，集中于经济地理学、人文地理学领域，注重分析城市商业设施的规模等级和空间网络分布。20 世纪 90 年代以来，超市、购物中心等新商业业态的聚集产生及其对城市整体空间结构的影响，城市商业研究重点转向了商业业态变迁与城市商业空间结构的相互关系（张水清，2002）、城市建设对商业空间重构的作用，如轨道交通发展对城市商业分布的影响。相对商业空间研究的实体性和区位性，对于消费空间的研究则更侧重消费行为的主体性，对于消费水平和消费结构的研究成了消费经济学的重点。

相对于城市商业空间、消费空间的网络式的、整体性研究，对社区商业的探讨更为具体和微观。社区商业是一种有别于城市区域中心商业、大型购物中心的业态，是以一定区域的居民区为中心，以便民利民为宗旨，满足居民综合消费目标，提供日常生活需要的商品的商业模式。在欧美等发达国家，居住区商业早已成为居民综合消费的载体，其消费额约占社会商业支出总额的40%。以美国为例，2000年全国社区购物中心零售总额为4494亿美元，高于近邻型购物中心的3205亿美元和区域购物中心的1429亿美元，约占美国商业总零售额的40.68%。

社区商业出现于20世纪50年代的美国，由于家庭汽车的普及，城郊交通系统的完善，出现了居住郊区化的趋势，专门为郊区新建居住区居民服务的商业体成为社区商业的雏形。国外社区商业的典型代表有：欧美的大型社区商业中心，以一家大超市为主，附带折扣店、专卖店等零售商业，这种商业中心一般与区域内的文化娱乐设施相连，成为一个体量较大的综合型消费空间；日本的"商业街协同组合"，一条百米左右的步行街两侧分布着连户商铺、中型超市、便利店等各种零售商业形态满足社区居民的生活所需，同时这种社区商业还肩负保护本地中小企业及文化传统的职责；新加坡的"邻里之家"（Home By Home），这种社区商业设施是根据居住社区的类型、规模进行配套建设的，并由开发商或物业进行集中经营管理，为社区居民提供日常生活所需的服务与商品。

基于对国外社区商业形态的研究，有学者将上海的社区商业类型归纳为"沿街式""团组式""多点式"三类。"沿街式"商业一般出现在工薪阶层社区，业态有中型超市、便利店、修配等社区服务店及中小餐饮店；"团组式"及"多点式"商业形式主要出现在新建商品房社区，以大型商场或中高档餐饮为主，辅以便民商业设施（范林根，2007）。关于社区商业空间的研究，建筑学的视角侧重于对商住楼住宅科技和"前店后宅""下店上宅"的经营户型的探讨；经济学、营销学研究则集中于社区商业的市场价值、发展模式（何骏，2008），无非是政府、开发商与规划师之间的精英力量的制衡，商讨共赢之道。

综上，国内关于城市商业空间及社区商业的研究多为市场分析，缺少对商业空间与社区生活的关系、消费行为背后的社会文化意义的探讨。社区作为一个生活共同体的特殊性，决定了社区商业不能只是一种单一的商品经营场所，更是一种交换场所，也是一种参与、交流、沟通的场所（罗岗，2006）。与所在社区关系也各有不同，有些是与所在社区相适应的内在概念，与社区居民共生共存；而另一些可能是与所在地理位置所割裂的非日常生活消费场所，商业性高于社区性。雅各布将沿街商铺的功能扩展到了保持街道安全与多样性上，"一条街道，当人们能自愿地使用并喜欢它，而且在正常情况下很少意识到他们在起着监督作用，那么这里就是最不经常出现敌意或怀疑的地方，这种监视条件是要在沿人行道的边上三三两两地布置足够数量的商业点和其他公共场所，尤其是晚上或夜间开放的一些商店和公共场所；店主和小业主本身是秩序的坚决支持者"。而成都街头的茶馆（王笛，2006）、曼哈顿社区的白马酒吧（雅各布，2005）也成了街头公共活动发生和社会关系产生的汇聚点；曼哈顿老街区的创意设计店非但没有因为士绅化（Gentrification）商业破坏老街区，反而成了新的市场和文化节点（Sharon Zukin，2004）。

从社会空间的视角看，社区商业的特色在于：首先是有明确的空间范围；其次社区商业的从业者和消费者多为社区居民，主体性突出；再者由于空间聚焦、主体明确，主体间更易产生更多互动，形成消费活动以外的社会关系，因此社区商业是社区内极为重要的社会空间，是社区不可或缺的有机组成部分。

二 上海的社区商业传统及现状

上海就如中国近代化、工业化、城市化、现代化的一个"试验场"，随着不同历史阶段所产生的不同住区，既是当时社会生活的产物，又是社会生活变迁的载体。上海的社区商业发展伴随着住宅建设的进程而呈现阶段性特征，如里弄住宅、公寓等为代表的上海近代住区，作为全国工业基地、财政支柱时的大片工人新村，以及在"现代化国际大都市"目标下产生的新型商品房社区等。上海的社区商铺由来已早,并伴随着不同的社区发展阶段生成不同的商业形态。从20世纪初起,老里弄房子中就出现了"下店上宅"的经营模式,老虎灶、烟纸店、裁缝店等成了老上海里弄生活的象征(卢汉超,1995)。新中国成立后,一些国营粮油店、邮政所、小百货店替代原来的私营零售点,成了社区商铺的主体,直至这个阶段上海社区商业还是以"沿街型"商业为主。直到20世纪90年代中期,上海大力推进居住区商业的发展,作为五层次商业布局的重要一环(五个层次分别为市级商业中心、区域商业中心、居住区商业、郊区城镇商业、商业专业特色街),许多新商品房社区开发商在规划时即预留了商业用房,中心型的集中商业和会所型的高档商业相继出现,但沿街的商铺形态以其区位优势保留至今。2002年上半年以来,上海市居住区商业的零售额就达到了600亿元,占全社会零售额的30%。直至2007年,上海已有175个社区被列入社区商业建设和改造范围。

1. 近代上海里弄住宅

上海中心城旧住区,形成于19世纪中后期和20世纪初期至20世纪三四十年代(上海近代历史上第一个快速经济增长和城市扩张时期),以新、旧里弄建筑、花园住宅和公寓建筑等为主体,具有一定历史文化价值的住区。其中最具代表性的里弄住宅,始于19世纪60年代前后。砖木结构的联排式住宅占地少、造价低,适合当时上海房产市场需求,短时间内被大量推广。据统计,1949年前后,上海里弄住宅约有9000余处20万幢,建筑面积达2120余万平方米,占全市总居住建筑面积63.5%以上。

里弄住宅是近代上海崛起的产物,其选址、设计、建造、经营、使用无不体现了当时上海生产方式、人口结构、生活方式、城市文化等方面的变迁,"中西融合、五方杂处"造就了其特有的社区结构和商业生活。密布在大街小巷的零售店铺和里弄生活相互融合,由此而产生了一种充满活力的市井文化,社区商业也因此成为上海日常生活的重要部分。

(1)"外铺内宅、下铺上宅"的商居混合空间

卢汉超描述了这一兼具就业和居住的创业故事,一个男人(店主通常是男人)"设法积攒或借上一笔钱,租下沿马路的前排房子,接着他全家搬入二楼,将客堂间改作一家小的商店。在上海的人口构成主要是外来移民之际,这样的安排显然是最经济的:在这里同时解决了居住和就业的问

题"。上海里弄商街的商居混合形态反映的正是主要来自农村的移民身后的"农夫那种家与农场合二而一的情况","居住区内有四分之一的零售商将住宅当作店铺"。

当然,这种自发的社区商业得以盛行,正因其与里弄社区的空间特性与本居民的出行购物需求相得益彰,里弄建筑似在"规划的时候已考虑到商住一体的模式,地块划得较小,间距控制在100m~200m,沿街可以紧密排列25~40个商铺"(罗小未,2002);这也符合当时居民的消费习惯,绝大部分居民的活动范围最多只是自家附近的一些街区,"几乎所有的日常需求依靠步行即可解决。城市因此被分割为众多的小社区,在这里可以过上适度而安逸的生活,而不必到几个街区以外的地方去冒险。对许多居民来说,几条以家为中心的街道就是他们心目中的'城市'"(卢汉超,1995)。

(2) 街巷经济与综合社区功能

所谓"街巷经济",指的是由沿街向里弄内部延伸的商业布局,里弄内杂货店、烟纸店星罗棋布,还有流动叫卖的小贩穿梭其中,好不热闹,充分体现了里弄社区空间上的开放性、透明度。除了零售商业外,里弄浴室、里弄旅馆、里弄工厂、里弄学校等满足社区居民生活所需,甚至是就业所需的业态或机构也同时存在,社区功能完整。通过1947年绘制的上海某个中心城区街区的平面图(图1)可见该里弄街区沿街及里弄内的所有的店铺、学校、医院、教堂和工厂的分布情况。正是这种商居混合、沿街排布与弄内渗透的空间格局促成了富有活力的商业活动和里弄生活。

2. 计划经济下的"新村"社区

新中国成立之后,严格的政治控制使上海的城市地位由原先的远东第一国际大都市变为国内大城市;上海的城市功能由"消费型城市"转变为"生产型城市"。这一时期的住区更新与建设主要以改善劳动人民的生活条件为主要目标,1950年至1985年,上海住宅总投资59.4亿元,辟建大小住宅新村200多个,尤其是从1979年至1985年,上海市住宅投资46.5亿元,建成住宅总面积2545.2万平方米,7年新建住宅总面积等于上海解放后29年住宅建设的总和①。这一时期,大量五到六层的"新公房"成为主

---

① 《上海建设(1949~1985)》,1989,上海科学技术文献出版社。

图1 马当路、复兴中路、合肥路、英士路（今淡水路）街区地图

图片来源：《上海建设（1949~1985）》，1989，上海科学技术出版社。

要的住宅形式，都只具有单纯的居住功能，未考虑市区中心的功能和居民人文需求，被抱怨为"兵营""文化沙漠"。除了新公房建设外，原有的位于市中心的一些老私房也经历了计划经济时代的空间"社会主义工业化"，在新中国成立前后的自愿租赁、20世纪50年代社会主义改造及70年代"文革"后的代理经租政策等历史过程中，很多老私房被政府低租给劳苦大众，在20世纪50到80年代为政府分担了不少城市人口住房压力。

"新村建设"深刻影响了如今上海的居住格局，然而计划经济体制下的商业空间规划显然无法满足如今社区消费需求。以曹杨新村为代表的20世纪五六十年代第一批工人新村规模一般在2~3万人，配有文教、医疗、食堂等公共福利设施，但几乎没有商业用房配套；以曲阳新村为代表的20世纪80年代大型居住区大大扩展规模，居住人口都在5万人，较重视公共环境建设，公共设施三级配套，商业设施以新村内部的社区服务中心为主，空间布局及数量都极不合理。

(1) 社区商业服务设施不足、空间布局不合理

新村建设旨在解决当时的住房紧张问题，重"量"轻"质"，以计划经济的方式配套公共服务及商业设施，对于社区的高居住密度及日益增长的消费需求而言是远远不够的。此外，新村的空间设计以满足居住需求为主，未能充分考虑商业发展的可能性，仅在每个封闭社区的中央配套公共服务及商业空间，不符合外向的商业发展需求。新村建筑空间缺少变化、道路尺度大、社区封闭性强、人口结构单一，阻碍了后续自发商业空间生长。以曲阳新村为例，社区由六大街区组成，每个街区人口约1万，边长在300~500米，以围墙封闭，南北两条主干道及贯彻社区的曲阳路大大破坏了社区连续性。下图为曲阳新村部分社区商业分布的平面图，足见规划的商业空间的衰败及商业外向发展的趋势，车流量大的主干道路也对社区商业发展产生影响（见图2）。

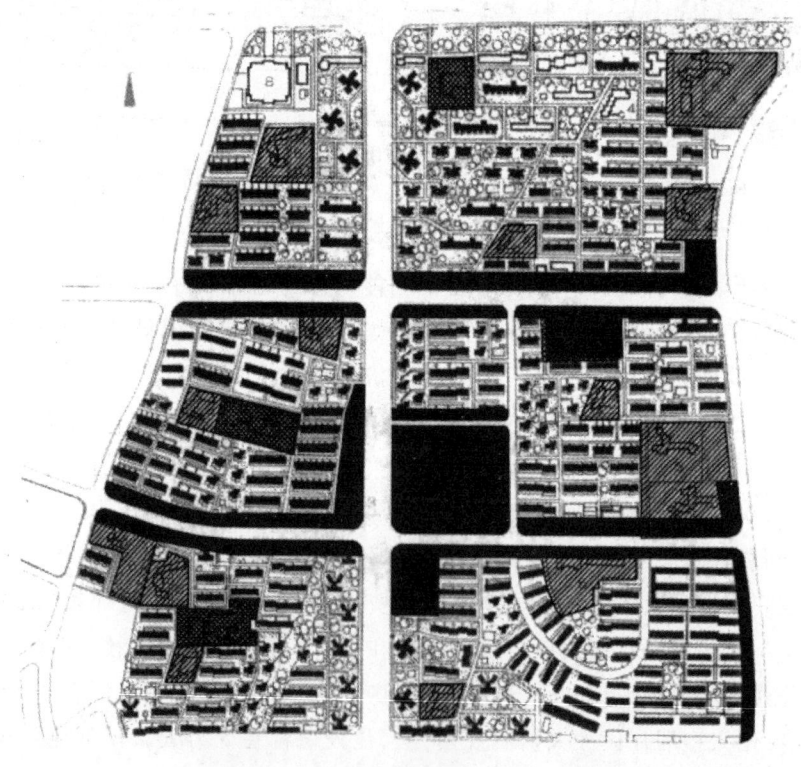

■ 衰败的小区中心　■ 社区教育设施　■ 社区商业现状分布

图2　曲阳新村商业分布

图片来源：（叶凌晨，2006）。

（2）非市场化社区商业服务体系

计划经济时代的新村社区商业主要依赖政府及单位的分配，以街道为主要经济主体，其生产目标远大于商业目标。建设初期的社区商业主要是社区公共服务的辅助形式，零星存在于社区文化馆、社区服务中心、菜市场等公共服务设施中。新的市场经济条件下，虽然商业开始自发向沿街拓展，与周边企事业单位的产业发展相结合，但真正满足社区内生需求的商业在空间体量和管理体制上都有明显"先天不足"，难以形成自我发展的商业服务体系。

3. 市场经济下的商品房社区

随着 20 世纪 80 年代末至 90 年代初的土地批租政策及住房商品化政策的出台，上海住宅建设进入了高速增长时期，旧区大拆大建代之以封闭式住宅小区，出现了大批如中远两湾城般"高层底密"的住宅；在市郊，大型动迁安置及保障房基地建设及"一城九镇"计划大大推进了城市化进程，出现了许多大规模功能单一的大型住宅区。20 世纪 90 年代中期以来，上海率先推进社区商业发展，突进式的住宅建设也随之带来了新的社区商业形态。

（1）密集型的空间形态

按照 2011 年国务院办公厅印发的《社区服务体系建设规划 2011～2015》文件规定："新建社区（包括廉租房、公租房、保障性住房小区、棚户区改造和旧房安置的住房小区）商业和综合服务设施面积占社区总建筑面积的比例不得低于 10%"，主要以集中式的社区商业街或社区商业中心为主要空间形态。但大规模的门禁社区、集中式的商业设施往往达不到意想的经济效益，其消费空间活力也远不及传统里弄社区的商业。社区规模、空间尺度过大，空间连续性、可达性弱都是造成这一问题的主要原因。

（2）偏重生活服务的综合业态

随着社区居民物质文化需求的增长，社区商业的业态也由原先的食品、日用品为主扩展为包括汽车、教育培训、房地产、传媒娱乐、酒店、物流、医药、家电、家居、IT、银行、体育健身、美容美发等行业的集零售业、餐饮业及生活服务业为一体的综合业态。核心零售业态从以社区百货店为中心到以社区购物中心、大卖场以及菜市场和食品超市为主体。但是，新型商品房社区的商业布局普遍存在"供给不足、需之未有""业态单一、配之不齐"等问题。虽然社区商业在空间上集中，但从产权上仍普遍带有浓厚的住宅底商的特点，不是开发商持有物业，多半是"打碎了卖"的模式。导致没有整体规划与引导，缺乏社区需求评估及规范的市场管理体系。

三 研究设计

1. 研究对象选择

根据商务部2007年颁布的《上海市社区商业设置规范》，上海社区商业分为社区商业中心、居住区商业、邻里生活中心、街坊商业等四种类型，具体指标见表1。根据本课题的研究目的将具体研究对象界定为邻里生活中心及街坊商业两类更为基础的商业类型。

表1 上海社区商业分级指标规模

分级	指标		
	商圈半径	服务人口	商业设置规模（建筑面积）
社区商业中心	3公里	10~20万	9~18万平方米
居住区商业	1.5公里	3~5万	2~4.5万平方米
邻里生活中心	0.5公里	1~1.5万	0.5~0.8万平方米
街坊商业	0.2公里	0.4万	≥0.06万平方米

2. 研究假设

本文假设社区商业不仅是承担消费功能和居民日常生活品供给功能的商业空间，也是增进社区活力、建构社区公共性、塑造社区文化的社会空间。

（1）消费空间：消费空间不仅是进行消费活动的场所，空间也是消费对象本身。居民出于空间可及性、公共性的特征而进行消费活动、获得空间体验。

（2）非正式空间：商业根据其是否有合法的空间分为正式商业与非正式商业，本文假设非正式商业比正式商业更有吸引力。

（3）交往空间：社区商店是的交往空间，是邻里互动、信息交流、外来人口融入的有效途径。

3. 研究问题

（1）了解并比较不同社区案例（分类主要以不同的空间类型与分布类型为脉络）中社区商业形成的过程及其背后的动力机制及影响因素。

（2）根据社区商业的空间特征、业态、经营者、使用者及其社会关系等要素对社区商业进行类型化，分析其背后的空间分层机制（如什么样的人去什么样的商店？住在哪里的人会有怎样的商业环境？）。

（3）社区商业与社会互动（社区公共性）的关系（是否能通过消费行为产生稳固的社会关系，成为地标式的日常生活的活动场所和信息交会地？）。

（4）社区商业是否成为一些特殊群体（如外来人口、下岗待业本地人口、新中产阶级）谋生和发展新社会关系的有效途径。

4. 研究方法

本文选择不同类型的社区（如老式里弄、高档商品房、大型动迁基地或保障房社区等），对其商业空间形态及居民消费行为进行比较研究。

（1）参与观察

在不同时期的不同时点进入现场对于社区内不同群体的日常生活、商业行为及人际互动进行观察，并以绘制地图、观察日志的方式予以记录。在划定区域内清点、统计店铺的数量和种类；重点观察店中来往顾客的身份、顾客的消费行为、其与经营者及其他顾客的互动行为（两个地点各选取早、中、晚三个时间段进行比较）。

（2）问卷调查

通过居民问卷，对社区居民的日常消费偏好、社区周边的商业设施，及由社区消费引发的社会交往进行调查。

（3）深度访谈

本研究采取目的性抽样的方法，对社区商业经营者、社区居民、社区管理者进行深度访谈。为获得尽可能多的社区商业类型，选择各种业态、经营方式及空间特征的商业空间作为研究情境，力求获得饱和样本。主要的访谈对象包括：第一，访谈店主和店员，了解小店开张和运营过程中的来龙去脉（如店铺所有权、店主户籍、开店时间、店员构成、经营状况、与小区居民的关系）；第二，访谈居民及消费者，深入了解其日常购物偏好，对社区商业的接纳及依赖程度，及其在商业空间是否有消费以外的行为；第三，访谈当地街道政府、居委会、物业以及商铺出租者（业主、出租中介），了解"居改非"的不同途径和运作机制。访谈主要是以"一对一"的深度访谈方式来获取信息，对于政府官员及社会精英多采用结构式访谈，对居民多采用非结构式访谈或半结构式访谈，鼓励被调查者间接地透露其对有关问题的动机、信念、态度和感觉。

（4）文献资料

文献资料主要是三类：第一，在确定本研究的理论视角之前，本文对国内外相关研究文献进行了批判性回顾与评述，找到研究切入点；第二，搜集研究地点商铺租赁和购买的概况（商铺总量、均价、商铺类型分布、周边环境、租买的比例）；第三，对特定社区及其商业空间发展背景的资料进行搜集，包括档案资料、规划文本、历史地图等。

四 数据及案例分析

本调研主要于2014年4月至8月期间展开，按照区位、规模、建筑类型等分类标准选取五大居住区共13个居住小区进行现场调研（表2）。通过居民问卷对社区居民的日常消费偏好、社区周边的商业设施，及由社区消费引发的社会交往进行调查；通过对所选社区商业设施的现场走访，选取有代表性的案例进行深入剖析，对商业管理者、店主及从业者进行半结构式访谈。本部分将对问卷数据进行初步分析，并对万科城市花园、杨浦鞍山路商业街、顾村馨佳园商业街，及以永康路、南昌路为代表的里弄式社区的商业空间进行比较分析。

表2　课题调研社区

衡复风貌区（市中心）	雁荡居委（旧式里弄、新式里弄） 永太居委（新式里弄、售后公房） 太原居委（新式里弄）
杨浦区四平路街道	鞍山三村（同济新村） 同济绿园（商品房社区）
虹口区虹口港	瑞康里（旧式里弄） 兰葳里（新式里弄）

续表

闵行区七宝镇	万科城市花园（商品房社区/动迁安置社区） 万科朗润园（商品房社区） 盛世豪地（失地农民安置/动迁安置社区）
宝山顾村馨佳园	第八街坊（经济适用房社区） 第九街坊（经济适用房社区） 第十二街坊（动迁安置社区）

1. 居民问卷数据分析

样本总体情况：由于问卷发放大多通过居委会来组织实施，因此本地中低收入的中老年女性在总体样本中占的比重较大，与本部分相关的主要变量的描述统计如下（表3）。此次居民问卷第四部分"社区商业生活"的数据分析显示，不同社区的日常性消费空间配置情况有显著差异、不同组别（年龄、受教育水平、收入、户籍等）的居民在消费偏好、社区商业评价及期望、日常消费的社会性需求等方面都有显著差异。数据发现对了解不同社会结构居民对社区商业的消费性需求、社会性需求有借鉴价值。本节将从社区商业便捷性、日常消费偏好、对社区商业的评价及期望及对"居改非"现象的态度等四大方面对数据进行初步分析，结果如下。

表3 问卷样本的基本构成情况

变量	频数（N）	百分比（%）
性别		
男	440	42.4
女	597	57.6
年龄		
25岁以下	50	4.8
25~39岁	198	19.2
40~49岁	304	29.5
50~59岁	89	8.6
60~74岁	319	30.9
75岁以上	71	6.9
受教育程度		
未受过正规教育	13	1.3

续表

变量	频数（N）	百分比（%）
小学	46	4.5
初中	292	28.4
高中/中专/高职	333	32.4
大专	159	15.5
大学本科及以上	185	18.0
个人月收入		
1500 元以下	44	4.7
1500～2999 元	347	37.0
3000～4999 元	345	36.7
5000～7999 元	101	10.8
8000～11999 元	54	5.8
12000～19999 元	16	1.7
20000 元及以上	32	3.4
家庭人均月收入		
1500 元以下	38	4.3
1500～2999 元	219	24.7
3000～4999 元	308	34.7
5000～7999 元	158	17.8
8000～11999 元	94	10.6
12000～19999 元	34	3.8
20000 元及以上	37	4.2
户籍		
上海本地户口	906	88.0
外地城镇户口	65	6.3
外地农村户口	58	5.6

（1）社区商业的便捷性及居民评价

①日常消费行为。本次调研选取社区居民所必需的衣食住行消费场所，了解其消费的便捷性及主观满意度。从调研所选取的五大片区的实际商业空间分布（表4）来看，所有社区都实现了500米半径内有便利店、菜场，

2公里半径内有大卖场，2.5公里半径内有大型购物中心，其中，市郊新建大型社区相较成熟旧住区在便利店及菜场的布点上仍有不足，但大卖场等大型综合购物空间配置要优于中心城区。问卷数据结果（表5）显示便利店、菜场、水果店、早点摊、药店、美容美发店、书报亭、银行等必需型消费场所有较高的"10分钟步行可达率"，居民的主观满意度也较高。而商场、影剧院、健身会所、茶馆/酒吧/咖啡馆等娱乐性、体验性消费场所则不在日常社区消费圈内。

表4 五大片区商业设施空间距离

社区	最近的便利店（km）	最近的菜场（km）	最近的大卖场（km）	最近的商圈（km）
鞍山三村	0.1	0.3	大润发 1.6	五角场 2.4
万科城市花园	0.1	0.5	家乐福 0.5	凯德七宝购物广场 0.5
永嘉路（太原、永太）	0.2	0.3	乐购 1	徐家汇 2.1
南昌路（雁荡）	0.1	0.5	乐购 1	淮海路 0.5
顾村馨佳园	0.4	0.4	世纪联华 1.7	好又多 2.3
虹口港	0.3	0.3	沃尔玛 0.7	四川北路 0.8

表5 日常消费的便捷性

	选择步行（%）	10分钟内可到达（%）	可达性满意度（%）
1. 便利店	83.5	83.5	96.6
2. 菜场	77.8	72.3	92.2
3. 大型超市	40.7	34.9	80.9
4. 大商场（购物广场）	35.7	28.5	79.8
5. 美容美发店	83.0	77.9	93.9
6. 药店	83.0	76.4	95.7
7. 茶馆、酒吧、咖啡馆	55.1	49.9	80.9
8. 影剧院	34.0	29.4	75.9
9. 早点摊	85.1	80.9	93.8
10. 书店	61.2	54.0	80.2
11. 健身会所	57.3	52.6	78.6

续表

	选择步行（%）	10分钟内可到达（%）	可达性满意度（%）
12. 邮局	73.6	64.5	87.1
13. 书报亭	79.0	72.9	89.0
14. 银行	78.9	71.9	93.9
15. 水果店	87.7	83.8	97.1

②不同社区的日常购物便利性有显著差异，以小区为自变量，便利性（以到达各目的地时间以及主观评价）为因变量，进行简单的线性回归分析，统计结果具有显著性。从图3和图4可见，宝山顾村馨佳园作为新建成

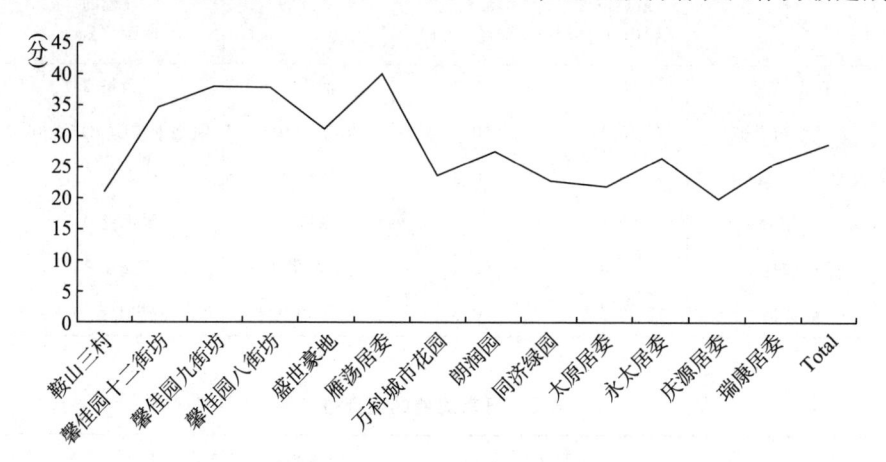

图3 不同社区居民到达日常消费场所所用时间

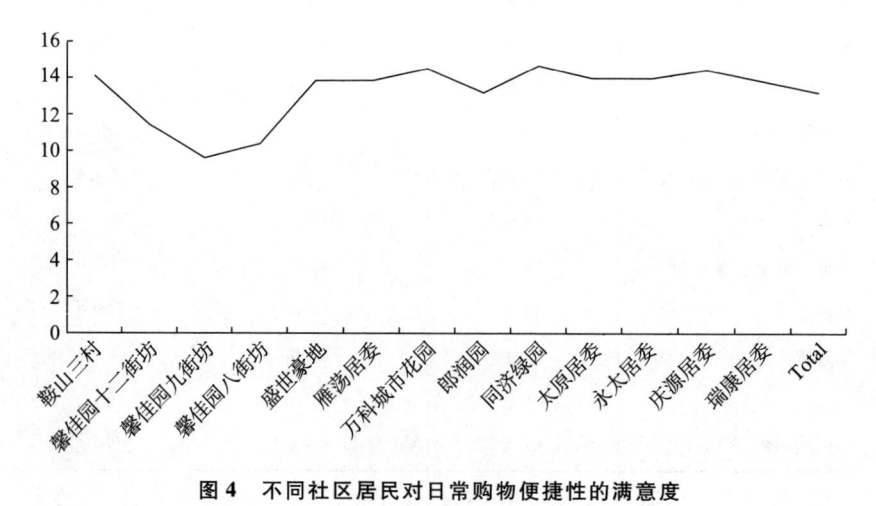

图4 不同社区居民对日常购物便捷性的满意度

的大型安置社区，社区商业设施的可及性较差，居民的主观满意度也较低。另一个到达社区商业设施花费时间较长的黄浦区雁荡社区则是由于受访者以老年人为主，其行动能力较弱。

（2）日常消费偏好与社区商业选择

本部分主要分析不同性别、年龄、受教育程度、收入、户籍及社区的居民群体的日常消费习惯。

①日常消费偏好：问卷以买菜地点的选择、买日用品地点的选择及去大型超市的频率三个问题来分析居民的日常消费偏好（图5、图6和图7）。数据显示，七至八成居民都选择菜场为主要的买菜地点、选择大型超市为购买日用品的地点，超过70%的居民每周至少去一次大卖场。可见，在生鲜副食的消费方面大多数上海居民仍保持着传统的菜场购物习惯，而在日常品消费方面则更倾向选择大卖场的大单综合购物模式。具体分析如下：不同社区居民的日常消费习惯有显著差异，七宝地区的居民更倾向于选择去大型超市买菜和日常品，去超市的频率更高，这与该住区周边商圈发达有关，大型超市和购物广场都在15分钟步行可及的范围内；不同性别、职业的居民在日常消费习惯上的差异不显著；不同年龄段、户籍、收入水平的居民在买菜地点的选择上有显著差异。

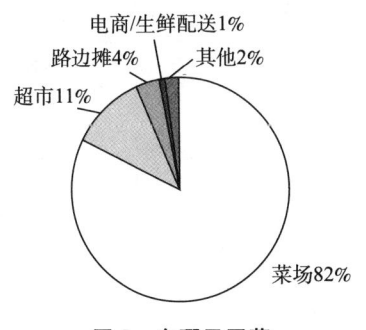

图5　在哪里买菜

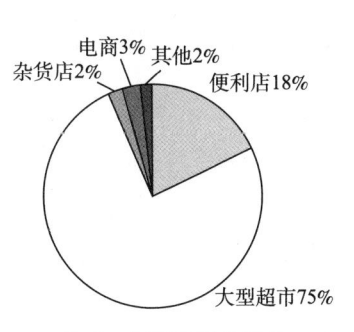

图6　在哪里买日用品

②社区商业选择：问卷数据（表6）显示，居民经常光顾的前三位社区商店是菜场、便利店和水果店，其次是理发店、杂货店及餐饮店。光顾的主要理由（见表7）是社区商店的便利性及其产品质量，不同居民群体的社区商业选择有显著差异，主要表现为：性别对于消费偏好的影响并不明显，但女性更愿意与同伴、朋友一起购物，受同伴的影响程度要大于男性；年龄较大的居民更加愿意选择价钱便宜、商品质量好、服务态度好的商店购

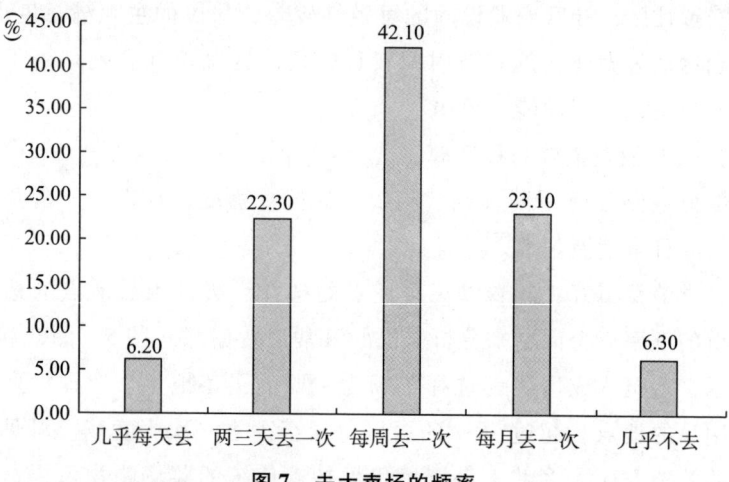

图 7　去大卖场的频率

物，而年轻人更加重视便捷性，对价格相对不敏感；高收入居民更加重视购物的便捷性，对价格的敏感性更低，更可能与店主成为朋友；教育程度越高的居民，越重视购物的便捷性，价格敏感性越低，越重视购物环境，更乐于接受配送服务；上海户籍的居民相对于非上海户籍、农村户籍的居民，对价格的敏感性更低。

表 6　经常光顾的社区商店

	第一	第二	第三	总数
便利店	286	230	82	598
菜场	565	222	29	816
杂货店	22	53	101	176
理发店	22	61	100	183
水果店	40	219	204	463
药店	3	3	18	24
早点摊	8	24	34	66
餐饮店	12	61	101	174
咖啡店	5	6	8	19
书报亭	14	25	63	102
服装店	6	15	48	69
浴室	2	3	6	11

续表

	第一	第二	第三	总数
培训机构	4	7	7	18
健身会所	2	12	14	28
美容按摩	1	1	12	14
宠物店	0	1	2	3
洗衣店	1	3	11	15
其他	9	6	9	24

表7 经常光顾这些社区商店的原因

	频数（N）	百分比（%）
离家近	811	82.34
价格便宜	349	36.24
商品质量好	282	29.07
商品种类齐全	272	28.13
店里环境好	100	10.46
服务态度好	143	14.94
有免费配送等服务	35	3.68
邻居/朋友相约一起	69	7.26
和店主（员）是朋友	8	0.84
其他	32	3.38

③在希望社区引进的商业类型（表8）中，小超市（便利店）、生鲜超市、小吃店、水果店、社区诊所、社区食堂分列前六位，体现了居民的社区消费期望还是以日常消费需求为主，其中对饮食类商店的需求尤为突出。不同社区居民对社区商业设施的期望有显著差异，虹口港、衡复风貌区等以里弄为主的老社区居民对新增商业设施的期望远低于其他社区的居民。从不同居民构成来比较，中高收入的中青年群体更倾向于新增中高档餐饮、健身会所、美容康体中心、咖啡馆等体验性、娱乐社交性商业设施；而40~60岁的中年人群及低龄老人群体更希望增加生鲜、购物等便利性商业。

表 8　希望引进的社区商业类型

	N	Sum	%		N	Sum	%
小超市（便利店）	987	435	44.07	银联终端	970	107	11.03
生鲜超市	987	389	39.41	成人技能培训	970	97	10.00
小吃店	974	358	36.76	净菜配送	971	91	9.37
水果店	984	332	33.74	鲜花礼品	968	83	8.57
社区诊所	982	310	31.57	咖啡馆	966	75	7.76
社区食堂	976	291	29.82	课外辅导	966	65	6.73
中高档餐饮	978	196	20.04	早教培训	967	62	6.41
特产店	974	191	19.61	其他需求	964	56	5.81
健身会所	978	177	18.10	化妆品服饰	967	47	4.86
家政服务	971	161	16.58	汽车美容	969	40	4.13
文体类培训	969	141	14.55	宠物之家	964	37	3.84
干洗店	976	140	14.34	美容康体	966	32	3.31

（3）社区商业与社会交往

这部分主要分析社区商业与社会交往（社区公共性）的关系。居民与商家（店员）、居民与居民之间是否能通过消费行为产生稳固的社会关系？社区商店能否成为地标式的日常生活的活动场所和信息交汇地？

①社会交往：调查数据显示（见表9），超过八成的居民会在社区商店与邻居互动，近六成的人会选择在社区商店了解社区公共信息，可见社区商店是促成邻里互动、信息沟通的有效社会空间。但是居民与商家的社会互动较少、对其的信任感也较低，与雅各布斯所描述的安全、有活力的社区商业生活有不小的差距，社区形成时间短、商家流动性大、外来人员经营比率高、标准化连锁店比率高于个性店等特征都是造成社区商业本身缺乏社区性的原因。具体分析如下：不同年龄的居民在社区商店发生社会交往的频率有显著差异，30岁以下的年轻人更倾向于与店主（员）交流，而30~50岁的中年人与邻居互动、了解社区信息的比重最高；与社区商店店主（员）的互动程度与受教育程度及收入水平呈负相关，外地户籍的居民更倾向与店主（员）进行互动；传统里弄社区（衡复风貌区、虹口港）的居民在社区商店进行社会交往的程度最低（见图8）。

表 9　社区商店中的社会互动

单位：%

	（1）从来没有	（2）偶尔	（3）经常会
1. 与邻居聊天	19.6	47.1	33.2
2. 与店主（员）聊天	52.8	37.8	9.4
3. 了解社区公共事务及活动	40.3	36.9	22.8
4. 让店主帮忙暂时保管物品	73.4	21.7	4.9
5. 让店主（员）帮忙照看宠物	90.9	6.5	2.6
6. 让店主（员）帮忙照看孩子	92.4	5.3	2.3
7. 其他（请注明）	94.2	4.4	1.5

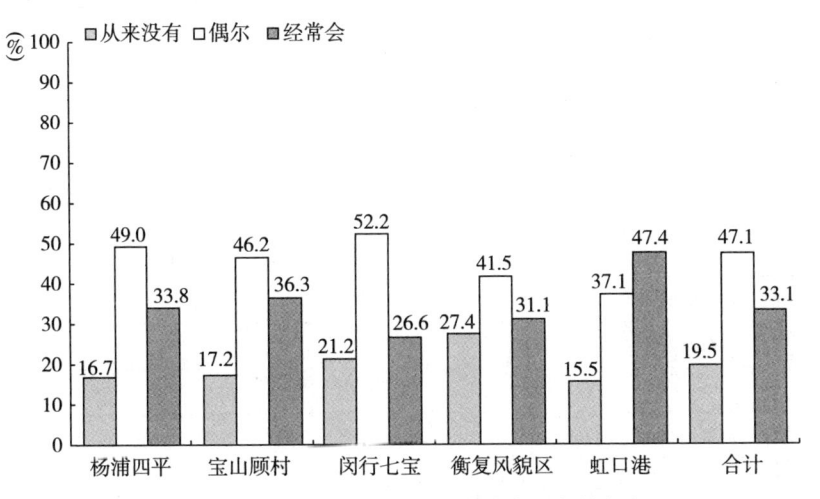

图 8　不同社区的居民在社区商店中交往的频率

②对社区商业功能的界定：问卷数据显示，居民所认为的分列于前四位的社区商业功能是"满足基本日常生活所需"（92.8％），"满足文化娱乐休闲需求（如健身、美容、培训等）"（15.7％），"提供公益服务（如免费为孤寡、高龄老人提供服务等）"（14.8％），"邻里、朋友聊天的场所"（13.7％）。不同社区居民对社区商业的功能定义无显著差异。不同年龄、受教育程度、户籍对社区商业的社会功能定义有显著差异：中青年人更注重社区商业空间的文化娱乐功能、信息交流功能及社区安全功能，而中老年更注重社区的社会交往功能和服务功能（社会福利、公益性）；对社区商业的社会交往功能的需求与受教育水平成反比；外地户籍的居民更希望通过社区商业获得

邻里交往和信息获取的可能性。

（4）对"居改非"现象态度

本部分通过对不同社区、不同社会构成的居民对本社区"居改非"现象的态度与评价的调查，比较"居改非"对社区商业发展及社区公共生活的影响。

①不同小区居民对于"居改非"的态度存在明显差异。根据下列统计结果可以看出（见表10），杨浦、宝山顾村、七宝、衡复风貌区支持"居改非"的居民占比基本在5%，但是虹口港支持"居改非"的居民占比高达24.20%；杨浦四平街道（鞍山三村、同济绿园）对"居改非"反对的强度也明显高于其他小区。虹口港（传统里弄社区）和衡复风貌区都是"居改非"发生率非常高的社区，但居民对"居改非"的态度却有如此鲜明的差异，其原因值得深究。

表10　不同社区"居改非"的存在情况

单位：%

		您所在的社区是否有"居改非"的情况			总计
		是	否	不清楚	
小区区位	杨浦	8.0	52.7	39.3	100.0
	宝山顾村	10.5	36.4	53.1	100.0
	七宝	29.1	19.4	51.6	100.0
	衡复风貌区	35.4	30.7	33.9	100.0
	虹口港	33.3	30.3	36.4	100.0
合计		21.3	32.9	45.8	100.0

②支持或反对"居改非"的理由（见图9和图10）：支持"居改非"的理由主要是非正式商业增加了日常购物的便利性（52%）、增加了社区活力（28%）；反对的理由主要是担心社区治安（43%）、经营活动扰民（37%）。此外，"居改非"所带来的业主租金收益问题也是大家所关注的问题，支持者认为此举是增加居民财产性收益的途径；反对者则认为仅沿街一层居民获益，这样不公平。不同社区居民支持或反对"居改非"的理由有显著差异（见图11）：宝山顾村馨佳园安置社区的居民更关注居民财产收益的问题；七宝地区的居民对"居改非"增进社区活力的评价最高；杨浦

四平街道的居民对"居改非"影响社区治安及经营扰民的问题关注最甚。

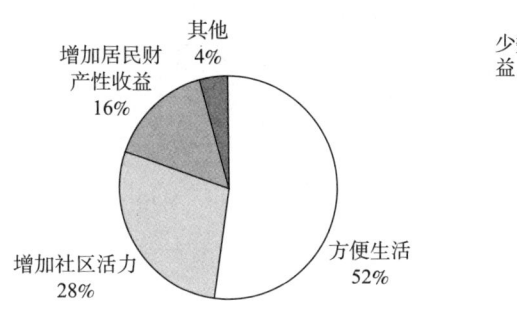

图9 支持"居改非"的理由

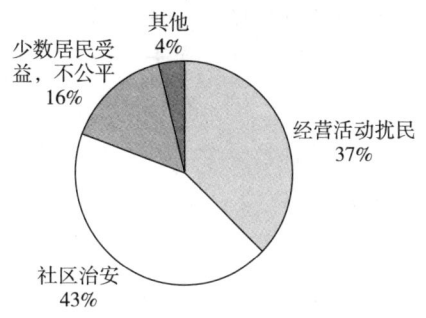

- 其他 4%
- 增加居民财产性收益 16%
- 增加社区活力 28%
- 方便生活 52%

图10 反对"居改非"的理由

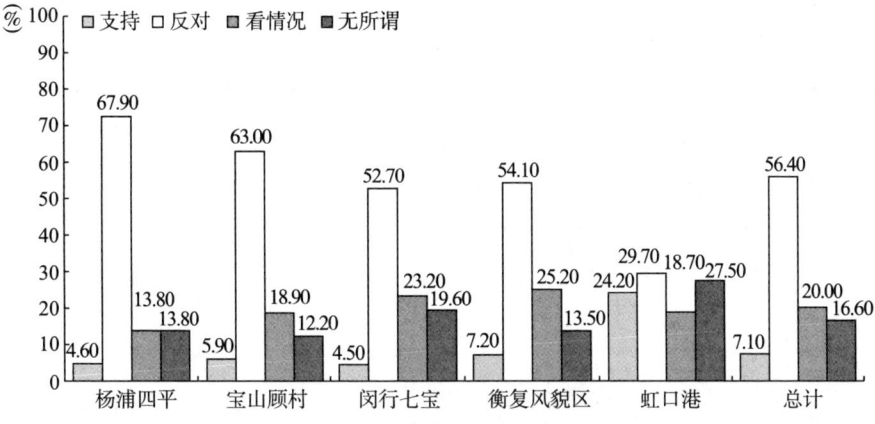

- 其他 4%
- 少数居民受益，不公平 16%
- 经营活动扰民 37%
- 社区治安 43%

图11 各社区居民对"居改非"态度

社区	支持	反对	看情况	无所谓
杨浦四平	4.60	67.90	13.80	13.80
宝山顾村	5.90	63.00	18.90	12.20
闵行七宝	4.50	52.70	23.20	19.60
衡复风貌区	7.20	54.10	25.20	13.50
虹口港	24.20	29.70	18.70	27.50
总计	7.10	56.40	20.00	16.60

2. 案例分析

通过现场走访，笔者在本次调研所涉及的五大片区中选取了万科城市花园一期（闵行七宝）、永康路（徐汇天平）、鞍山路（杨浦四平）、菊盛路（宝山顾村）、南昌路（黄浦瑞金二路）5个社区商业街区案例进行比较研究，从商业的空间特征、业态、招商管理主体、从业者构成等方面进行分析。

（1）七宝万科城市花园

万科城市花园位于七宝镇中心区域，是城郊接合部的商业中心，毗邻购物中心和大卖场。案例研究所涉及的一期建成于1994年，是一个规模大、配套设施齐全、入住率很高的成熟社区。社区居民约11200人，其中近1/3为外来流动人口。

①社区商业空间特征

城市花园的社区商业以"商住一体化"为特征，大部分都为底商，空间分布呈现沿街商业和内部商圈相结合的特色（图 12）。这样的空间分布在新建商品房社区中并不典型，这一方面是事先规划的结果。社区规模大、组团式格局需要有"大集中、小分散"的商业配置满足不同居住组团居民的消费需求，相邻的城市花园二期是以小高层和联排别墅为主的高档社区，几乎没有商业设施，因此两个社区之间的边界道路商业也辐射了周边社区的消费需求；另一方面，社区内部的商业分布格局也是市场自由选择的结果，以餐饮为例，社区内共有餐饮近 50 家，其中相当比例的店主为本社区或临近的万科社区的居民，来店消费的顾客很多都是邻居，这些餐饮店多为与周边商圈连锁餐饮错位竞争的个性小店，不会因为处于社区内而担心客流不足。一位在小区内住宅楼一楼开寿司店的老板表示："我也是万科业主，对社区的环境和治安很满意，顾客都是熟客，物业也很照顾我们，我反倒不喜欢在外面大马路开店，太吵又不安全。"成规模的餐饮也吸引了社区外的客流，只要说进去用餐，社区保安都会放行，出乎意料地，受访的居民并不因这种开放性而担心社区治安，反倒表示"很有人气，很热闹"。

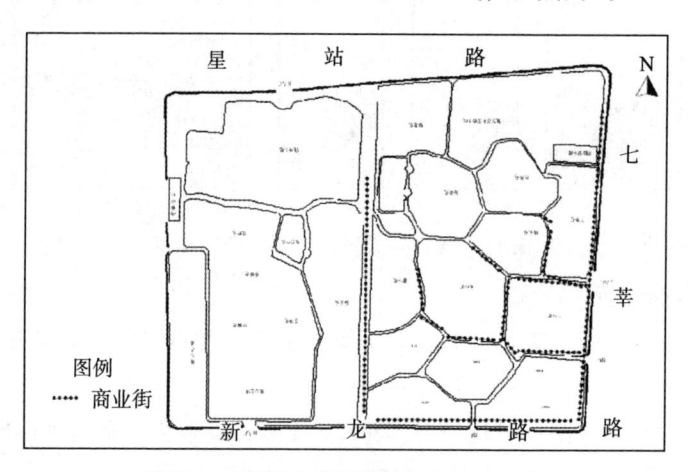

图 12　万科城市花园的社区商业的分布

② 业态特征

社区内共有 200 多家商铺，零售业与服务业的比例基本为 1:1，零售业主要以服饰、食品烟酒、超市（便利店）为主，服务业以餐饮、美容美发、信息中介和娱乐休闲四类为主，此外社区内还配套有学校、医院、银行等设施。从消费层次来看，便民性的日常消费及基本服务仍是主流，但高级选择品（如高档服饰、有机生鲜配送）和奢侈服务（美容康体、健身培训等）的比例有上升之势。由于毗邻大型购物中心和乐购，社区居民步行至大商圈的距离甚至比到社区便利店的距离还近，这一空间特征对社区商业有很大的影响，对小杂货店而言尤甚。

③"居改非"①

从产权和空间功能而言，这些底商大部分为开发时配套的商业用房，大部分的产权所有者也是本社区业主，并由业主出租或自营；也有部分是由公共用房（如原先的自行车库）改建的，由物业管理；也有部分商铺是由一楼住宅改建，属"居改非"范畴。有意思的是，物业、居民、经营者就"居改非"问题达成了某种共识，如业态控制，住宅楼一楼不能有油烟、明火；经营时间，晚上 8 点要关门等，矛盾并不突出。但合法性仍是问题症结，受访店家抱怨"没法办工商执照、没法装 POS 机、没有发票"。

图 13　万科城市花园的社区商业

注：左中右分别为规划商业用房、居改非商业、停车场改建商业，作者自摄。

（2）南昌路

南昌路毗邻市中心文化与商业中心，所在住区地属上海最大的历史风貌保护区。始建于 20 世纪 20 年代的新里弄、花园住宅和公寓房子是当时中高档住区，法租界的建筑风貌至今仍保存完好。南昌路沿路传统上为住宅区，著名住宅有 110～134 号上海别墅、136～146 号别墅等。东段雁荡路口 47 号的科学会堂，原为法童公学。路南侧不远处有复兴公园。本案所涉主要是南昌路（思南路—雁荡路段）北侧一楼底商，业态以高档成衣、咖啡馆和家居为主，全长约 350 米。

①非社区型消费

这是一种位于社区中却没有社区联系的商业消费空间，是典型的商业性/小众化类型，以时尚、个性的特点抓住了城市"新兴阶级"的消费心

---

① "居改非"是指业主擅自将居住房屋改变为非居住使用，从事办公、商业、旅馆、仓储，甚至生产等经营活动的行为。

态。俱乐部式买卖关系，消费的对象是商品以外的符号与文化。一来，"生活态度""时尚理念"等消费概念流行；二来，具有异国风情和老上海怀旧气息的消费空间成为商品的"附加符号"。据一位居委会干部称"居民一般不会去买衣服，正因为住的近也不觉得有什么了。对于新贵阶级而言，"炫耀性消费"在于追求一种"懂行"的评价，排斥"无地方性"的购物中心、大卖场，他们在与时尚的互动中发现与认同自我。当上海重新回归"消费型城市"，消费取代生产成为社会导向，新兴中产阶级追求的"有意义的消费"乃是一种系统化的符号消费，追逐品味的游戏使得中产阶层的消费特征以及由阶层消费所形成的社会效应对城市空间的消费产生区隔作用。而老洋房历史建筑的商业化，其背后是对其历史价值的改造和再利用。"上海怀旧"不仅是历史记忆或文化产业，更是全球化背景下的地点制造和空间再生产。

图 14　南昌路上的商铺

注：三间商铺分别经营高档服饰、红木家具、咖啡餐饮，作者自摄。

② "居改非"

南昌路的沿街底商多数是"居改非"，但作为近百年的老街区，"前店后宅、下店上宅"的商居混合格局早已成为既成事实，管理部门对此类历史遗留问题采取默许态度，而居民也早已接受了这样的空间事实。再者，店主多为上海本地人，易与居民沟通，服装等业态也不会对日常生活造成过多干扰，因此店主与居民并没有因"居改非"问题产生太多冲突。

③ 高档商业对本地社区的影响

这种由消费行为引起的空间转变是"空间士绅化"（Gentrification of space）的最佳体现，这种商业化的空间使老住区的历史文化价值仅为少部分精英所享用。反观社区本身，过于频繁的商业行为和大量外来人口的迁入，影响了原有的社区生活，据保守估计，"在附近住区，平均每100家房屋中就有30~40家对外出售，外来人员的房屋占有率达到了35%~40%"。

时尚街区名声在外的同时，住区居民却为生活配套设施不足而怨声连连。

（3）永康路

永康路位于徐汇区，东起嘉善路西至太原路，全长约 600 米。西段（太原路—襄阳南路）两边分别为学校和里弄住宅，因此沿街底商自发形成了小百货、餐饮、菜场等社区业态。本课题所选取的东段（襄阳南路—嘉善路），街长约 150 米。永康路东段原为露天菜场，随着与它仅一路之隔的大型标准化菜市场于 2009 年建成，永康路马路菜场也进行了改造。

图 15　传统里弄社区的沿街底商及马路菜场

①政府主导的更新项目

2008 年，作为世博前期的环境整治项目，徐汇区政府委托一家合资企业进行街区更新规划，最初是着重物质空间的改善，区政府提出了"不能做餐饮，只能做服装、艺术之类业态"的招商要求，2009 年第一轮招商将原先襄阳路的一部分服装店迁入，但是内街人流少、业态低级等原因导致首阶段招商失败；2009 年下半年，又引进了法国画廊、高档服装店、时尚品牌店及 DIY 手工创意店等业态，但仍没有炒热街区。这种大事件推动下的政府主导项目，有很高的执行效率，也易因缺乏前期评估和合理规划而出现项目失败的结果。

②空间特征与市场选择

"由于该路段太短形不成市场的氛围，周边又没有餐饮配套带动人气，对入驻商户的生意确实带来很大影响，商户的经营状况极差。商户们从起先的欢悦，逐步变为疑惑和埋怨，在每况愈下的经营状况下，许多商户都无法坚持下去，纷纷退租撤离，有的甚至不付房租弃店逃跑，更为严重的是有的商家还张贴大字报，和我们对抗，造成很坏的影响。"（永康路开发公司 L 总访谈）迫于无奈，街区招商改变策略，尝试引进轻餐饮、咖啡店及酒吧，并注重招商的国际化，街区逐渐积攒了人气。由于街道短、街区规模小，业态相对单一，短短 150 米的街道聚集了 20 多家咖啡店、酒吧。

从消费者与本地社区的关系来看，虽然国际化、中高端的业态不是为本街区居民而设，但顾客也是以周边一公里范围内的居住、工作人群为主，吸引了附近一大批外籍居民和办公楼职员，成为他们重要的社交场所。从此意义上，该街区商业还是为本地社区服务的。

图 16　永康路（东段）的商店

③商居矛盾

由于业态的特殊性，相比于南昌路底商，永康路因商业扰民而引发的商居矛盾已成白热化，居民到居委或管委会投诉是每日必行，报警立案是"家常便饭"，甚至会出现楼上居民向酒吧顾客当头泼水、居民游行抗议等极端事件。对于此类矛盾，目前的解决办法主要是劝导调解，也有极少数由政府出面进行居民置换，更多的是鼓励商家以合理租金租下楼上住房做营业或办公之用。

（4）鞍山路

鞍山路位于杨浦区四平路街道，起于阜新路，止于控江路，全长800余米，因20世纪50年代修建鞍山新村（工人新村）而建路。路两边分布有20世纪50年代至21世纪的各类住宅、沿街底商及社区商业配套集中区。

①"居改非"

鞍山路成市很大一部分源自"居改非"。在对政府部门进行的访谈中笔者了解到，为了解决新建社区商业配置短缺的问题，街道政府曾在20世纪90年代初暗地鼓励过一楼沿街居民"破墙开店"，加上20世纪末21世纪初，居住于社区中的大批工厂职工下岗，"居改非"因成为他们重要的经济来源而获得支持。据一位鞍山四村的老居民回忆，当时没法"居改非"的居民自发到控江路摆摊营生，好不热闹。可以说，鞍山路的"居改非"是在土地、房屋均为国有的产权背景下发生的，体现的是拥有本地户籍和单位身份的市民所享有的体制福利，其中不难发现地方性制度的偏好安排。

②移民的"落脚社区"

鞍山路商街的兴起,其背景是城市化新区对日常商业的需要,而商业设施匮乏几乎是所有新建成区初期普遍存在的问题,之所以强调日常商业,是为了突显新区居民的主体是工人和普通市民,而非中产阶级。20 世纪 90 年代初,商街的店主主要都是本地居民,但随后便逐渐为外来移民所替代。首先是因为本地居民对便宜的人力服务有实际需要,而农村移民较其他人群在此类服务的提供上更具比较优势;其次是因为社区商业是他们落户上海的方便途径,这与卢汉超所描述的移民在石库门街区的商居合一的创业方式颇为相似。

图 17 鞍山新村社区商业分布(黑色)

(5) 菊盛路(顾村馨佳园)

顾村馨佳园由上海城建集团承建,2012 年一期交付 9 万多平方米,1227 套保障房,配套商业用房 1 万多平方米。社区商业用房主要集中于南北向的菊盛路两侧,菊盛路全长约 1000 米,路宽约 30 米。目前已开业的商铺主要集中于道路北段及南段的十字交叉路口,以超市、餐饮、通信等日常性消费业态为主。

①政府主导的招商政策

为了保证新建大型社区的日常商业设施配套,社区商铺在开发商交房后就由顾村镇政府统一回购,并委托一个有着供销合作经济背景的企业——北翼集团进行招商管理,主要招商原则是首先满足居民的"开门七件事",中高档的餐饮、零售连锁企业成为第一批重点招商对象,以"三年免租"的条件引进了肯德基、老顺昌、新雅、85度C等餐饮连锁品牌（图18）。笔者曾以租店之名联系管理方，当告知对方想开自家餐饮小店后遭到冷拒。招商门槛之高，使得居民入住两年，商铺进驻率仍很低。

图18　菊盛路正式招商的沿街商业

②闲置空间的"违规"利用

相对于知名品牌店的门可罗雀，反倒是被临时用来开日杂店的闲置商铺更有人气。这种商铺一般没有店招，业态为日用品商店、水果或低价服装店。作为一个大规模的保障房社区，其社会结构主要是动迁安置居民、低收入保障房家庭、外来流动人口，这也决定了社区居民的总体消费水平偏低，相比较价格较高的品牌连锁店，居民更倾向于选择这些低价商店。因此，政府做好设施配套和政策引导的前提是对社区需求的充分了解。

图19　菊盛路沿街的闲置商铺及非正式商业对比

从以上五个案例的分析可以看出，不同社区区位、建筑类型的商业空间形态特征也各不相同，但仍主要继承了居商混合的沿街底商传统。社区人口结构、招商管理主体、商铺产权等方面的差异也导致了商业业态、消费习惯及商业期望的不同。在社区商业的社会功能方面，商业空间于社区活力、社区公共性的作用视社区社会结构、商业空间形态、主要行动者及社会关系（店主、管理方）等因素而有显著差异；在居民的主观期望上，在提供生活便利的大前提下，也出现了社交、安全、福利等方面的差异需求。案例比较详见表11。

表 11 不同社区商业案例的比较

	城市花园	南昌路	永康路	鞍山路	菊盛路
区位	外环以外	内环以内风貌区	内环以内风貌区	内环—中环内	外环以外
建成时间	1994年	20世纪初	20世纪初	20世纪50年代至21世纪初	2012年
空间形态	商品房配套社区内主干道及沿街商铺。零星"居改非"	沿街一楼里弄破墙开店"居改非"	沿街一楼里弄破墙开店"居改非"	沿街一楼破墙开店"居改非"	规划的大居商业街
业主	私人,以本社区住户为主	公房（房管）	公房（房管）	私人,原一楼住户	顾村镇政府
招商管理	业主及万科物业	市场自发	投资开发公司	市场自发	北翼集团（政府平台公司）
业态	超市、菜场、餐饮、酒吧、药店、书店、银行、邮局、诊所、美容、健身、教育、房产中介	高档服饰、咖啡、时尚礼品	轻餐饮、酒吧、咖啡	超市、菜场、餐饮、服饰、药店、书店、银行、邮局、美容、健身、房产中介	超市、餐饮

五 结论与讨论

社区商业是一种属地型商业,以便民、利民为经营宗旨向社区内以及周边社区居民提供服务,满足居民生活、购物、休闲、娱乐、文化等综合需要。社区商业所辐射的消费半径相对有限,一般不会造成大范围人流;其消费关系、消费行为相对固定,因此容易形成稳定的社会互动。因此,社区商业不只是城市商业的组成部分,更是社区公共生活的重要载体及形式,本节回到开题之初的基本假设,讨论从社会空间视角讨论社区商业的功能与发展。

1. 作为社会空间的社区商业

本文在选题之初就着力将社会空间和社区商业相联系。上海在过去20

年的城市发展，既是包括商业在内的各种功能空间的重组，也是包括年龄人群、职业人群等构成的社会空间的重构。从社会空间的视角研究社区商业，不仅着眼于空间设计的合理性以及消费购物的功能便利性，更着眼于社区发育、人际互动和公共性重建的可能性，在某种意义上这是回到上海的社区生活传统，或是里弄前店后宅、下店上住的传统。本文通过对上海社区商业发展历史的梳理，将社区商业研究置于制度变迁、社会转型、国家城市战略以及日常互动等多重实践发生的社区场所，展示了社会空间视角的力量。

（1）作为消费空间的社区商业

消费时代的社区商业空间，不仅是社区基础设施的组成部分，其与城市社区之间的紧密关系更是日益凸显——消费活动渗透到了社区生活的方方面面，消费空间的类型和规模都在不断扩充，空间形式也在逐渐丰富。除了满足日常生活需求，居民在社区周边的消费需求变得更为多元。便利和乐趣成为在消费过程中被共同关注的重点，居民、消费者希望在有限的时间内获得更多咨询，希望消费活动成为一个愉悦、惊奇、充满体验的过程，消费活动由单一的购物行为逐渐成为一种多元的、舒适的、开放的社会活动。戴维·哈维认为"一种脱离商品消费、向服务消费的转变——不仅是个人、企业、教育和健康服务，而且也进入了娱乐、表演、消遣"（戴维·哈维，2004）。从本文的问卷调查和案例走访中不难发现，休闲、娱乐、文艺、健康、教育这些业态正在逐渐进入社区商业层级，因此有必要按照"满足型""社交型""替代型"等不同消费需求类型进行分层级的社区商业规划，有多样化的空间及业态。同时，不同年龄及社会经济地位的居民对社区商业的需求有显著差异，因此需要针对社区的社会结构特征对周边商业配套进行区别化配套。美国近年对"活跃成人零售"（active adult retail）有很多讨论，其主要理念就是针对特定年龄群体的日常需求的商店和职业服务业管理。活跃成人在美国主要指占有社会主导力量的婴儿潮时代出生的人，也就是那些中老年、有稳定职业、年龄在50～55岁左右、仍健康有活动能力的人群。这类人群的重要性在于，他们是美国社会的一个快速增长、庞大而且最富有的阶层，因此对零售业的影响重大。我们的社区商业发展也可在需求评估的基础上，选定有购买力、依赖社区购物的群体进行空间规划及业态管理，增加社区商业中需求与供给的匹配度及消费功能的实现效能，如对于中老年人的以日常生活为主的消费需求，围绕大中型超市建立的社区购物中心（邻里中心）非常受他们的欢迎；而对于中青年人，零售配送、O2O（线上线下电子商务）等依托网络技术的便捷性商业形式更有吸引力。

（2）作为社区互动空间的社区商业

不论是购物中心式还是沿街式的社区商业空间，都会成为社区中人流聚集的场所。在匿名化日益凸显的现代城市社区，社区商店自然成为邻里交往的半公共空间，很多顾客（居民）在购物的同时更希望能与邻居或经营者有更多的社交互动，获得更多的社区公共信息。但是相比雅各布斯描述的，沿街商店店员成为维护社区安全的"街道眼"，抑或是居民可以在传统里弄烟纸店中寄放钥匙、托管孩子的信任，当下越来越多的外来社区商业经营者并未获得如此信任。虽然社区商业是城市商业中最为基础的环节，但消费者及城市管理者对其的期望远高于传统商业，更关注体验、互动、信任、就业、安全等。这也要求社区商业的经营者有更高的社区感和责任感，主动提供商品供给以外的其他公共服务。因此，鼓励本社区居民在社区商业中的创业或就业，不仅能推动地区经济发展，也能更好地实现社区商业的社会功能。

（3）作为非正式空间的社区商业

本文发现，老住区店铺一般由底层民居改造而来，分布形态为沿街型。由于老社区商业配套设施不健全，先后经历了流动摊贩、个体经营的零散进入，小型食杂店、饮食店、理发店等陆续出现；随着周边商品房、高架及轨道交通的建设，更大规模的建材市场、家电连锁和大卖场也随着建立。这样的住区商业，主要是针对附近居民的日常消费需求而建立，虽然大型商场对中小零售店造成了较大的冲击，但是由于传统沿街商业承载着社区公共空间的职能，是社区交往和外来人员形成社区归属感的重要场所。本地居民的谋利"算盘"、周边企业的"三产"自救和外来者求生意愿促成了非正式商业空间的形成，这样一种社区性、公共性为主的商业消费空间，在社区这个场域下产生了超越简单买卖租赁关系的社区关系。虽然存在管理制度、利益分配方面的矛盾，但却大大增加了社区及街道活力，住户居民一方面抱怨脏乱差的环境和街道空间被抢占，一方面又无法离开廉价快捷的生活服务，熟客随意赊账、免费配送水果等消费关系，若非在劳动力过剩、竞争激烈的市场是断不会出现的。因此，对此类商业的规划措施，应聚焦于如何平衡合法性与合理性，变"堵"为"疏"，给予其开放而有序的空间。

2. 开放性讨论

本课题假设社区商业不仅是单一的消费经营场所，也是社区生活中重要的发生社会互动、承担公共服务功能的社会空间。在市场化和全球化的发展背景下，社区商业空间究竟多大程度上继承了"烟纸店"式的个性传统、体现出空间的社会性，还是简单沦为提供消费及服务的场所，或是商业地产的一部分？

（1）"大集中、小分散"——合理的社区商业空间格局

通过对不同类型社区的走访，发现新建商品房社区大多采用会所式沿街裙房或大住区内部商业街的空间形式配置社区商业，如浦东证大花园、七宝万科朗润园、宝山顾村馨佳园，这样的空间设置的实际使用效果并不理想，很难聚集人气。反观南昌路、鞍山路等更具活力的商业空间，老住宅区通过市场自发筛选，形成了沿街底商和主商业街效应辐射周边街道、商业渗透社区内部的特点。这种"大集中、小分散"的格局在万科城市花园的案例中同样有很好的体现，作为第一批大型商品房社区，社区现有的商业格局是事先规划与自发实践相结合的产物，20年的自我选择过程进一步证明社区商业在空间格局上要区别于外向型商业，实现"大集中、小分散"的合理布局。

（2）社会交往与文化中心

随着各级商圈、购物中心及大卖场的扩散分布，上海社区居民逐渐享有购物的空间便利性，这对原先以"便利性"为首要目标的社区商业冲击极大。因此，个性化、体验式、社交型的购物需求或将成为社区商业的发展趋势。首先，购物行为本身是人们满足自己社交需求的方式，尤其对以社区为主要活动场所的老年人及居家群体而言，在社区商店购物是非常重要的公共生活；其次，占据良好区位的社区商店在一定意义上是社区中重要的公共空间，能成为社区信息汇聚、公共事务开展及促进邻里交往的引力场。如近期反响热烈的发起自张江地区的"妈妈糖"家庭社区餐厅，店主通过举办 MM Talk、开放舞台来鼓励顾客上台即兴演讲、举办义卖等公益活动的方法，将商业空间变成了社区活动中心，这种模式已得到了很多年

轻业主的响应，并被复制到了万科城市花园社区。

（3）物流终端与线下体验

随着零售终端化和O2O等新兴商业形式的发展，社区商业的发展途径变得更为多元。社区商业的空间特征很好地解决了"最后一公里"的物流难题，零售对接社区，既节省渠道成本，又能使消费者更加便利；另一方面，在电子商务盛行的同时，消费者对现场消费体验的需求也在增加，线上线下电子商务把线上的消费者带到现实的商品和服务中去。"社区001""嘿客"等"社区O2O"网站的消息便见诸媒体，京东、阿里巴巴等电商大鳄也表示，会把目光聚焦在社区服务。这些新的发展趋势必定对社区商业的定位和消费模式创新有深远影响。

（4）社区商业与社区责任

从经营主体来看，社区商业从业者一方面呈现外来化趋势，另一方面连锁品牌也趋于社区化，因此社区商业的社会功能不仅体现在其对社会交往的促进，也体现在社区商业对社区经济发展、吸纳就业人口、推动外来人口融入等方面的贡献。据国家统计局对全国7个城市的调查显示，我国大中城市所需要的各种社区服务累计可以为社会提供2000万个临时就业机会，目前尚空缺超过1100万个就业机会。此外，大型企业入驻社区，也因在社区公共服务方面体现企业社会责任（CSR），通过赞助公共设施、社区文化活动、帮老扶幼等公益活动，获得更好的社区声誉与顾客认同，如长春食品商店就为严重老龄化的雁荡社区提供重阳节慰问等社区服务，其社区反响热烈；万科集团正逐步将社区养老服务项目植入既有社区，如城市花园，引起了社会各界广泛关注。

（5）"居改非"与旧区更新

"居改非"因其非正式性特征，一直是社区商业中最有争议的现象之一。一方面，这种自下而上的空间实践的确丰富了社区生活活力；另一方面，产权负责、违章严重、管理缺位、获利不均等问题又一直是"居改非""国家—社会"、居民和商家、居民与民居之间矛盾的焦点。如何有效疏导、规范管理，是一个值得从制度创新、旧区更新、城市遗产保护等方面深入研究的问题。在访谈永康路投资管理公司经理时，他提到了国外已运作成熟的REIT（不动资产投资信托）模式，由专门机构经营管理，通过多元化的投资，选择不同地区、不同类型的房地产项目进行投资组合，在有效降低风险的同时通过将出租不动产所产生的收入以派息的方式分配给股东，从而使投资人获取长期稳定的投资收益。在土地性质、房屋产权明晰、法律制度健全的前提下，通过此方式更新历史街区或是达到多赢（政府、基金、居民和商铺）的有效途径。

（6）文化地产与物业管理

目前新建社区的商铺往往被打碎了卖，因此没有统一的招商管理。反观国外城市的社区商业模式，都会有统一的管理主体及商业规划，对商家的准入门槛、经营行为、社区参与等方面都有系统规范。因此，事先商业规划和高质量的物业管理是社区商业质量的有力保证。目前，国内出现了以瑞安、万科为代表的地产开发商，倡导以文化地产概念对社区商业进行统一招商管理，以此提高地产作品的声誉度、吸引力以及业主满意度，如杨浦区创智坊大学路、杭州良渚文化村良渚食街等。

新时期上海社区商业的发展，既继承了石库门式的商居混合传统，又致力于在大规模城市建设的背景下弥补城郊新住区的市场空白，成为新的城市商业增长点。这些新兴的社区商业中心不仅满足了居民的日常消费需求，也扩大了当地的劳动就业，增加了地方税收，并带动了房地产业的发展，其对经济发展的作用毋庸置疑。但对其社会作用的研究，学界则刚刚起步，本研究只是一个初步探讨。社区商业对来沪务工人员的吸纳度是否有效促进了外来者的社会融合？社区商业空间是否是社区居民的社会交往及信息获取的载体？居住空间分层是否直接导致社区商业类型的分异？此后，仍需对诸上问题进行更为系统的研究，并应用于更大范围内的社区商业案例的分析。

参考文献

〔美〕戴维·哈维，2004，《后现代的状况——对文化变迁之缘起的探究》，阎嘉译，商务印书馆。

范林根，2007，《上海社区商业的现状和发展对策研究》，《上海经济研究》第4期。

何骏，2008，《上海社区商业的发展模式研究》，《城市问题》第4期。

黄晓星，2012，《"上下分合轨迹"：社区空间的生产——关于南苑肿瘤医院的抗争故事》，《社会学研究》第1期。

简·雅各布斯，2005，《美国大城市的生与死》，金衡山译，译林出版社。

李天纲，2004，《人文上海——市民的空间》，上海教育出版社。

卢汉超，2005，《霓虹灯外——20世纪初日常生活中的上海》，上海古籍出版社。

罗岗，2006，《想象城市的方式》，江苏人民出版社。

罗小未，2002，《上海新天地——旧区改造的建筑历史、人文历史与开发模式的研究》，东南大学出版社。

〔美〕莎朗·佐金，2011，《购买点：购物如何改变美国文化》，梁文敏译，上海书店出版社。

沈磊、孙洪刚，2007，《效率与活力——现代城市街道结构》，中国建筑工业出版社。

〔英〕斯蒂芬·迈克尔，2013，《消费空间》，孙民乐译，江苏教育出版社。

王笛，2006，《街头文化——成都公共空间、下层民众与地方政治，1870—1930》，李德英等译，中央人民大学出版社。

王伟强、杨海，2006，《消费的空间与空间的消费·理想空间——文化、街区与城市更新》，同济大学出版社。

王晓明，2008，《上海30年城市现代化变革之路》，《新民周刊》第11期。

王晓玉，2002，《国外社区商业发展的理论与实践》，《上海经济研究》第11期。

熊月之，2001，《上海在中国与世界的地位》，上海社会科学院历史研究所。

《上海建设（1949~1985）》，1989，上海科学技术文献出版社。

叶凌晨，2006，《上海居住社区商业调查与研究——基于居住社区空间结构的分析》，同济大学硕士学位论文。

张水清，2002，《商业业态及其对城市商业空间结构的影响》，《人文地理》第10期。

《中国建筑史》编写组，1990，《中国建筑史（第二版）》，中国建筑工业出版社。

朱颂梅，2013，《中国城市社区商业的发展趋势及对社会的整合作用》，《商业时代》第29期。

Domingo Garcia-Marza et al., 2010. Corporate Social Responsibility in Small Shops: An Ethical Proposal. *Journal of Applied Ethics*, Volume 1, Issue 1: 165 – 181.

Giddens, A., 1981. *A Contemporary Critique of Historical Materialism*. London: Macmillan.

Hanchao Lu., 1995. "Away from Nanking Road: Small Stores and Neighborhood Life in Modern Shanghai". *The Journal of Asian Studies*: 93 – 123.

Pacione, M., 2001. *Urban Geography: A Global Perspective*, London: Routeledge.

Rem Koolhaas et al., 2002. *The Harvard Design School Guide to Shopping*, Cologne: Taschen.

S. Zukin. 2004. "Bourdieu Off – Broadway: Managing Distinction on a Shopping Block in the East Village". *City and Community* 2: 101 – 114.

社区认同与空间*

张俊（同济大学社会学系，副教授）

摘要：本文梳理了社区、社区认同等概念，提出了社区认同测量方法，对上海13个社区进行了调查和社区认同测量，检验了社区认同测量的信度，得出了13个社区的社区认同水平，探讨了居民的个体特征、社区的空间因素、社区组织、参与、记忆等对社区认同的影响。研究显示，小区的空间环境评价和社区认同正相关，研究结果支持通过提高小区空间环境质量来产生积极社会效果的做法。

关键词：社区 认同 空间

"社区"一词在中国已经是一个非常普遍的概念和用词，但由于其应用领域广泛，不同的人群对其理解还存在很大的偏差。研究社区认同，就需要对社区本身有一个统一的理解，否则社区认同就是空中楼阁。有关社区概念的研究成果已经很多，那么直接通过概念的辨析，并以此为标准进行社区认同研究，是否可行了呢？本文认为，在社区概念、边界、范围、形式等还存在争论的情况下，以先入为主的方式限定社区的概念，可能与实际情况不符，有削足适履之嫌，应该采用自下而上的调查方法，通过实证研究来分析社区的概念、规模、边界、认同等问题。2014年5月，同济大学社会学系、上海同济城市规划设计研究院、同济大学高密度区域智能城镇化协同创新中心等联合在上海选取了同济绿园、朗润园、馨佳园九街坊、馨佳园十二街坊、万科城市花园、盛世豪地、馨佳园八街坊、瑞康居

---

* 本文为课题"社区认同与空间"研究成果，课题编号：KY-2014-ZD8-A04，课题来源于同济大学高密度区域智能城镇化协同创新中心、上海同济城市规划设计研究院。

委、永太居委、鞍山三村、雁荡居委、太原居委、庆源居委13个社区进行调查。调查既有社区层面的问卷，也有个人层面的问卷，个人层面的问卷共发放1000多份。基于此次调查，本文将分析社区概念及社区认同与空间的关系。

一　社区认同的测量

（一）社区概念与实践

滕尼斯（1855～1936）在《共同体与社会》中提出了"社区"的概念，他认为社区是指那些由具有共同价值取向的同质人口组成的关系亲密、出入相友、守望相助、疾病相抚、富有人情味的社会关系和社会团体。人们加入这种团体，并不是有目的选择的结果，而是因为他生于斯、长于斯，是自然形成的。这样的团体正逐渐向由目的和价值取向不同的异质人口组成的、由分工和契约联系起来的、缺乏感情和关系疏远的团体（即社会）过渡。在滕尼斯那里，社区是指传统社会里关系亲密的社会团体，与现代社会不同，当时的社区具有共同体的思想价值取向。共同体可以分为地缘、血缘、精神共同体。

从传统社会转向城市社会后，社区的形式和状态成为一个被广泛讨论的问题。以路易斯·沃斯（Louis Wirth）在其经典文献《作为一种生活方式的城市性》里阐述的观点为代表，传统的城市社会理论中有这样一种观点：社区在城市里已经消失，即社区消失论（community lost）。刘易斯（Oscar Lewis）、怀特（W. F. Whyte）、雅各布斯、杜尼叶等的研究表明，城市里仍然存在以地域为依托，具有一定空间范围的社会组织联系，即社区存在论（community saved）。费舍尔（Claude Fisher）、韦尔曼（B. Wellman）等的研究则表明，在城市里的确存在社区，但这些社区并不以居住邻近为必要条件，而是通过一些虚拟的或现实的联系网络，实现兴趣、精神和文化共享，这种社区形式更类似于滕尼斯所讲的精神共同体，即社区解放论（community liberated）。

在中国城市社会里，是否还存在社区呢？2000年12月，中共中央办公厅和国务院办公厅转发的《民政部关于在全国推进城市社区建设的意见》中指出，社区是指聚居在一定地域范围内的人们所组成的社会生活共同体。

"目前城市社区的范围，一般是指经过社区体制改革后作了规模调整的居民委员会辖区。"社区建设是指在党和政府的领导下，依靠社会力量，利用社区资源，强化社区功能，解决社区问题，促进社区政治、经济、文化、环境协调和健康发展，不断提高社区成员生活水平和生活质量的过程。在政府的文件里，社区被界定为居委会管辖的范围。费孝通认为："感觉到社区相比于街道，它与市民日常生活各个方面有着更为广泛而深入的联系，包含政治、行政、经济、社会和文化等多种系统，其中最直接的联系是社区居民的衣食住行、生老病死。这个如同小社会的社区由于更注重自下而上的运行逻辑，因此它提出的日常问题往往会超出街道组织管辖的范围。"国内的很多研究也以居委会范围作为社区范围。

在实际研究中，也有将居住小区作为社区范围的。比如有研究认为，社区是指作为中国城市居民居住地最基本单元的小区（gated community）。之所以如此定义中国城市中的社区，是因为小区是一个可以从心理、经济与地理等方面清晰分辨边界的邻里（neighborhood）。研究者还提出了三点理由：一是小区具有明晰的地理边界；二是小区是目前中国城市房产共有财产权利的对应承载体，而且是各类草根组织（例如业主委员会、居民文娱组织等）最为密集的承载体，这意味着在其他情况相同的条件下，小区是最有可能在居民之间形成频繁互动与密切交往关系、发展集体认同乃至促发集体行动的一种地域性单元；三是在实际调查中，居民对这一地域性单元在心理上具有较强的认同感，它也是居民划分"我们"与"他们"最重要的地理边界依据（桂勇等，2008）。

除了以居委会、小区作为社区范围，还有以街道作为研究范围的。赵民等在对社区进行研究时，从城市规划的角度指出，对社区概念的采用偏向于从社区的地理边界与服务设施覆盖范围方面入手，以便解决实际问题。在这里，赵民等较多地是关注社区的环境、结构、空间设施等有形的因素。他们对社区下的定义是：城市社区是指居住于某一特定区域、具有共同利益关系、存在社会互动并拥有相应的服务体系的一个社会群体，是城市中的一个人文化空间复合单元。在实际案例中，他们以一个街道作为社区范围进行了研究。

居民对社区概念是如何理解的呢？在本次实践调研中，笔者一个明显的感觉是居民对"社区"一词既熟悉，又陌生。熟悉是指社区一词在居民的日常生活中已经司空见惯，居民普遍都在用；陌生是指居民对社区一词的理解，并没有从学者所理解的共同体方面考虑，居住区、社区概念的学术区分没有成为居民日常实践的知识。有研究从居民理解的角度将社区概括为行政型社区、住区两种类型。行政型社区有一个权力机构，被赋予了很多具体的职能和权力，其实质意义在于管理和控制某些居民群体，对辖区居民人口和经济状况进行调查并向上反映。社区和居委会两个概念在很多情境下被居民们相互置换，他们认为社区就是居委会，居委会就是社区。住区则是有封闭围墙，以物业公司为管理机构的较为高档的居住区。丘海雄（1989）在测量社区归属感时发现，归属感可以分为二个，一个是对"社区地域和人群集合体"的归属感，另一个是对"社区政权"的归属感。

本次问卷调查将居住区、社区概念做了区分，并询问了"您认为的社区范围"这一问题。课题组共发放问卷1040份，回收有效问卷979份，答案占比从高到低依次是：居委会管辖的范围（43.3%）、小区围墙以内（37.7%）、街道管辖的范围（12.8%）、我家附近的几栋楼（6.2%）（见表1）。从居民的回答来看，居委会管辖的范围、小区围墙以内都有很高的应答频率，也就是说社会自治组织、空间边界是居民理解社区的重要途径。小区是基于产权的概念，居委会则是基于组织的概念，但这两者的被选比例比较接近。

表 1　居民认为的社区范围统计

		频率	百分比（%）	有效百分比（%）	累积百分比（%）
有效	我家附近的几栋楼	61	5.9	6.2	6.2
	小区围墙以内	369	35.5	37.7	43.9
	居委会管辖的范围	424	40.8	43.3	87.2
	街道管辖的范围	125	12.0	12.8	100.0
	合计	979	94.1	100.0	
缺失		61	5.9		
	合计	1040	100.0		

正是考虑到在日常生活中人们对社区概念存在理解分歧，直接在问卷中询问有关社区认同的问题，得到的回答可能是模糊的。所以在问卷设计时，有关社区认同的问题，对象只针对居住小区。居住小区的概念在居民

的日常生活中一般有一致的理解。这样做虽然保证了认同研究对象的统一，但社区认同变成了小区认同，与本研究的初衷并不一致。在研究初期，笔者希望通过调查，确定社区实际的规模、边界，也就是居民认同的社区有怎样的空间范围、特征等。因为没有更好的方案，所以只好退而求其次，最终直接调查小区认同。虽然如此，但本次调查结果对分析认同的测量、小区认同的比较还是具有价值的。

（二）社区认同概念及实践

"认同"一词源于心理学，弗洛伊德认为，认同是个体与他人、群体或被模仿人物在感情上、心理上趋同的过程。在此，"认同"被看作一个心理过程，是指个人向另一个人或团体的价值、规范与面貌去模仿、内化并形成自己行为模式的过程（李素华，2005：201~203）。社区变迁与地域身份认同及个体对群体的认同是群体行为的基础，即群体行为发生的必要条件在于个体对该群体的偏好与认同，个体通过一系列衡量指标把自我归类为该群体，并在该群体中通过实现或维持积极的社会认同来提高自身的价值。20世纪70年代泰费尔（Taifel）等提出了社会认同理论，并在群体行为的研究中推动其发展起来。泰费尔将社会认同定义为："个体认识到他（或她）属于特定的社会群体，同时也认识到作为群体成员带给他的情感和价值意义。"（佐斌、张莹瑞，2006：475~480）社会认同源于群体成员身份，同时包括与此身份相关的情感和价值意义（佐斌、张莹瑞，2006：475~480）。社会认同理论认为，社会认同是由社会分类（social categorization）、社会比较（social comparison）和积极区分原则（positive distinctiveness）建立起来的。社会分类过程实际上是一个自我定型与资源分配过程。Tajfel和Turner提出了自我归类理论，他们认为人们会自动地将事物分门别类，因此在将他人分类时会自动地区分内群体和外群体。当人们进行分类时会将自我也纳入一个类别中，符合内群体的特征将会赋予自我，这就是一个自我定型的过程。个体通过分类，往往将有利的资源分配给我方群体成员（罗琦炜，2009：12）。

人们总是争取积极的社会认同，而这种积极的社会认同是在内群体和相关外群体的比较中获得的。如果没有获得满意的社会认同，个体就会离开他们的群体或想办法实现区分。个体通过实现或维持积极的社会认同来提高自尊，积极的自尊来源于内群体与相关外群体的有利比较。当社会认同受到威胁时，个体会采取各种策略来提高自尊（佐斌、张莹瑞，2006：475~480）。美国社会学家科尔曼在《社会理论的基础》一书中提出了七类认同：对直接亲属的认同、对国家的认同、对雇主的认同、对主人的认同、对势力强大的征服者的认同、对社区的认同、法人行动者对其他行动者的认同（许坤红，2009：68）。

在社区认同（community identity）的定义方面，比较一致的观点是将"社区认同"定义为同一组织环境中成员之间的归属情谊。大多数学者进一步将"社区认同"分为四个元素：成员感（membership），社区成员彼此之间的归属感；影响力和控制感（influence），社区成员觉得能够对社区事务有控制和参与感；共同需要和利益一致感（integration and fulfillment of needs），社区成员觉得他们通过集体行动能实现共同利益；共同感情（shared emotional connection），社区成员之间能够有一种很强的感情联系。许多关于社区认同的经验研究也证明这四项因素是存在的。也有学者提出了五个维度的划分：感情联系（ties and friendship）、参与感（influence）、支持感（support）、归属感（belonging）、认同感（conscious identification）。[①]

与社区认同十分相关的几个概念是社区感（sense of community）、社区归属感（community attachment）、社区社会资本（community social capital）。社区感是社区心理学领域常用的概念，1974 年 Sarason 在《社区感：社区心理学的前景》一书中提出社区感是"同他人类似的知觉；一种公认的与他人的相互依赖感；一种维持这种相互依赖的意愿，这种维持通过给予他人或为他人做人们期待的事来实现；是个体对某一更大的、可依赖的、稳定结构的归属感"。McMillan 认为社区感是"一种心灵的归属感，一种可信赖的权威机构的感觉，一种互相获利的社交经济，一种基于艺术传承的共同体验的精神"（牟丽霞，2007：4）。丘海雄（1989）认为社区归属感（community attachment）是指社区内的居民对本社区地域和人群集合体的认同、喜爱和依恋等心理感觉。现代都市居民对所在社区是否有归属感，是衡量

---

① 原文出自 Chavis. D., Hodge, J. McMillan., & Wandersman, A. (1986). Sense of Community Through Brunswik's Lens. A First Look. *Journal of Community Psychology*, vol. 16, pp. 771 - 791; Davidson, W., Cotter, P., and Stovall, J. (1999). Social Predispositions for the Development of Sense of Community. *Psychology Reports*, vol. 68, pp. 817 - 818，转引自陈振华（2004：23）的论文。

都市"心理社区"是否消亡的主要尺度。探讨影响现代都市居民社区归属感的因素，对于提高居民的社区归属感并重建和发展社区具有参考价值（丘海雄，1989：59~63）。吴铎等（1991）认为社区归属感是指社区居民把自己归入某一地域人群集合体的心理状态，这种心理既有对自己社区身份的确认，也带有个体的感情色彩，主要包括对社区的投入、喜爱和依恋等情感。

桂勇等（2008：122~142）在整理文献的基础上提出最常见的社区社会资本测量包括八个维度：参与地方性社团或组织、地方性社会网络、非正式社会互动、信任、互惠、志愿主义、社会支持和社区归属感，并根据中国的实际情况设计了社区社会资本测量表，利用调查数据进行了验证和修改。

以上的罗列显示社区认同、社区感、社区归属感、社区社会资本等几个概念有很多类似的地方，具体测量指标的类似度更高。单菁菁（2006：125~131）根据卡萨达（Kasarda）、贾诺威茨（Janowitz）和格尔森（Gerson）等的研究，从四个方面对居民的社区归属感进行测量：①居民是否感觉自己属于所居住社区，是否愿意长久居住并且认同自己是该社区的居民；②居民是否对社区发生的事情感兴趣，并认为这些事情同自己息息相关；③当居民要迁出社区时，是否会对该社区感到留恋和依依不舍；④居民是否愿意为社区的建设和发展贡献自己的力量。相关测量问题及意图见表2。

表2 单菁菁的社区归属感量表

序号	测量内容	测量意图
1	您是否同意社区是我家，建设靠大家	社区的认同感和主人翁感
2	您是否同意社区这种组织形式会更加有利于您的生活	社区作为一种新的社会组织形式被我国居民接受和认同的程度
3	如果条件许可，您希望长期住在本地吗	人们的地域意识和对社区的喜爱程度
4	如果要搬家，您会对现在的社区感到留恋吗	居民的社区依恋感
5	当您社区的集体利益受到损害，您是否会参加社区居民为此发起的一些联合行动，如向主管部门联名上书等	居民对社区事务的关心程度以及作为地域利益共同体的归属感

桂勇等（2008：122~142）在测量社区社会资本时，对社区归属感进行了测量，形成了6个问题的测量表（见表3）。

表3 桂勇、黄荣贵的社区归属感量表

序号	测量内容
1	在小区有家的感觉
2	喜欢我的小区
3	告诉别人我住在那里很自豪
4	大部分小区居民参与精神很高
5	我对小区中发生的事情很感兴趣
6	我是小区内重要的一分子

社区感测量有很长久的历史，周佳娴（2011：56~71）总结了常用的社区感测量模型（见表4），并在常用的社区感指数量表SCI、SCI-2的基础上设计了社区感测量表（见表5）。

牟丽霞认为社区感包括集体认同（认知因素）、相互依恋（情感因素）和传承倾向（行为的准备状态）。集体认同指社区成员对集体取向价值观的认可与接纳；相互依恋指社区成员对彼此交流、共同合作及相互影响的情感体验；传承倾向指社区成员对社区延续、发展与繁荣的期待心理及准备状态。其中集体认同分量表含6题，相互依恋分量表含7题，传承倾向分量表含6题。

表4 社区感测量模型

序号	研究者	构成要素
1	MacIver, Robert, 1931	社区意识位置和身份感、依属感
2	Poplin, Dennis, 1972	共同价值信念和目标、共同准则或行为预期、成员身份感和集体认同
3	Campbell, 2000	社区的心理符号和文化因素
4	McMillan Chavis, 1986	成员资格、影响力、需要的整合与满足、共同的情感联结
5	McMillan, 1996	情绪感受、人际信任、公平交换、传承艺术
6	Miretta Prezza, 2009	成员身份、共有的影响力、帮助、社会联结、需求的满足
7	Long, Perkins, 2003	社会联结、相互关心、社区价值
8	Proescholdbell et al., 2006	影响力、情感联结、需要的满足和归属
9	Tartaglia, 2006	需求的满足和影响力、社区依赖、社会联结

表 5 周佳娴的社区感测量表

序号	测量内容
1	住在这个社区令我满意
2	社区能满足我的需要
3	我很高兴作为社区的一分子
4	社区里的大多数人都可以信任
5	社区居民对社区的基本需求一致
6	我喜欢跟社区居民一起活动
7	我想长久住在这个社区
8	对社区的未来充满信心
9	我花费很多时间和精力融入社区
10	社区让我拥有安全感
11	社区让我有家的感觉
12	我在乎社区居民对我的看法
13	成为社区一分子对我来说很重要
14	社区有较好的组织者、号召者
15	我对社区环境的改善有一定影响

陈振华（2004：35）按照社区认同的五个维度（归属感、感情联系、参与感、支持感、认同感）设计了一个 6 个问题的简单量表（见表 6）。对于 5 个方面仅有 6 个问题，他给出的解释是问卷是搭车问卷，基于操作的角度，将问题压缩到最少。

表 6 陈振华的社区认同量表

序号	测量内容	测量意图
1	我希望在此长期居住	归属感（belonging）
2	我和附近的居民关系都很好	感情联系（ties and friendship）
3	我和附近的居民都很熟悉	感情联系（ties and friendship）
4	我的意愿和想法能被社区所关注	参与感（influence）
5	遇到困难时，我相信能够得到邻居的帮助	支持感（support）
6	我认为我是这个地方的一员	认同感（conscious identification）

总结社区感、社区归属感、社区认同的相关测量实践，有两个基本的特征：①多是在个人层面上的测量，社区层面的测量和比较往往受限于样本的数量而无法展开。没有大规模的调查，在社区层面比较就缺乏足够的样本。②缺少对社区概念的讨论。许多研究仅从个人角度出发，对于社区的概念存而不论，对社区的规模、范围、边界都没有明确说明。就笔者掌握的文献来看，桂勇等（2008）对社区社会资本的测量，已明确将居住小区作为社区研究的单元。

（三）社区认同测量方法及结果

综合已有的研究，本次社区认同的测量主要包括12个题目（见表7），测量的空间对象是小区。使用小区的概念也是综合考虑问卷调查的结果。这样做，好的方面是能够比较一致地保持概念的统一；但调查对象包括上海的里弄，对里弄使用居住小区的概念，并不十分恰当。这也是以居住小区作为社区基本单位需要面临的问题。

表7 社区认同测量表

	大体而言，您是否认同以下说法？	强烈不同意→强烈同意				
1	喜欢我的小区	1	2	3	4	5
2	告诉别人我所住的小区，感觉很自豪	1	2	3	4	5
3	小区里大部分人都愿意相互帮助	1	2	3	4	5
4	大部分小区居民参与精神很高	1	2	3	4	5
5	总的来说，小区居民间的关系是和睦的	1	2	3	4	5
6	我对小区中发生的事情很感兴趣	1	2	3	4	5
7	我是小区内重要的一分子	1	2	3	4	5
8	我会自觉遵守小区的各项规章制度	1	2	3	4	5
9	破坏小区公共秩序的行为应该受到制止和批评	1	2	3	4	5
10	如果不得不搬走会很遗憾	1	2	3	4	5
11	当遇到坏人时，周边的邻居能够挺身而出	1	2	3	4	5
12	当小区的集体利益受到损害，我会参加小区居民为此发起的一些联合行动（如向主管部门联名上书等）	1	2	3	4	5

注：1表示强烈不同意，2表示比较不同意，3表示一般，4表示比较同意，5表示强烈同意。

对量表进行信度检验，内部一致性系数为0.832（见表8、表9）。在12个选项中，第10题"如果不得不搬走会很遗憾"的相关系数最低，仅为0.319，删除此题后内部一致性系数提高到0.851（见表10）。此题的信度不高，在以后的调查中可以修改或者删除。在本次数据分析时，笔者已将此选项剔除。

表8 社区认同信度检验案例处理汇总

		N	%
案例	有效	927	89.1
	已排除[a]	113	10.9
	总计	1040	100.0

a. 在此程序中基于所有变量的列表方式删除。

表9 社区认同信度检验统计量

Cronbach's Alpha	项数
.832	12

表10 社区认同信度检验项总计统计量

	项已删除的刻度均值	项已删除的刻度方差 σ	校正的项总计相关性	项已删除的Cronbach's Alpha 值
喜欢我的小区	41.7875	118.749	.729	.807
告诉别人我所住的小区，感觉很自豪	41.8997	117.879	.544	.816
小区里大部分人都愿意相互帮助	41.7454	116.371	.431	.827
大部分小区居民参与精神很高	41.9072	116.886	.410	.829
总的来说，小区居民间的关系是和睦的	41.7012	116.421	.438	.826
我对小区中发生的事情很感兴趣	42.3576	124.753	.477	.822
我是小区内重要的一分子	42.1057	121.719	.576	.816
我会自觉遵守小区的各项规章制度	41.4466	119.828	.692	.810
破坏小区公共秩序的行为应该受到制止和批评	41.4067	119.941	.676	.811
如果不得不搬走会很遗憾	41.9148	113.739	.319	.851

续表

	项已删除的刻度均值	项已删除的刻度方差 σ	校正的项总计相关性	项已删除的Cronbach's Alpha 值
当遇到坏人时，周边的邻居能够挺身而出	41.8457	120.893	.646	.813
当小区的集体利益受到损害，我会参加小区居民为此发起的一些联合行动（如向主管部门联名上书等）	41.7131	121.041	.615	.814

剔除第 10 题后还有 11 道题，总分最高分是 55 分，最低分是 11 分。比较各小区的社区认同得分，从高到低依次是瑞康居委、太原居委、朗润园、馨佳园九街坊、馨佳园八街坊、同济绿园、馨佳园十二街坊、永太居委、庆源居委、雁荡居委、万科城市花园、鞍山三村、盛世豪地（见表 11、表 12）。

表 11　各小区社区认同得分比较

序号	该小区的名称	均值	样本数	标准差
1	瑞康居委	45.2979	47	6.11809
2	太原居委	44.6522	46	6.58016
3	朗润园	44.2750	40	11.98501
4	馨佳园九街坊	43.9266	109	12.52605
5	馨佳园八街坊	43.7097	62	12.11879
6	同济绿园	43.5980	102	12.34990
7	馨佳园十二街坊	42.0714	70	11.45163
8	永太居委	41.8649	37	6.86441
9	庆源居委	41.0000	36	9.02061
10	雁荡居委	39.9778	45	8.37336
11	万科城市花园	39.6848	165	11.14363
12	鞍山三村	39.5506	89	8.86901
13	盛世豪地	39.4535	86	9.88005
		41.8940	934	10.70497

表 12　各小区社区认同得分方差分析

	平方和	df	均方	F	显著性
组间	4074.667	12	339.556	3.041	.000
组内	102843.840	921	111.665		
总数	106918.506	933			

二　影响社区认同的个体因素

研究社区感、社区归属感、社区认同的学者都从个体层面比较了产生差异的个体因素。

其一，影响社区认同的个体因素。陈振华（2004：81~82）依据北京、苏州、成都和广州等地的调查资料分析得出，女性的社区认同略高于男性，而职业群体、受教育年限与社区认同存在负相关，职业地位越高、受教育年限越长，社区认同越低；而年龄、收入、居住年限、住房满意度等与社区认同存在正相关，年龄越高、收入越高、居住时间越长、居住满意度越高，社区认同越高。武艳华、黄云凌、徐延辉（2013：210~219）在深圳的调查显示，在社区认同上，高收入者比中低收入者认同感强，老年人比中青年人认同感强，城市人口比农村人口认同感强。城市社区认同存在明显的代际、阶层及城乡差异。

其二，影响社区感的个体因素。周佳娴（2011）从西方文献中总结了四个影响社区感的因素：居民的社会经济地位、居民在社区内的居住时间、居民在社区内的社会关系、居民的社区参与程度。较高的社会地位使居民能按照自己的愿望选择自己喜欢的社会关系，从而增强社区情感。居民在社区内居住的时间越长，建立的关系越多，社区归属感越强。周佳娴在上海的调查结果显示，社区感的影响因素主要集中在居民的个体因素、居住因素和互动因素三大方面。个体因素中显著的变量有婚姻、政治面貌、年龄和社会经济地位，其中社会经济地位越高的人社区感反而越低。这一结论与国外的研究正好相反，研究者给出的解释是：中国社会经济地位高的人类似于王思斌所谓无求于人的社会阶层，社会支持网络一般较广，对社区的依赖较小，再加上生活品位和要求较高，社区不太容易满足他们的需求，故社区感较低；而社会经济地位低的人社会资本较匮乏，对社区的依赖较大，且较易满足，故社区感较高。牟丽霞（2007：57）认为影响居民社区感的因素主要有居民的受教育程度、居住时间、抚育儿女数、房屋所有权、宗教信仰等，但社区感性别差异不显著。

其三，影响社区归属感的个体因素。丘海雄（1989：59~63）对香港与广州的个案比较研究发现，社区归属感与居住年限、人际关系、社区满足感、社区参与呈正相关，但是由这四个自变量所建立的多元回归模型的解释力并不强，决定系数在9%左右，且居住年限和社区参与对社区归属感的影响并不显著。单菁菁（2006：125~131）对中国城市居民的研究显示，除"居民的社会经济"这一因素未达到统计意义上的显著度外，居住时间、人际关系、社区参与、社区满意度、社区进步认知等因素均与社区归属感呈正相关，而且城市居民的社区归属感主要取决于社区满意度。

如果将社区感、社区归属感、社区认同作为近似概念来看的话，已有文献的许多分析结果并不一致。在性别方面，牟丽霞的分析结果是社区感性别差异不显著，陈振华的分析结果是女性的社区认同略高于男性。在社会经济地位方面，单菁菁的研究结果是社会经济地位在统计上不显著，陈振华的结果是高收入者比中低收入者认同感强，周佳娴的结论是社会经济地位越高的人社区感反而越低。比较一致的结论是社区满意度与社区感、社区归属感和社区认同呈正相关。

本次调查的社区认同个体因素分析结果如下：居民的性别、收入、居住时间与社区认同不相关；居民的年龄、受教育程度、公共参与动机与社区认同相关，其中公共参与动机与社区认同的相关系数达到0.315，年龄与社区认同呈正相关，受教育程度与社区认同呈负相关。具体结果见表13。

表13 社区认同个体影响因素分析

	相关系数	显著性检验（P值）	有效样本数
性别	0.034	0.303	927
年龄	0.101	0.002**	921
收入	-0.029	0.395	839
受教育程度	-0.091	0.006**	919

续表

	相关系数	显著性检验（P值）	有效样本数
居住时间	-0.002	0.942	859
公共参与动机	0.315	0.000**	868

** 在 0.01 水平（双侧）上显著相关。

本次调查结果显示，居民的收入与社区认同没有明显相关。这个分析结果对社区规划和建设是个非常积极的信号。也就是说，高收入居民、低收入居民在社区认同上没有显著的差异。那么为中低收入群体建设的社区，比如经济适用房、保障房社区等，也可以建设成为有认同的社区，当然个体层面的分析放在社区层面不一定有效，可能会犯生态谬误，因此需要补充社区层面的研究。

三 影响社区认同的空间因素

（一）空间评价与社区认同

潘允康等在《社区归属感和社区满意度》一文中指出，社区环境是影响人们社区满意度和归属感的第一要素。单菁菁（2006）的研究结果表明，城市居民的综合社区满意度与其社区归属感之间高度正相关。Brodsky 在一项社区感多层相关研究中，考察了社区人口密度、家庭平均规模、犯罪率、人均收入、住房所有权比率、投票登记、小区就业率、非劳动力比率等社区水平变量与社区感的关系。研究表明，小区犯罪率与社区感无关，人口密度、家庭平均规模、人均收入、非劳动力比率与社区感存在负相关，房屋所有权比率与社区感存在正相关。基于社区资源的有限性，人口密度过高以及家庭规模较大意味着小区过于拥挤并且很难做到资源共享，这势必影响社区感的发展。房屋所有权比率与社区感的关系似乎同平均收入与社区感的关系相矛盾，通常认为，提高人均收入有助于改善居民的生活质量并增强居民的社区感和责任意识，而 Brodsky 的研究似乎暗示经济收入与社区责任意识是两个互不相干的变量（牟丽霞，2007：24）。丘海雄在分析了广州和香港的个案后得出的结论是，人际关系和社区满足感影响社区归属感，在香港社区满足感对社区归属感的影响更加明显。香港的现代化程度高过广州，但香港、广州的社区归属感并没有显著差别。

在城市住宅区中,随着老龄化、汽车社会的到来,居民对空间环境的不满意主要表现在以下四个方面:一是空间不足,二是出行不便,三是空间使用变更不和谐,四是空间不安全。空间不足主要表现为停车空间不足、休闲锻炼空间不足。

上海大花园,2002年建成,绿化率高达51%,共有1560户人家,车位满打满算449个,实有750多辆私家车,300余辆车只能见缝插针,大花园成了大车库。小区人行道停满了车,居民只能在车道上散步,还得避让来回车辆,所以现在小区里散步的人越来越少。保安早上一般需要叫20多个业主挪车。这个小区停车靠抢,晚上6点钟以后就没车位了。

在住宅区中,因为休闲锻炼空间不足而引发的矛盾也很多。

江苏泰州一处小区内的空地被大妈们占据,用于每天晚上跳舞。在此停留的车辆都被贴上纸条,上写"锻炼重地,请勿停车"。据介绍,小区内有住户因无法忍受噪声而搬走。该社区曾为大妈们划定过专门的跳舞空地,但大妈们表示,跳舞的人都有自己的圈子,换个地方很难融入。

武汉熊女士和20多位大妈照例到小区的广场跳舞,还没跳半个小时,突然有东西飘洒下来,发现竟是大便。原来小区楼上住户不堪噪声长期干扰,最终以此泄愤。大妈们回应,"嫌吵装个隔音玻璃啊"。

居民对住宅区的不满意还表现在出行上。上海市老年学学会的一项调查表明,目前上海市60%以上的老人居住在房龄超过30年的小区里,这些小区多由5层或6层的老公房构成,均未配备电梯。住宅区的区位和城市交通组织不合理也给居民带来了很多麻烦,比如上海康城有住户12500户,离最近的莘庄地铁站有3公里,仅莘松路一段1公里的路程,在高峰时开车竟然需要花费30~45分钟才能走完,早两年在社区周边道路管制时,开车进出社区就需要花费45分钟。另外一个位于松江的居住区新凯家园,因离市中心太远,居民出行必须借助地铁,但地铁早晚发车时间有限制,使居民感到出行很不方便。

此外，居住区的空间变更常会引起邻里不和谐。比如在上海康城，居改非住户共有162家，他们大多居住在一楼，且多从事个体经营，盒饭作坊每到做饭时间油烟特别大，修理店将许多摩托车停在门厅带来很多噪声。对此，小区居民有漠不关心的，也有强烈反对的。

在本次调查的小区中，居民认为没有邻里冲突的占45.1%，也就是超过半数的人认为存在邻里冲突。引起冲突的原因包括空间不足、空间使用变更等。违章搭建引起的邻里冲突占25%，群租引起的邻里冲突占21.9%，争夺停车位引起的邻里冲突占19.5%，噪声引起的邻里冲突占17.1%，带宠物进电梯引起的邻里冲突占11.2%。

本次调查收集了居民对小区空间环境的评价，涉及小区地段、出行方便程度、小区规模、小区建筑密度、小区建筑外观、小区绿化、小区公共空间七个方面。在统计得分时，采用反向编码的方式，最高分为35分，最低分为7分。在做信度检验时，小区地段、出行方便程度被删除后，一致性系数反而增加了，所以删除了小区地段、出行方便程度两个方面。剩下5个方面反向编码后，最高分为25分，最低分为5分（相关数据见表14~17）。各小区的得分情况见表18。依据空间评价得分从高到低排序依次是朗润园、同济绿园、万科城市花园、馨佳园九街坊、馨佳园八街坊、盛世豪地、馨佳园十二街坊、瑞康居委、永太居委、太原居委、鞍山三村、雁荡居委、庆源居委（见图1）。各小区的社区认同得分和空间环境评价得分的相关系数是0.194，在0.01水平（双侧）上显著相关（见表19）。

表14　居民对小区的空间环境评价

您对本小区的评价如何 （在相应的数字上画"√"）	非常满意	比较满意	一般	不满意	非常不满意
1. 小区地段	1	2	3	4	5
2. 出行方便程度	1	2	3	4	5
3. 小区规模	1	2	3	4	5
4. 小区建筑密度	1	2	3	4	5
5. 小区建筑外观	1	2	3	4	5
6. 小区绿化	1	2	3	4	5
7. 小区公共空间	1	2	3	4	5

表 15　小区空间环境评价信度检验案例汇总

案例		N	%
	有效	989	95.1
	已排除[a]	51	4.9
	总计	1040	100.0

a. 在此程序中基于所有变量的列表方式删除。

表 16　小区空间环境评价信度检验统计量

Cronbach's Alpha	基于标准化项的 Cronbachs Alpha	项数
.851	.849	7

表 17　小区空间环境评价信度检验项总计统计量

	项已删除的刻度均值	项已删除的刻度方差 σ	校正的项总计相关性	多相关性的平方	项已删除的 Cronbach's Alpha 值
对小区地段的评价	13.7927	20.871	.387	.496	.859
对出行方便程度的评价	13.7189	21.156	.315	.478	.870
对小区规模的评价	13.5410	18.295	.745	.578	.813
对小区建筑密度的评价	13.3266	17.668	.723	.644	.813
对小区建筑外观的评价	13.3094	17.686	.741	.624	.811
对小区绿化的评价	13.3175	17.185	.696	.690	.817
对小区公共空间的评价	13.2346	17.299	.695	.702	.817

表 18　居民对小区空间环境的整体评价

小区的名称	均值	N	标准差
朗润园	21.9592	49	2.97181
同济绿园	21.0741	108	3.20835
万科城市花园	19.6552	174	3.46186
馨佳园九街坊	19.5315	111	3.54149
馨佳园八街坊	18.7917	72	3.64996
盛世豪地	18.0667	90	3.41773
馨佳园十二街坊	17.9259	81	3.92039

续表

小区的名称	均值	N	标准差
瑞康居委	16.4490	49	4.48637
永太居委	16.2778	36	4.29359
太原居委	16.1064	47	4.61205
鞍山三村	15.6413	92	3.82180
雁荡居委	13.7872	47	4.12277
庆源居委	13.6500	40	3.59879
总计	18.2259	996	4.30218

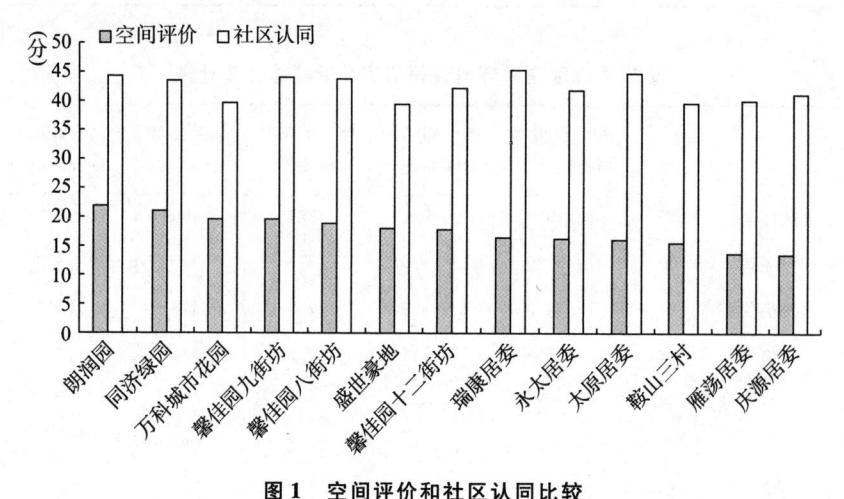

图1 空间评价和社区认同比较

表19 社区认同与空间环境相关性分析

		社区认同	空间评价
社区认同	Pearson 相关性	1	.194**
	显著性（双侧）		.000
	N	929	906
空间评价	Pearson 相关性	.194**	1
	显著性（双侧）	.000	
	N	906	996

** 在 .01 水平（双侧）上显著相关。

虽然空间环境评价和社区认同呈正相关，在统计上也显著，但一些有反差的案例更值得深入探究。比如空间评价得分偏高，但社区认同较低的万科城市花园、盛世豪地；空间评价得分偏低，但社区认同较高的瑞康居委、太原居委、庆源居委。

除社区层面的空间评价外，本次调查还包括居住层面的居民自我评价，一共设计了5道题，包括住房面积、户型、楼层、通风、采光（见表20）。各小区评价得分均值从高到低排列依次是同济绿园、朗润园、馨佳园九街坊、馨佳园十二街坊、万科城市花园、盛世豪地、馨佳园八街坊、瑞康居委、永太居委、鞍山三村、雁荡居委、太原居委、庆源居委（见表21）。各小区的社区认同得分和住房评价得分的相关系数是 0.137，在 0.01 水平（双侧）上显著相关（见表22）。笔者通过对社区认同和住房评价的柱状图比较发现，住房评价较低、社区认同较高的馨佳园八街坊、瑞康居委、太原居委，住房评价较高、社区认同较低的万科城市花园、盛世豪地需要再做进一步的分析（见图2）。

表 20　居民的住房满意度评价

您对现住房的以下方面是否满意（在相应的数字上画"√"）	非常满意	比较满意	一般	不满意	非常不满意
1. 面积	1	2	3	4	5
2. 户型	1	2	3	4	5
3. 楼层	1	2	3	4	5
4. 通风	1	2	3	4	5
5. 采光	1	2	3	4	5

表 21　各小区住房评价得分

该小区的名称	均值	N	标准差
同济绿园	21.5189	106	3.54356
朗润园	19.6444	45	2.95539
馨佳园九街坊	19.2946	112	4.02613
馨佳园十二街坊	19.2346	81	3.42517
万科城市花园	19.2294	170	4.17520
盛世豪地	17.8132	91	3.70559

续表

该小区的名称	均值	N	标准差
馨佳园八街坊	17.1364	66	4.92368
瑞康居委	15.8491	53	5.48563
永太居委	15.6410	39	4.48675
鞍山三村	14.3778	90	4.40780
雁荡居委	14.1702	47	4.44932
太原居委	14.1042	48	5.63137
庆源居委	13.4419	43	5.19295

表22 住房评价和社区认同相关性分析

		社区认同	住房评价反向
社区认同	Pearson 相关性	1	.137**
	显著性（双侧）		.000
	N	929	894
住房评价反向	Pearson 相关性	.137**	1
	显著性（双侧）	.000	
	N	894	991

** 在 .01 水平（双侧）上显著相关。

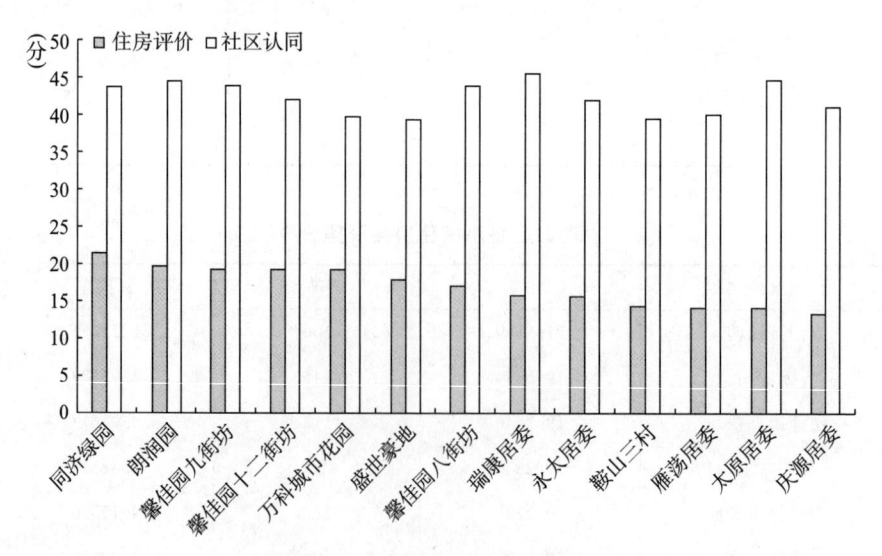

图2 住房评价和社区认同比较

(二) 小区规模与社区认同

多大的社区规模容易形成社会交往，产生较密切的群体呢？生理学家认为超过130米，人将无法分辨对方的轮廓、衣服、年龄和性别等。吉伯德曾指出文雅的空间一般不大于137米。亚历山大指出人的认知邻里范围直径不超过274米（即面积在5公顷左右）（马静、胡雪松、李志民，2006：16~18）。有研究通过调查发现，300人左右是一个交往小群体的上限，从社交的意义上讲，在一个大的群体当中，会有若干个少于300人的小群体，而超过这一上限后，交往的亲密度便会有所降低（蒲蔚然、刘骏，1997：54-58）。周俭等（1999：38~40）从城市空间结构的角度对住宅区的用地规模进行了探讨，提出应建立生活次街，即将划分住宅区的路网间距缩小，使住宅区用地规模由原来的10公顷~20公顷缩小到4公顷左右，将居住人口控制在1500人左右。这样一个生活次街网络以及由此形成的较小的住宅区用地开发单元能使邻里交往的场所感加强，从而互助型邻里关系形成的可能性也更多了。亚历山大在《建筑模式语言》中指出，居民相互熟悉、便于交往的户数为8~12户，在这样的邻里范围内，居民彼此的了解程度最深，能表现出较强的社会内聚力；当相识范围扩大到50~100户时，邻里间的交往将迅速减少，彼此将仅知道容貌、姓名而甚少了解。另有其他研究表明，10~20户围绕街道或院落组构的住区，可以在保证人与人之间必要的距离和自我状态下，形成持久的邻里集体。

现有住宅区的规模是路网规划、设施配套规划等设计方式的结果。城市道路的路网间距一般在400米左右，由此形成的城市住宅区的用地规模一般有十几公顷（周俭、蒋丹鸿，1999：38~40）。通过对《中国小康住宅示范工程集萃》和"中国城市居住小区建设试点丛书"《规划设计篇》进行统计，笔者发现，在总计44个小区中，规模在10公顷以上的占总数的81.8%。另一项对北京市1996年房地产市场所做的调查也显示，占地在10公顷以上的住区占总数的66.2%。北京市还规定，7000人以下、不足30000人的居住区，为非规模居住区。与之相比，美国的独立式住区平均为291户，其中有一半不超过150户。巴塞罗那的规划被认为是欧洲最成功的范例，其街区尺寸一般为130米×130米。上海典型的老街坊由20世纪20~40年代建造的里弄组成，每个里弄是一个相对封闭的小社区，但有多个大门并始终对外开放。一个里弄平均仅有 46 户，为今天成片开发小区的 1/40~1/60（朱怿，2006：15）。新建的住宅区规模过大，十几公顷规模的商品房住宅区，近万名原先彼此互不相识的城市购房者，仅仅由于选购了同一个住宅区而成为邻居，住户之间彼此陌生、防备，甚至趋于冷漠（周俭、蒋丹鸿，1999：38~40）。

居民喜欢的小区规模是多大呢？此次调查将社区规模分为小于 500 人、501~1000 人、1001~1500 人等七类。调查结果显示，喜欢小于 500 人规模的占 11.6%，喜欢 501~1000 人规模的占 23.7%，喜欢 1001~1500 人规模的占 21.5%，喜欢 1500 人以下规模的累积占比为 56.8%。也就是说，1500 人以下的小规模小区获得了多数居民的认可。不同规模小区的社区认同感是否有显著差异？是否规模较小的社区社区认同感较高？因为在调查中，笔者使用了小区作为研究范围，而对于太原居委、瑞康居委等包含多种住宅类型的区域，无法用居委会层面的数据代替小区层面，因而，此项分析无法进行。万科城市花园、朗润园、同济绿园三个居委会范围与小区范围相同，三者的用地规模分别是 33.7 公顷、9.6 公顷、3.2 公顷，社区认同得分分别是 39.68 分、44.28 分、43.6 分，可见，小区规模与社区认同有很高的相关性。

表 23 居民喜欢的小区规模统计

		频率	百分比（%）	有效百分比（%）	累积百分比（%）
有效	小于 500 人	114	11.0	11.6	11.6
	501~1000 人	234	22.5	23.7	35.3
	1001~1500 人	212	20.4	21.5	56.8
	1501~2000 人	100	9.6	10.1	66.9
	2001~3000 人	160	15.4	16.2	83.1
	3001~5000 人	72	6.9	7.3	90.4
	5000 人以上	95	9.1	9.6	100.0
	合计	987	94.9	100.0	
缺失	系统	53	5.1		
	合计	1040	100.0		

(三) 小区边界与社区认同

出于安全和管理的考虑，对居住社区进行封闭非常流行。据统计，从 1990 年到 2000 年，上海市 83% 的居住小区以某种方式被封闭起来。同期广东省封闭了约 54000 个小区，覆盖 70% 以上城镇面积和 80% 以上人口。为了在城市内部给居民提供一个安全、宁静的居住环境，小区周边常设置围墙等，出入口也是以少为佳（朱怿，2006：15）。居住区的封闭对社区认同产生了怎样的影响呢？有研究认为，空间封闭有利于社区认同的形式。从格式塔心理学出发，闭锁原则认为闭合的线条较开启的线条易被人接受，因为图形信息最多的部分是封闭的角和锐曲线，所以闭合的线条比平铺笔直的线条包含更多、更复杂的信息内容。在胡同及大杂院这样的封闭性空间里，居民有着更强的归属感和认同感（蒲蔚然、刘骏，1997：54~58）。

但更多的学者批判了居住区的封闭，尤其是大规模社区的封闭。他们认为封闭不但不会增强社区安全感，反而会破坏社区安全感。对于大规模封闭式居住区来讲，由于封闭尺度大、出入口少，导致周边道路较少有人使用，使之可能成为犯罪滋生的地方，造成很大安全隐患。另外，多数封闭式居住区采用围墙、栏杆等与外部空间隔离，缺少友好界面，不能有效实现邻里"监视"。因此，大规模封闭式居住区对整个城市安全有消极影响（石京、李卓斐、陶立，2011：60~65）。

居住区的封闭还会降低邻里交往、增加社会资源的浪费程度。大型封闭社区大大降低了城市路网密度和通达性，外部交通不能引入小区内部，故小区道路不能与城市道路直接、顺畅地连接。再加上每个小区占地都广达十几公顷、几十公顷，且独立于城市公共交通、商业网络等社会服务系统之外（邓卫，2001：30~32），一定程度上加剧了居民对私人小汽车的依赖。此外，由于小区没有适宜步行的街巷，基于步行的邻里交往受到很大的限制。商品房小区的围墙外是国家的公共治理区，围墙内是私有产权业主的自我治理区。小区内的绿化、公共空间成了少数人的私家花园，由于分享的人太少，作为城市生活活力来源的多样性、混合性、不确定性受到了抑制，间接影响了居民社区生活的情感满足（宋伟轩、朱喜钢，2009：82~86）。

小区封闭范围多大合适呢？封闭范围过大会增加居民绕行距离，而封闭范围过小会增加道路密度和交叉口数量，从而增加城市道路阻抗。因此，存在一个最佳封闭街区长度，能使居民出行效率达到最高。根据国内外相关研究，封闭居住小区的最佳街区长度为 200 米。由于大多数人接受的适宜步行距离为 400 米～500 米，因此，封闭小区及组团的长度不宜超过 200 米（石京、李卓斐、陶立，2011：60～65）。这一结论与前面提到的小区规模适宜在 4 公顷左右的观点相似。

（四）开放道路密度与社区认同

雅各布斯将人行道的用途概括为安全、交往和儿童的同化，她认为人行道上的日常交流在凝聚社区生活、促使陌生人相互生活得更加紧密方面有重要的作用。唯有当大城市的街道具备了内在的特性，才能让互不相识的人在文明的、带有基本尊严和保持本色的基础上平安地相处，容忍、允许邻里间存在巨大的差异。

居住区规模过大，大大降低了城市路网的密度，使得城市路网间距过大、支路网供应不足。正是这种区别于城市主街的城市生活次街，构筑了我国丰富、深奥的住文化的物质空间环境，确立了我国几千年和睦、融洽的传统邻里关系和适人宜居的住区人文环境（周俭、蒋丹鸿、刘煜，1999：38～40）。里弄采用细密的结构，沿街留有很多出入口，加上许多商店、阅报栏、袖珍绿地等社区设施的存在，使街道充满了吸引人及促进社交活动和自然监视发生的事物。里弄由于用地紧凑，一般不含任何公共设施，城市街道成了唯一的公共活动中心。里弄能够同时回答居民的多种需求，创造出了一个方便的、鼓励步行的环境及一个高效使用土地等资源的空间模式。以较大规模的居住小区为单元的空间层次结构会造成互助型邻里关系的淡化以及相识型和认同型邻里关系的不明确（周俭、蒋丹鸿，1999：38～40）。

缪朴（2004：46～49）提出将封闭小区的范围缩小在一栋或多栋公寓组成的建筑群周围，而不是整体封闭小区；同时取消私有街道，将所有的小区内部道路都对城市公众开放；并将所有的公共设施，如公共绿地、广场、社区中心布置在街道旁，以步行街道连接各个住区。这些小规模的建筑群由一个走得通的道路网所连接，居民沿着这个道路网可以自由地访问任何公共设施。

公共、开放的街道是城市活力的源泉,而社区的大型化、封闭化却导致街道的生活性功能降低。本次调查小区周边的路网密度和结构,是否对社区认同产生了明显的影响,需要在分析开放路网结构密度的基础上再做分析。

四 影响社区认同的社会因素

(一) 社区组织与社区认同

居委会在基层社会组织中发挥重要作用。居委会有一个管辖范围,小区也有一个空间范围,当两者重叠时,是否会促进社区认同?当居委会和小区范围不一致时,是否会影响社区认同?在现实生活中,有把居委会当社区的,有把小区当社区的,也有将两者都看作社区的,其实二者一个是行政区,一个是住区。有研究提出,确定小区规模的重要因素包括与社会基层管理组织相对应,例如,在居住区层次上应设立街道办事处,在组团层次上应设立居委会。

一般居委会有 5~9 名管理人员。有研究建议居委会的管辖规模应为 1000 户、3000 人左右。本次调查的样本有 2000 人、2500 人、2600 人、4900 人、5700 人、11000 人几种规模,调查样本用地有 3 公顷、5 公顷、9.5 公顷、33 公顷等多种类型。

居委会与住区的关系具体有三种情况。一是居委管辖范围与住区范围相同,如万科城市花园、朗润园、同济绿园等。二是居委管辖范围大于住区范围,如盛世豪地、瑞康居委等。三是居委管辖范围为大型居住区内的一部分,比如馨佳园十二街坊等。

(二) 社区参与与社区认同

在前面分析个体因素时,我们得知公共参与动机与社区认同相关。居民认同也会促进参与,因为有认同的情感,所以更愿意参与。孙立平借用中国俗话"有恒产者有恒心"来说明居民是否认同、参与与所居住的社区有没有财产上的牵连的关系。在社区生活中就是有恒产者有认同。社区中的房产是人们自己的,小区的状态、周围的环境便也成为他们财产的一部分。环境整洁优美,房价就会升高;社区环境差,房价就会受影响。因此,人们从内心里讨厌和反感不爱护社区环境的人。爱护自己的社区、爱护社区的环境，不是外部因素强加给居民的，而是他们主动的行为。农民工来到城市，也要寄居在一定的社区当中，但这种寄居往往是临时性的，社区对他们的意义也是临时性的。他们在这里没有财产，甚至没有固定的生活，在日常生活上与当地居民之间存在的巨大反差时时在提醒他们，他们并不是这个社区的一员，甚至他们常常会受到来自社区正式成员的轻蔑和歧视。在这种情况下，他们既不认同，也不参与。

（三）社区记忆与社区认同

社区认同和对社区的情感是分不开的，情感来源于对社区日常生活的记忆。所谓社区记忆就是社区长期累积的传统，即关于社区过去的表征，它可以通过口述的传统、文字、仪式或者物质文化等形式一代一代地向下传递。社区记忆使社区生活保持连续性和共同性，因此它是形成社区认同的一个重要因素。一般社区记忆越强，社区认同也越强（吴理财，2011：123~128）。

集体记忆是一个特定社会群体之成员共享往事的过程和结果，保证集体记忆传承的条件是社会交往及群体意识能够帮助人们持续地提取该记忆。集体记忆是一个特定群体所建构、共享、传承的记忆，不同的集体有不同的记忆。在这里，存在某种类似框架的东西，通过特定群体的身份，将个体的思想置于这些框架内，并汇入能够进行回忆的记忆中去，从而使群体得以凝聚、延续。

本次调查在问卷中设置了如何向别人介绍自己的小区这样的问题，但社区记忆更适合通过访谈来反映，以便更清晰地了解居民对社区标志物、节日、活动、重大事件的记忆。

五　总结和展望

本研究的开展是基于一些规划实践问题而展开的：①随着城市的快速扩张，大量新建居住区布置在郊区，一些居住区的空间环境虽然不错，但居民的满意度不高，对社区的认同度也不高。②新建居住区多成片大规模开发，居住区的同质化程度很高，居民对居住区缺乏归属感、认同感。

③新建居住区的郊区化、规模化、封闭化，使居民依靠机动交通出行的概率加大，导致居民在居住区内步行交流的机会减少，这不利于社区感的形成。

以上几个问题均延续了物质空间决定论的传统，认为居住区的空间环境影响社区认同。本研究也从此角度出发，分析了13个社区的空间与社区认同的关系。一些初步的研究结果值得进一步思考。①小区的空间环境评价和社区认同呈正相关。研究结果支持通过提高空间环境质量来产生积极社会效果的做法。②同是在郊区新建的居住小区，不同小区间的社区认同水平存在差距。馨佳园九街坊、馨佳园八街坊几个郊区小区的社区认同水平并不低，但盛世豪地等郊区小区的社区认同水平较低，引起差异的具体原因还需进一步分析。

社区认同的分析单位是社区，由于调查时间等多方面因素的限制，本研究的调查样本仅有13个，因此在样本数量上存在缺陷。空间是影响社区认同的因素，但在比较空间与社区认同的关系时，本研究仅使用了有限的统计调查数据，缺少更加细致的案例比较分析。对于已有的空间与社区认同关系的研究结论，还缺乏充分的实证数据进行检验。这些都有待下一步研究。

参考文献

陈振华，2004，《利益、认同与制度供给：居民社区参与的影响因素研究》，硕士学位论文，清华大学。

单菁菁，2006，《从社区归属感看中国城市社区建设》，《中国社会科学院研究生院学报》第6期。

邓卫，2001，《突破居住区规划的小区单一模式》，《城市规划》第2期。

桂勇、黄荣贵，2008，《社区社会资本测量：一项基于经验数据的研究》，《社会学研究》第3期。

李素华，2005，《对认同概念的理论述评》，《兰州学刊》第4期。

罗琦炜，2009，《社区建设中的社区认同问题研究》，硕士学位论文，复旦大学。

马静、胡雪松、李志民，2006，《我国增进住区交往理论的评析》，《建筑学报》第10期。

缪朴，2004，《城市生活的癌症——封闭式小区的问题及对策》，《时代建筑》第5期。

牟丽霞，2007，《城市居民的社区感：概念、结构与测量》，硕士学位论文，浙江师范大学。

蒲蔚然、刘骏，1997，《探索促进社区关系的居住小区模式》，《城市规划汇刊》第 4 期。

丘海雄，1989，《社区归属感——香港与广州的个案比较研究》，《中山大学学报》（哲学社会科学版）第 2 期。

石京、李卓斐、陶立，2011，《居住区空间模式与道路规划设计》，《城市交通》第 3 期。

宋伟轩、朱喜钢，2009，《中国封闭社区——社会分异的消极空间响应》，《规划师》第 11 期。

社会学编辑委员会，1991，《中国大百科全书》（社会学卷），中国大百科全书出版社。

吴理财，2011，《农村社区认同与农民行为逻辑——对新农村建设的一些思考》，《经济社会体制比较》第 3 期。

武艳华、黄云凌、徐延辉，2013，《城市社会凝聚的测量：深圳社会质量调查数据与分析》，《广东社会科学》第 2 期。

许坤红，2009，《社区变迁与地域身份认同》，硕士学位论文，华中师范大学。

周佳娴，2011，《城市居民社区感研究——基于上海市的实证调查》，《甘肃行政学院学报》第 4 期。

周俭、蒋丹鸿、刘煜，1999，《住宅区用地规模及规划设计问题探讨》，《城市规划》第 1 期。

朱怿，2006，《从"居住小区"到"居住街区"——城市内部住区规划设计模式探析》，博士学位论文，清华大学。

佐斌、张莹瑞，2006，《社会认同理论及其发展》，《心理科学进展》第 3 期。

Chipuer H. M. et al. 1999. "A Review of the Sense of Community Index: Current Uses, Factor Structure, Reliability, and Further Development", *Journal of Community Psychology* 27 (6): 643 – 658.

Kusenbach M. 2006. "Patterns of Neighboring: Practicing Community in the Parochial Realm", *Symbolic Interaction* 29 (3): 279 – 306.

Obst P. L. et al. 2004. "Revisiting the Sense of Community Index: A Confirmatory Factor Analysis", *Journal of Community Psychology* 32 (6): 691 – 705.

Puddifoot J. E. 1995. "Dimensions of Community Identity", *Journal of Community & Applied Social Psychology* 5 (5): 357 – 370.

Puddifoot J. E. 1996. "Some Initial Considerations in the Measurement of Community Identity", *Journal of Community Psychology* 24 (4): 327 – 336.

Talen E. 1999. "Sense of Community and Neighbourhood Form: An Assessment of the Social Doctrine of New Urbanism", *Urban Studies* 36 (8): 1361 – 1379.

公众参与与社区满意度研究*

——以上海市社区综合调查为例

王甫勤（同济大学社会学系，副教授）

摘要： 公众参与社区发展事务是现代社会治理的关键环节，是公民民主权利诉求的重要内容。中国基层社区在治理过程中，还缺乏广泛的公众参与，社区活力彰显不足，不利于缓解社会矛盾和促进基层民主发展，以及居民社区满意度和归属感（认同）的提升。本研究认为，社区居民积极地参与社区公共事务能够有效提升居民的社区满意度。本研究课题组成员于2014年5~6月，对上海市不同类型社区开展了入户调查，获得有效样本1140份。课题组在分析上海社区居民的公众参与和社区满意度及相关关系后发现，上海社区居民在静态的社区组织参与方面，参与度较高，但是在动态的公共活动参与方面不够积极。并且，在不同社会群体中，如男性与女性，青年人、中年人与老年人，不同受教育程度者，不同职业地位者，以及不同社区类型居民的组织参与度和公共活动参与度等都存在明显差异。总体来说，上海社区居民的公众参与态度和意愿较为积极，对于个人和社区发展有积极意义。在整体社区评价方面，社区居民的满意度水平有待提升。年龄、居住小区所处地段、小区类型、公共活动参与行为和意愿是影响居民社区满意度的重要因素。研究最后提出了通过提升居民的公众参与来提升社区满意度的若干策略建议。

关键词： 公众参与　社区发展　社区满意度

---

* 本文为同济大学高密度区域智能城镇化协同创新中心与上海同济城市规划设计院横向委托课题的成果，项目编号：KY - 2014 - ZD8 - A03。

一　研究背景与目的

强调社区建设与社区发展，是20世纪90年代以来，中国政府政治职能转变的重要举措，意在将社区治理权从政府转移到基层民众手中。基层民众在政府指导下开展社区建设、推动社区发展，需要社区民众广泛地参与社区公共事务和公共活动。在西方国家，公众参与[①]通常作为基层民主和政治参与的重要环节。从中国城市20多年社区居民的公众参与实践来看，居民对于社区一般事务的参与意愿（精神）不强，参与层次较低，只是在某些涉及个人或家庭利益的领域，表现出较为积极的集体抗争、上访等（非）制度化参与形式。

随着中国改革开放的深入以及市场经济的发展，居民社会阶层分化，利益关系矛盾或冲突加剧，亟须建立有效的协调机制。生活水平的不断提高和民主意识的逐渐觉醒，使得公众越来越重视自己生活的环境质量和民主权利。在社区建设过程中，公众的参与意识与日俱增，公众要求主导所在社区的规划与发展。社区建设和发展越来越需要依靠基层民主的参与力量。

此外，居民参与社区事务的多少与居民对社区满意度的高低在理论上存在必然的联系，而满意度又牵涉居民对社区的认同感、归属感，这些都是保障基层社会稳定的重要因素。

在相关理论研究中，中国学术界比较关注基层民众的政治参与，如居委选举、基层人大选举等制度化形式，集体抗争、上访等非制度化形式，对社区事务的一般参与研究不够充分，且大部分研究以质性研究为主（案例研究较多），量化研究不足。本文计划通过量化研究方法，以上海社区民众的一般事务和活动参与为主要内容，来窥探中国城市社区基层民众的公众参与特征及其对社区满意度的影响。

---

① public participation，在相关文献中公众参与也被称为公共参与、公民参与等。

二　公众参与与社区满意度相关文献综述

（一）公共参与及影响因素

1. 公众参与的概念

本文中的公众参与概念是指民众的社区参与，即社区居民作为社区生活的主体，以主人翁的姿态自觉自愿地参加社区各种活动或事务决策、管理和运作的过程与行为，它意味着社区每一个成员拥有权利，也要履行相应义务（张红霞，2004）。狭义来说，社区参与的主体是社区居民，社区参与的客体是社区各种活动和事务，社区参与的心理动机是公共参与精神，而社区参与的目标则是社区和社区居民的全面发展（王珍宝，2003）。当然，从社区治理的角度，社区参与的主体还包括政府组织（如街道）、自治组织（如居委会）、中介组织（如非政府组织）、社区内的商业组织等。

2. 公众参与的类型

杨敏（2005）根据社区参与的内容和形式将中国城市居民的社区参与划分为依附性参与、志愿性参与、身体参与和权益性参与四种类型，每种类型的社区参与的主体和动机都有明显的区别。依附性参与是指社区低保居民由于领取低保金，受到权力的监控与支配而产生的参与。他们所能参与的社区事务范围通常是被安排好的，主要包括义务劳动、值班和治安巡逻。志愿性参与是指社区的离退休党员与门栋组长自愿参与社区活动。这部分人群是居委会的核心支持者，他们参与的活动既包括体力性的义务劳动，也包括社区会议、居委会选举、迎接上级检查、代表本住区居民进行利益表达等表演性和表达性事务。他们积极支持居委会的重要原因在于，社区参与能满足他们某些心理和精神上的需求。身体参与是指以居住地为单位的居民进行体育锻炼、文艺表演活动。身体在这些参与活动中只是一种实现特定目的的工具，如打扫卫生、维护治安。而锻炼者和文艺爱好者的身体参与则以身体本身为对象，追求身心的健康是其参与的目的所在。身体参与又包括自娱性身体参与和表演性身体参与，前者主要指居民自发组织的文体活动，后者主要指文艺骨干分子参与地方政府组织的竞技与表演活动。权益性参与是指居民为保护住房产权和住区环境而产生的参与。权益性参与是住区权益受到侵犯的商品房小区居民和住房将被不法拆迁的单位宿舍区或老住区居民为保卫自己利益而奋起抗争的表达过程。正是拆迁和抵制拆迁的过程，唤醒了被认为没有"社区"和"社区参与"意识的普通居民的自我保护意识。在进一步的研究中，杨敏（2007）根据社区参与的决策过程以及与公共议题的关系，又将居民社区参与概括为另外四种类型，分别是强制性参与（福利性参与）、引导性参与（志愿性参与）、自发性参与（娱乐性参与）和计划性参与（权益性参与）。这种分类与之前四种社区参与类型在内涵和外延上没有明显差异。

黄荣贵（2011）根据社区参与行为与现有体制的关系，把社区参与分为体制化社区参与、抗争型社区参与和公共型社区参与三种类型。在体制化社区参与中，参与者被体制力量动员出来，具体行动又被纳入体制化的表达渠道之中。在抗争型社区参与中，人们的地方性公共参与行为并未得到现有体制的支持，而其具体指向又具有一定的抗争政治的特征。在公共型参与中，人们参与的动机与表达渠道并不具有浓厚的体制色彩，但其指向也不是抗争性的。这种参与并不是被体制力量动员出来的，而主要是由一种自发参与到公共事务中去的动机所驱动的。

3. 民众社区参与的特征

张红霞（2004）通过对上海浦东新区两个不同类型的居民小区（高档商品房小区和传统小区）进行对比分析后发现，两个小区的居民参与有如下特点。①总体参与率低。许多人是在基层社区组织居委会或街道动员的情况下参与的，居民很少积极主动参与。老人、青少年参与多，中青年参与少。老年人一般是离退休人员，青少年主要是在校的中小学生。在S社区开展的一些文娱活动，也主要针对这些时间比较宽裕、对待活动比较积极的人，中青年普遍对社区活动不太关心，参与的极少，即使是一些专门为他们开展的活动，他们的积极性也不是很高。②能够获利的活动参与多，需要奉献的活动参与少。例如，如果有免费或低费用的医疗服务、维修服务等志愿服务，来享受服务的居民并不少，但主动提供这种服务的居民很少。③娱乐性活动参与度高，涉及社区发展的决策类活动，比如为社区发展提供意见等活动参与度低。④通过中介组织来进行社区参与的人很少，大多数人选择参与居委会或街道组织的各种活动，少部分人通过非组织的渠道进行参与，主动通过自组织的渠道参与的很少。

4. 有关民众参与社区公共事务的理论解释

杨敏（2005）通过对西方公民参与理论的分析，指出了当前中国社区参与状况不足的原因，并对中国社区参与的类型进行了划分。研究指出，西方民众的社区参与肩负社区自治和促进民主政治发展的使命。公民通过参与政治来影响政府公共决策，从而维护公民利益，是公民参与的重要内容。不管是在社会资本理论、理性选择理论还是在历史制度主义理论中，公民参与都是具有公民权利的主体运用制度化的组织与途径公开表达利益诉求的过程，在参与过程中公民可以与政府机构进行协商谈判与讨价还价，并且可以影响政府公共决策的过程。我国城市的社区参与在居民的行动逻辑与行动策略以及政府与居民的互动过程方面呈现不同的特点。我国缺乏公民参与的制度环境、组织结构和参与文化，因而社区参与事实上表现为一种基于国家治理需要的自上而下的安排，带有革命时期所形成的国家动员和群众参与色彩，但随着社会的发展，社区动员的基础和形式也在发生改变。

5. 影响民众社区参与的重要因素与机制

（1）社区参与意愿

王小章等（2004）指出，从外部客观条件看，稳定持续的、能够保证居民真正作为社区的主体和主人有效参与社区公共事务的渠道显然是居民社区参与的一个重要制约因素，而这在相当程度上关系到社区组织体系及其运行活动方式。从居民自身方面看，他们参与社区公共事务的主观意愿无疑是一个非常关键的因素。王小章等认为，对社区参与而言，参与意愿可能更为重要。这是因为：第一，只有真正出自居民自己意愿的参与行为才是真正的自主性参与，才体现"民主自治"的真义，没有参与意愿的参与行为只不过是外界动员的结果；第二，没有参与意愿，即使有参与渠道也没有意义，有了足够强的参与意愿，即使没有渠道，居民也会自发地创造出渠道来。王小章等通过对 H 市居民社区参与意愿的调查发现，民众的参与意愿总体上较弱，居民与社区的利益关联和情感认同是制约居民社区参与意愿的两个关键因素。

（2）住房产权

国外研究发现，产权是影响民众参与社区公共事务、选举、邻里组织的重要因素,在社区中拥有产权的业主社区参与的积极性更高（McCabe 2013）。一方面,对于投资型业主来说,参与社区公共事务,能够提升社区品质,从而提高他们的住房收益；另一方面,参与社区公共事务能够增加业主的居住稳定性,并且能够使他们建立一定的社会网络,从而解决一些个人无法解决的制度问题。不过,住房产权对于中国城市基层社会而言,效应并不十分明显,而且只有在商品房小区才能体现业主和非业主在社区民主选举（居委选举）等方面的差异,而在其他类型小区并未发现此类差异（李骏,2009）。

（3）社会经济地位

社会经济地位（socio-economic status）是人们社会态度与行为的重要影响因素。在社区参与方面,国外研究发现,社会经济地位越高的人社区参与的程度也越高。社会上层成员所扮演的社会角色更多,经常在各种角色之间切换,因而对于他们来说,工作和其他活动的分界线很模糊,参与社区事务只是他们工作的延伸；而一般社会成员（如普通工人）结束一天工作之后,就不需要考虑工作上的事,而且他们在社区参与方面也受到更多的限制,如缺少时间、从事体力劳动之后的疲惫感等（Hodge and Treiman, 1968）。

（4）社会网络

社会网络是个人社会资本的重要组成部分,同社会经济地位一样,也对人们的生活方式和行为态度产生显著影响。胡康（2013）指出,个人社会网络主要从三个方面来影响人们的公民参与（接近于本研究的社区参与）。第一,社会网络为个体行动者提供资源,即行动者能够通过讨论或学习从自己所置身的社会网络中获得参与所需的资源,如信息、知识和技巧等；同时,社会网络能够使行动者有机会提高他们在沟通及组织方面的能力,从而使他们更乐于参与公共事务。第二,行动者会因社会网络中其他成员的动员而参与,如行动者可能在其朋友的请求或鼓励下参与。第三,社会网络能够加强行动者对普遍性互惠规范的认可,并培育出高度的社会信任,从而使人们乐于进行公民参与。同时,该研究利用厦门市调查数据对第一和第三两条路径进行了检验,发现第三条路径更有解释力（胡康,2013）,但该研究并未否定其他路径的存在。

(5) 社区资本

黄荣贵等（2011）分析了集体性社会资本（社区资本）对不同类型社区参与的影响。研究认为，水平型社会资本（地方性社会网络、志愿主义与社区信任）对抗争型社区参与具有促进作用。但垂直型社会资本对抗争型参与没有显著的影响，当居民具有强烈的参与动机（特别是物质利益）时，居委会传统的社会控制手段的有效性将受到挑战。社区社会资本与体制化社区参与具有密切的关系。一方面，不管是水平型还是垂直型社会资本，都对体制化社区参与具有影响；另一方面，不同的社会资本维度对制度化参与的影响并不相同。具体而言，社区归属感对体制化社区参与具有促进作用，但非地方性社交的效应则为负。社区社团发育水平对体制化参与具有消极作用，而人们对居委会的信任则发挥积极的功效。水平型社会资本有助于促使居民参与解决社区公共问题，然而垂直型社会资本对居民参与解决社区公共问题的影响仅处于统计显著性的边缘，并且不同的垂直型社会资本对居民参与解决社区公共问题的影响并不相同，既可能是积极的，也可能是消极的。因此，可以认为垂直型社会资本与居民参与解决社区公共问题无明显关系。总体来说，社区参与具有不同的类型，各类社区参与的影响因素和驱动力也各有差异。

(6) 其他因素

除上述各种因素之外，影响民众社区参与的因素还包括族群或种族效应（Santoro and Segura，2011；Williams Jr. and St. Peter，1977）。少数民族群体在社区公共事务中，有更高的参与率。这是因为社区公共事务一方面可以维护他们的利益，另一方面可以满足他们的社会心理需要。

（二）社区满意度及影响机制

1. 社区满意度的概念与内容

所谓社区满意度，是指居民对于所住社区总体环境的感受和主观评价。评价的内容可包括任何与社区生活有关的方面，如社区的外部资源（小区所处位置地段、各项公共配套设施——教育、医疗、商业、交通等）、社区人口与家庭结构（人口规模、家庭户数、外来人口比重等）、社区空间（建筑密度、外观、公共绿地、公共空间等）、邻里关系与社区活动（邻居交往、公共参与等）、社区安全（社区道路、治安等）等都可能是居民评价社区的依据。

2. 社区满意度的影响因素

从学术期刊最近五年公布的社区满意度研究来看，内容主要集中于居民的社区卫生满意度或卫生工作人员满意度、社区信息化服务满意度、社区商业满意度、社区养老服务满意度等方面，[①] 涉及社区综合满意度研究的文献不多见。李洪涛（2005）通过因子分析将社区满意度概括为五个方面，即社区环境因子、文化卫生因子、教育因子、经济因子和社区互动因子，研究还指出性别和年龄等因素对人们的社区综合满意度有显著影响。单菁菁（2008）从社区各环境要素来分别探讨它们对社区综合满意度的影响，研究发现，所有社区环境因素（共列举了20项）均与城市居民社区满意度呈正相关。其中，与居民社区满意度相关程度最大的前七项因素分别是社区的社会治安、住房条件、社区绿化、附近中小学、居委会工作、小区道路和日常购物的便利程度，也就是说，这七项因素是影响居民社区满意度的重要因素。赵东霞等（2009）发现，供需关系、居民感知以及外部环境因素与社区满意度呈显著正相关；居民期望与社区满意度呈显著负相关，然而居民期望可以通过正向影响影响居民感知，进而对社区满意度产生显著影响；社区意识和居民参与对社区满意度的影响不显著。但是，桑志芹和夏少昂（2013）发现社区意识与社区满意度之间存在显著相关。

三　研究方法与过程

（一）调查方法

本文结合国内外公众参与社区建设的相关理论和实践，针对上海城市社区在社区建设与发展过程中，公众参与的现状和实践，包括公众的参与程度、参与动机、参与意愿、参与渠道、参与类型等方面的特征进行深入研究，比较了不同社会阶层（受教育程度、职业、收入等社会经济地位存在差异）群体社区参与的自治意识、参与意愿、渠道等方面的差异。

本次研究主要采用问卷调查方法，根据研究目的和上海社区类型特点，

---

① 此处研究文献较多，不一一列举，读者可以通过中国知网（www.cnki.net）检索2009年以来的研究文献。

采取判断抽样法，共抽取 13 个典型社区，覆盖商品房社区、公房、新旧里弄、动迁安置房、经济适用房等社区类型，并确定每个社区的样本配额。进入相应社区后，在居委会工作人员和社区志愿者的配合下，同济大学社会学专业的学生在社区内采取拦访、集中访问、入户等多种方式，针对在本小区常住，且年龄为 16 周岁以上人口，发放"上海社区综合调研问卷"，并回收问卷。

（二）调查过程与样本分布

本次调查于 2014 年 5 月中旬开始，月底结束，历时两周，共发放问卷 1100 份，回收有效问卷 1040 份，有效回收率约为 94.5%。回收样本基本情况见表 1。

表 1 上海社区综合调研样本分布情况（N = 1040）

变量	取值	频次	比例（%）
性别	男	440	42.4
	女	597	57.6
户籍	上海本地户籍	909	88.0
	外地户籍	124	12.0
年龄	17~102 岁	平均值：53.5，标准差：15.9	
教育	初中及以下	351	34.1
	高中或同等学力	333	32.4
	大学专科及以上	344	33.5
职业类型	党政机关、企事业单位负责人	146	15.1
	专业技术人员	116	12.0
	一般办事人员或职员	224	23.2
	自由职业者、个体户	68	7.0
	商业服务人员与工人	361	37.4
	其他人员	51	5.3
月平均收入	54~300000 元	平均值：5049，标准差：12281	
住房类型	商品房	358	34.4
	公房	118	11.3
	新旧里弄	202	19.4
	动迁安置房	176	16.9
	经济适用房	186	17.9

续表

变量	取值	频次	比例（%）
受访社区	鞍山三村	95	9.1
	馨佳园十二街坊	83	8.0
	馨佳园九街坊	112	10.8
	馨佳园八街坊	74	7.1
	盛世豪地	93	8.9
	朗润园	50	4.8
	万科城市花园	184	17.7
	雁荡社区	49	4.7
	瑞康社区	54	5.2
	庆源社区	48	4.6
	太原社区	48	4.6
	永太社区	39	3.8
	同济绿园	111	10.7

四 上海社区居民公众参与情况描述

本文从静态、动态和心理三个层面来测量居民的公众参与情况。静态的公众参与是指社区居民参与社区内组织或团体的情况。动态的公众参与是指社区居民参与社区公共活动的相关情况。心理层面的公众参与是指居民参与社区公共活动的态度和意愿。

（一）社区居民组织参与情况分析

1. 社区居民组织参与情况

本次调查发现，上海社区居民的组织参与度较高，在所有受访者中，七成以上受访者或多或少地参与过某项组织。组织参与是社区居民公众参与的重要形式，居民通过加入社区组织、参与组织活动，与本社区居民建立沟通联系，从而融洽邻里关系，这对于提高社区居民的社区认同感和满意度都有积极的益处。调查数据显示，在所有受访者中，70%以上人口至少参与过某项组织或团体，只有28.5%的受访者表示，未参与任何一项组织，有20%左右的受访者参与了两项或以上不同类型的组织或团体（见图1）。

在受访者所参与的各项团体中，参与志愿者组织的比例最高，接近50%。

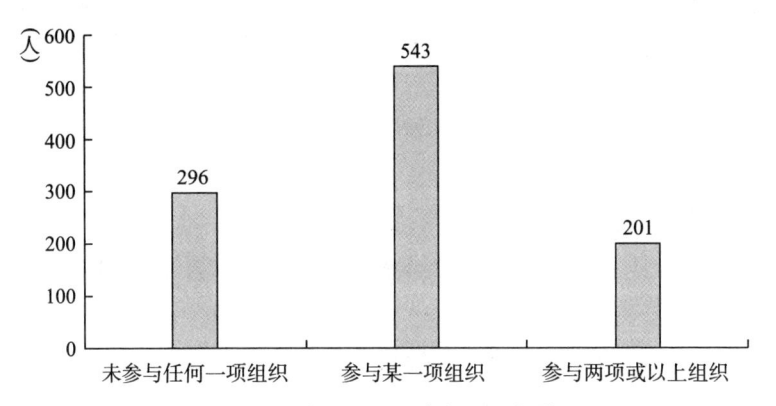

```
     人 600
         500              543
         400
         300   296
         200                          201
         100
           0
              未参与任何一项组织  参与某一项组织  参与两项或以上组织
```

图 1　上海社区居民参与组织数量

这与近年来上海基层社区在治理过程中，积极动员、号召和组织民众参与各种各样的志愿者组织，如小区治安巡逻队、特色帮扶队等有关。其次是各类社区兴趣组织，如健身队、读书会、老年人文艺小组等，这类组织是社区居民根据兴趣自愿参加的，具有较好的互动功能，对于促进邻里关系非常有价值。再次是社区党组织和社区治安队。最后对于部分能够体现和维护居民利益的社区组织，如业主委员会、社区协商议事委员会、专业协会和社区工会等，参与度明显不够。原因主要有两方面：一方面某些社区尚未成立类似组织或团体；另一方面，社区居民对于类似组织的知晓度不高。这对于社区居民参与整体社区发展来说，可能存在潜在不利影响。

2. 社区居民组织参与情况的差异化特征

尽管上海社区居民总体上呈现较高的组织参与度，但不同类型社区居民的参与程度存在一定的差异。下面从性别、年龄、受教育程度、职业类型和住房类型五个方面来分别探讨居民的组织参与差异。

（1）性别与组织参与差异

相对而言，女性更喜欢参加与自身兴趣相关的社会团体或组织，如志愿者组织与兴趣组织；而男性在参加与小区居民利益相关的组织或团体方面比女性更积极。调查数据显示（见图2），女性在参与志愿者团体和兴趣团体方面的比例分别达到50.1%和23.3%，比男性分别高出4.5个和3.6个百分点；而在党组织、专业协会、社区工会、治安队等方面，男性有明显优势；在议事会和业委会方面，男女比例不相伯仲。

图 2　性别与组织参与

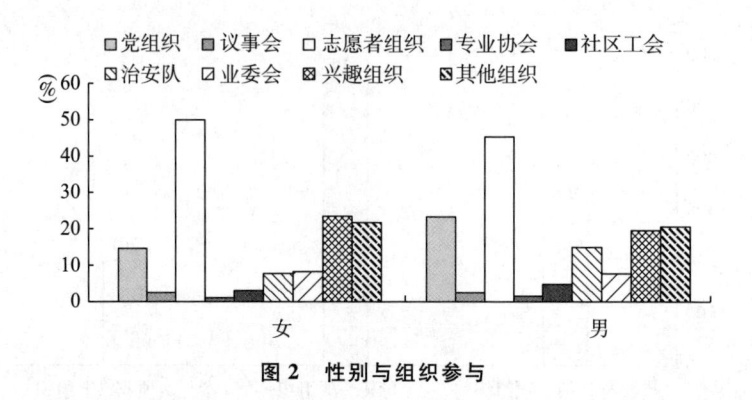

(2) 年龄与组织参与差异

不同年龄群体的组织参与偏好也有明显差异，中青年群体更加关注小区居民利益组织，而中老年人群体则更多参加与自身兴趣爱好相关的团体或组织。调查数据显示（见图 3），中老年人（年龄在 46～55 岁和 56 岁及以上）在参加社区志愿者组织方面的比例分别达到 58.2% 和 47.1%，明显高于中青年群体（年龄在 35 岁及以下和 36～45 岁）。一方面，中老年群体拥有充分的闲暇时间，另一方面，他们的体力并没有明显下降，这两点保证了他们参与社区组织的积极性和可行性。另外，在兴趣组织方面，中老年群体也比中青年群体有更高的参与度，但在涉及小区居民利益的一些组织，如业委会、社区工会、议事会等方面，中青年群体的参与积极性较高。

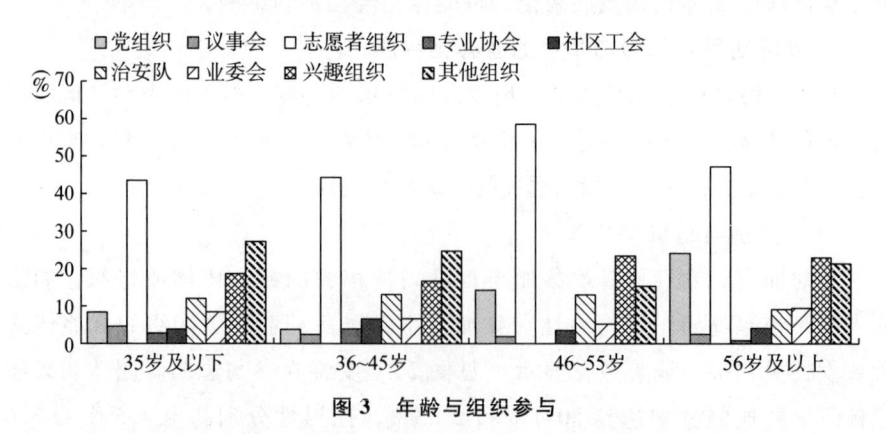

图 3　年龄与组织参与

(3) 受教育程度与组织参与差异

受教育程度越高，人们对自身利益的认知和维护程度越高，因而，他们参与业委会、专业协会等团体或组织的比例越高，这些组织更有助于他们维护自身利益；相反，受教育程度较低的群体则更倾向于参加志愿者组织；对于兴趣组织，不同受教育群体都有较高参与比例。调查数据显示（见图4），大专及以上受教育群体在参加业委会和专业协会方面的比例分别达到9.8%和3.4%，相对于初高中等受教育群体有明显优势；然而在志愿者组织参与方面，大专及以上人群参与的比例只有38.5%，比高中或同等学力和初中及以下受教育群体分别低约20个和8个百分点。

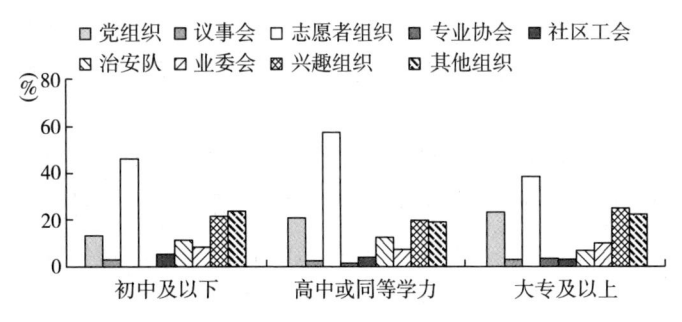

图4　受教育程度与组织参与

（4）职业类型与组织参与差异

职业地位是人们社会经济地位的重要指标，是学术界划分社会阶层的重要依据，通常人们认为中间阶层群体在社会基层治理中能够发挥更大的作用。本次调查数据从组织参与的角度也部分支持了上述假设。调查数据显示（见图5），党政机关、企事业单位负责人等社会上层群体，在业委会、志愿者组织、议事会等方面的参与度都处于较低水平；而专业技术人员、一般办事人员或职员等社会中间层群体在业委会、志愿者组织、兴趣组织、社区工会等方面则表现出较高的参与度；自由职业者、个体户等社会中下

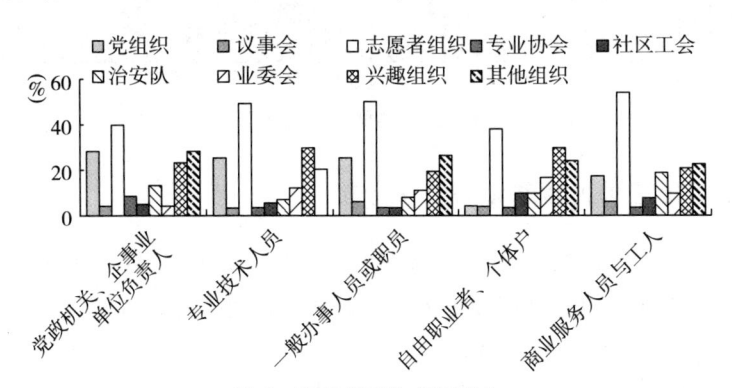

图5　职业类型与组织参与

阶层群体在业委会和社区工会方面，也有较高的参与度；对于职业阶层地位较低的商业服务人员与工人来说，除在志愿者组织和治安队方面有较高参与度之外，在其他方面参与度都相对偏低。

（5）住房类型与组织参与差异

由于不同社区在地段、规模、建筑密度、公共空间和物业管理等方面存在差异，所以相应住户对于自身兴趣和利益维护也表现出明显不同。调查数据显示（见图6），商品房住户由于经济水平相对较高，他们对于自身兴趣和利益较为重视，参与业委会和兴趣组织的比例较高，分别达到了9.8%和33.0%，而他们在志愿者组织方面的参与度则相对偏低，只有43.9%；对于动迁安置房住户来说，他们在组织参与方面和商品房社区居民非常类似，但他们的利益诉求和商品房居民有明显不同；对于公房和经济适用房住户来说，他们参与社区志愿者组织和治安队的比例较高，而在业委会、社区工会、议事会等组织参与方面，比例相对偏低；住在新旧里弄的居民，在志愿者组织方面的参与度低于其他住房类型居民，但他们在各种类型的组织中都有一定的参与度。

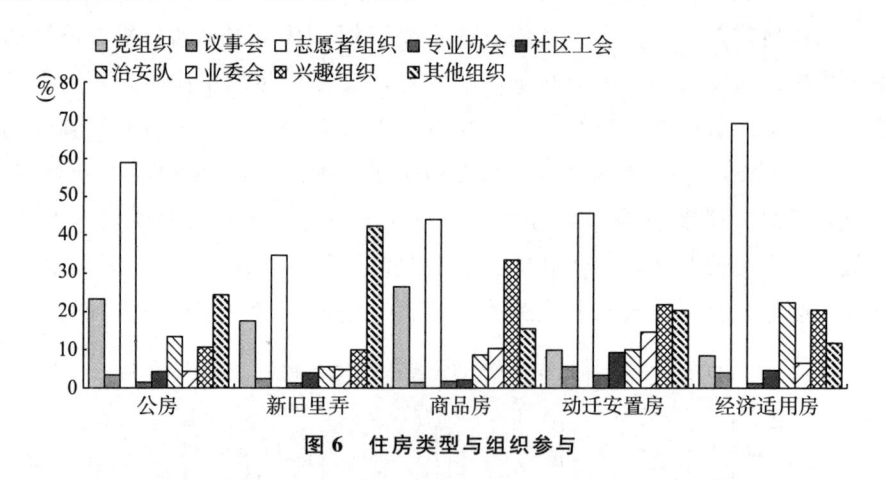

图 6　住房类型与组织参与

（二）社区居民活动参与情况分析

组织参与是社区居民公众参与的静态方面；活动参与是社区居民公众参与的动态方面，也是社区发展和规划调节的重要参考依据。

1. 社区居民参与组织活动情况

从活动参与频率来看，上海社区居民参加小区内组织的各种公共活动的积极性并不高。调查数据显示（见图7），社区居民经常参加小区组织的各种公共活动的比例只有30.4%，不足1/3；有时参加及偶尔参加的比例达到了43.4%；而从不参加的比例则达到了26.2%，超过1/5。这些数据显示上海社区在基层管理中，在公共活动方面，仍然存在薄弱环节。

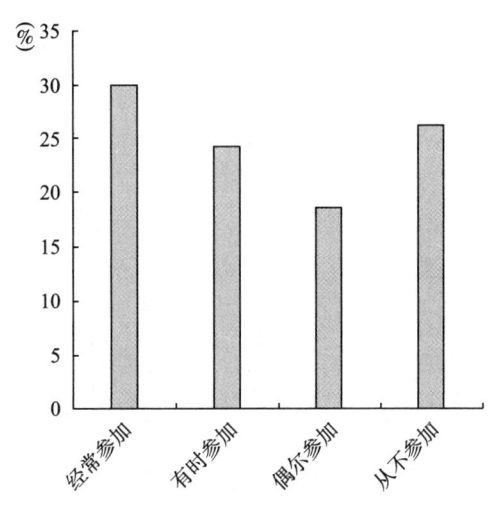

图7 社区居民参与公共活动情况

2. 社区居民参与组织活动的差异化分析

尽管从总体上看社区居民参与小区公共活动的比例不高，但不同类型社区居民仍然存在明显的群体差异。下面从性别、年龄、受教育程度、职业类型和住房类型五个维度做简要分析。

（1）性别与参与公共活动差异

女多男少是小区公共活动参与的典型特征。调查数据显示（见图8），女性经常参加各种公共活动的比例达到34.1%，比男性高出近9个百分点；而男性从不参加公共活动的比例则达到29.6%，比女性高出近6个百分点。卡方检验结果显示，这种性别差异具有统计显著性（$P<0.001$）。

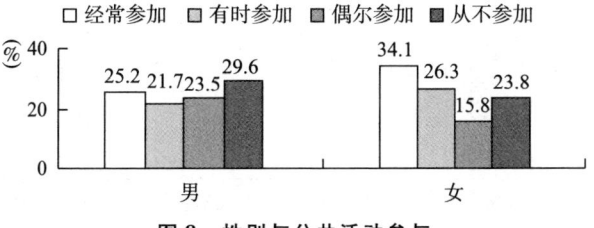

图8 性别与公共活动参与

(2) 年龄与参与公共活动差异

小区公共活动参与的第二个特征是中老年人多，年轻人少。调查数据显示（见图9），随着年龄的增加，从35岁及以下，到36～45岁、46～55岁及56岁及以上群体，他们经常参加各种公共活动的比例逐渐增加，依次为11.0%、16.0%、28.8%和40.3%，而从不参加的比例则逐渐降低，依次为46.1%、31.1%、21.9%和20.0%。卡方检验结果显示，年龄组差异具有统计显著性（$P<0.001$）。

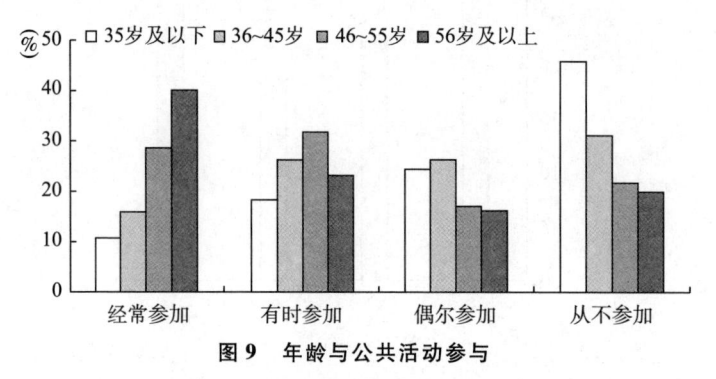

图9 年龄与公共活动参与

(3) 受教育程度与参与公共活动差异

受教育程度方面呈现中间高两头低的状态，即受教育程度较高和受教育程度较低群体的公共活动参与率低，而中等受教育程度群体的参与率高。调查数据显示（见图10），学历为高中或同等学力群体经常参加小区各种公共活动的比例达到了37.0%，而从不参加各种活动的比例只有18.0%；而学历为初中及以下、大专及以上群体经常参加小区各种公共活动的比例分别只有32.5%和21.8%，从不参加各种活动的比例分别有27.2%和33.5%。卡方检验结果显示，受教育程度差异具有统计显著性（$P<0.001$）。

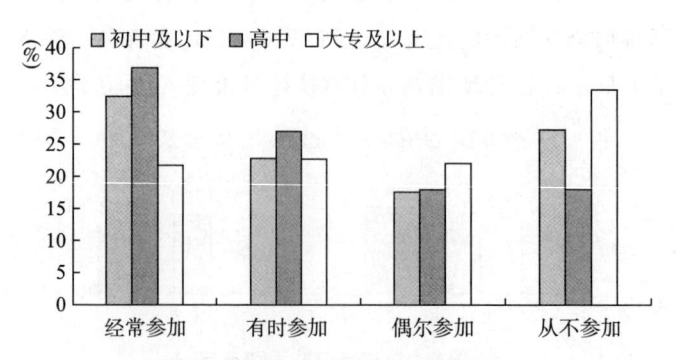

图10 受教育程度与公共活动参与

(4) 职业类型与参与公共活动差异

从职业类型来看，不同群体也存在一定的差异。调查数据显示（见图11），党政机关、企事业单位负责人，自由职业者、个体户群体的公共活动参与积极性较低，他们经常参加各种公共活动的比例分别只有 25.5% 和 16.2%；专业技术人员和商业服务人员与工人的参与积极性较高，他们经常参加各种公共活动的比例分别达到了 34.2% 和 33.6%。尽管存在观察比例上的差异，但并未通过统计检验（$P > 0.05$），说明职业类型和参与活动之间的关系仍需要进一步观察和分析。

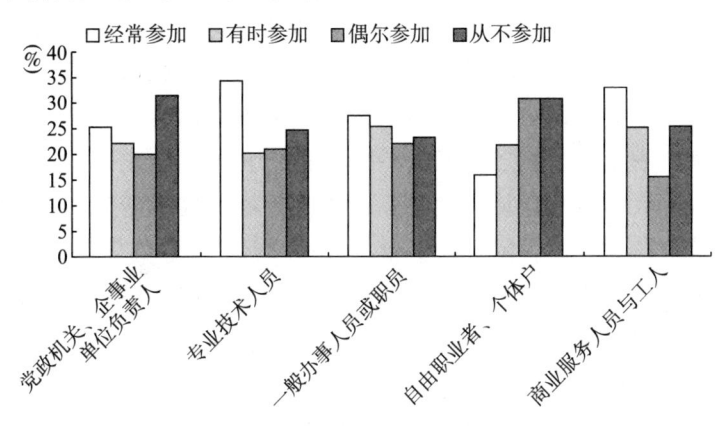

图11 职业类型与公共活动参与

(5) 住房类型和参与公共活动差异

不同住房类型居民的公共活动参与率有明显差异。调查数据显示（见图12），商品房、动迁安置房居民的社区公共活动参与率高，他们经常参加各种

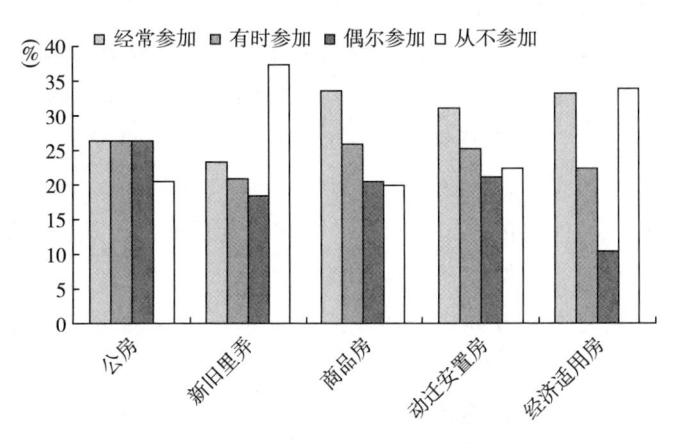

图12 住房类型与公共活动参与

社区活动的比例分别为33.6%和31.0%，而公房和新旧里弄社区居民的活动参与率相对偏低，他们经常参加各种社区活动的比例分别为26.5%和23.5%；经济适用房居民则呈现两极分化，各有1/3人口经常参加和从不参加社区活动。卡方检验结果显示，住房类型差异具有统计显著性（P<0.001）。

3. 社区居民参与活动的类型特征

居民参与活动的类型主要以社区组织的政治活动、社区公益活动和文化娱乐活动为主，参与常规的公共事务管理活动的居民较少。调查数据显示，居民参加过社区政治活动（如居委会选举）的比例达到62.1%。根据实际访问情况，在受访小区中，最近三年尚未进行居委换届的占有一定比例，也就是说，实际参与居委换届的比例应高于62.1%，并且大部分居民对居委会选举持较为乐观的态度。参加过社区公益活动的比例达到51.3%，超过半数，说明上海社区居民已经具备一定的志愿精神。文化娱乐活动是大家喜闻乐见的形式，参与比例也较高。近年来基层社区不断开展各类文化娱乐活动，对于培养社区居民认同感和归属感起到了良好的促进作用。但是，在社区公共事务管理方面，居民参与较少，这一方面与居民参与公益活动较多有一定矛盾，另一方面说明社区基层管理者在动员社区公共事务维护方面仍需要吸引广大居民的参与。

4. 社区居民未参与各种公共活动的原因分析

前文指出，调查中有26.2%的居民从未参加过各种社区公共活动。通过对他们未参加活动原因的分析，笔者发现，影响社区居民参与活动的原因主要包括两个方面：其一是居民个人方面的原因，如没有时间、对社区公共活动不感兴趣、邻里相互不熟悉；其二是社区层面的原因，如社区活动不丰富、社区宣传通知不到位。调查数据显示，在从未参加过各种活动的受访者中，有近半数（48.9%）表示没有时间；有14.8%的受访者表示，他们对于社区公共活动不感兴趣；有13.7%的受访者表示不参加活动的原因是邻里相互不熟悉；在社区层面，有12.6%和10.4%的受访者表示社区活动不丰富以及社区宣传通知不到位（很多活动的时间、地点不清楚）。因此，社区活动组织者（如居委会、相关兴趣团体、志愿者组织等）在活动的组织安排、宣传通知方面应当尽量照顾到不同群体的需求，只有如此方可取得更好的效果。

5. 社区活动信息获取途径

社区活动信息获得是居民参与社区公共活动的前提。当前社区居民获取社区公共活动信息的途径仍以传统渠道为主,缺少信息化宣传方式。调查数据显示(见图13),有80%以上居民会通过居委会通知的形式获得社区公共活动信息,有50%以上居民会通过张贴的通知获得相关信息,另有30.1%和27.4%的居民会通过物业的通知和邻居交流获知社区活动信息。而现代化宣传通知手段,如手机短信、网络等利用较少。信息传达以传统方式为主,往往浪费人力,且由于受到时间和空间上的限制,宣传效果不理想。现代化的宣传方式虽然能克服传统方式的不足,但在管理上也存在实际困难:一方面,较少有社区活动组织者将相关活动信息以社区新闻的形式推递给社区居民;另一方面,随着流动人口逐渐增加,社区活动组织者越来越难以掌握社区居民的个人信息(如手机号、e-mail等)。

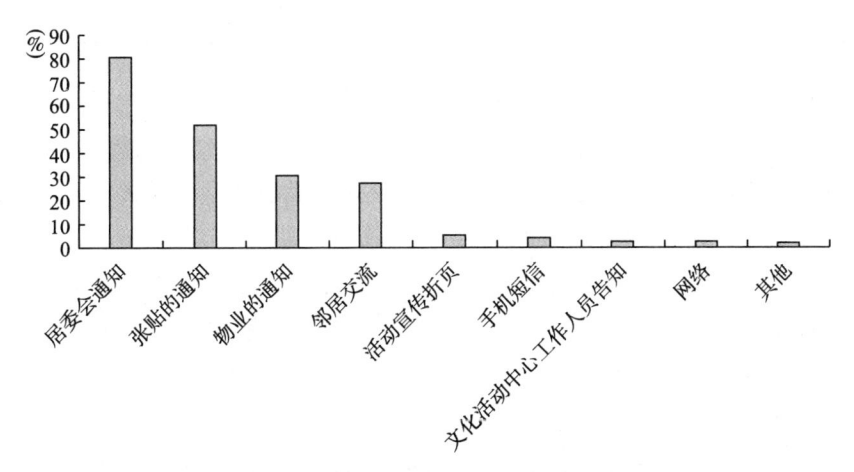

图13 居民获取公共活动信息的途径

(三)社区居民参与态度和意愿分析

参与态度和意愿是居民参与社区组织和公共活动的深层次动机,积极的公众参与态度和意愿是社区发展和规划吸纳居民参与的重要保证,因而,了解社区居民的参与态度和意愿,对于基层社区发展和规划具有非常重要的价值。本次调研通过李克特量表来测量社区居民对参与社会公共活动的态度和意愿,量表共含8个指标,具体内容见表2。

表2　上海社区居民公共参与态度和意愿频率分布统计（N=945）

单位:%

	非常不赞同	比较不赞同	一般	比较赞同	非常赞同
1. 参加社区活动能够扩大自己的交往范围	3.2	4.0	22.9	39.7	30.3
2. 参加社区活动能够开阔视野、增长见识	2.9	4.1	23.1	39.7	30.3
3. 参加社区活动拉近了社区内居民的关系	2.8	3.3	19.5	41.9	32.6
4. 我认为参与社区活动是在浪费时间	38.6	25.5	24.6	7.0	4.3
5. 我愿意参与社区内的公共事务决策	3.6	6.6	34.8	30.3	24.8
6. 参与社区公共事务决策是每个社区居民的权利	2.3	3.3	21.9	33.4	39.0
7. 能够参加社区活动我觉得很自豪	3.2	3.8	31.6	29.7	31.6
8. 居民有责任和义务参加社区组织的活动	3.1	4.9	24.8	31.9	35.4

1. 上海社区居民公共活动参与态度和意愿分析

笔者首先对于量表进行了信度检验，分析发现量表整体信度 Cronbach's α 系数达到 0.840，显示量表可靠性程度较高，能够测量社区居民的公共活动参与态度和意愿。每个指标的描述性统计结果见表2，此处不赘述。对于该量表各项指标，进行加总处理，计算总和得分，每个受访者的得分区间是 8~40 分，得分越高，表示居民的参与态度和意愿越积极。调查数据显示，上海社区居民参与态度和意愿较为积极，平均得分达到 31.1 分，单项平均分接近 4 分，中位数达到 32 分，即有一半以上受访者的得分在 32 分或以上，表示居民处于较为积极或非常积极的状态。另外，得分标准差为 6.3 分，说明不同居民之间存在一定差异。总体上看，上海社区居民有比较强的社区公共活动参与态度和意愿。

2. 上海社区居民公共活动参与态度与意愿的差异化分析

虽然总体上，社区居民的公共参与态度和意愿较为积极，但不同群体间仍存在一定差异。下面从性别、年龄、受教育程度、职业类型和住房类型五个维度对居民参与态度和意愿进行分析。

（1）性别与居民参与态度和意愿

女性的参与态度和意愿比男性更强。调查数据显示，女性参与态度和意愿的平均分为 31.5 分，比男性高出 1 分。卡方检验结果显示，性别差异具有统计显著性（P<0.05）。

(2) 年龄与居民参与态度和意愿

年龄越长者,参与态度和意愿越强。调查数据显示,年龄越高,人们的参与态度和意愿得分也越高,35 岁及以下、36~45 岁、46~55 岁和 56 岁及以上群体的平均得分依次为 29.3 分、30.6 分、31.0 分和 32.0 分,呈逐渐增加趋势。卡方检验结果显示,年龄组差异具有统计显著性($P < 0.001$)。

(3) 受教育程度与居民参与态度和意愿

受教育程度越高的人参与态度和意愿较低。调查数据显示,接受过大专及以上文化教育的居民,参与态度和意愿的平均得分只有 30.5 分,低于初中及以下学力者(31.2 分)和高中或同等学力者(32.7 分)。卡方检验结果显示,大专及以上受教育程度者的平均得分显著低于高中或同等学历者($P < 0.05$),其他组别之间没有明显差异。

(4) 职业类型与居民参与态度与意愿

自由职业者、个体户群体的参与态度和意愿明显低于其他群体。调查数据显示,自由职业者、个体户参与态度和意愿的平均得分只有 28.6 分,明显低于党政机关、企事业单位负责人(30.9 分)、专业技术人员(31.4 分)、一般办事人员或职员群体(31.1 分)以及商业服务人员与工人(31.6 分)。卡方检验结果显示,自由职业者和个体户群体与其他群体的差异具有统计显著性($P < 0.05$),其他群体之间的差异不具有统计显著性。

(5) 住房类型与居民参与态度与意愿

不同住房类型社区居民之间的参与态度和意愿没有明显差异。调查数据显示,公房、新旧里弄、商品房、动迁安置房和经济适用房居民的参与态度和意愿平均得分分别为 30.3 分、31.7 分、31.3 分、30.4 分和 31.2 分。虽然样本数据存在一定差异,但卡方检验结果显示,此差异并不具有统计显著性($P > 0.05$)。

(四) 社区居民公共事务参与角色分析

对于已建成社区而言,社区规划的更改或完善属于社区公共事务范畴,需要在社区居民广泛的参与下才能进行决策。对于基层管理者而言,社区居民参与社区规划或其他公共事务,是社区规划或其他公共事务能够顺利执行和取得良好效果的重要条件。调查数据显示(见图14),在社区公共事务参与过程中,有 65.7% 的居民希望以志愿者身份参与。这种参与形式可以帮助基层管理者更好地落实相关政策，起到缓解人力压力的作用，对于公共事务的推动来说，没有直接作用。有 12.4% 的居民希望以监督者的角色来参与公共事务，这对于公共事务的推动来说，具有非常强的保障作用，可以增强一项社区公共事务的民众代表性、组织过程的公开透明性，对防止公共事务执行过程中可能发生的非正规行为有很好的监督作用。还有 10.7% 的居民希望以组织者的身份参与决策，这对于公共事务的顺利实施也有很好的保障作用。需要重视的是，有 4.3% 的居民希望以决策者的身份参与公共事务，这反映出社区民众对于自主决定本社区事务也有一定的诉求，社区基层管理者在推行公共事务管理过程中，需要注意这一部分力量。

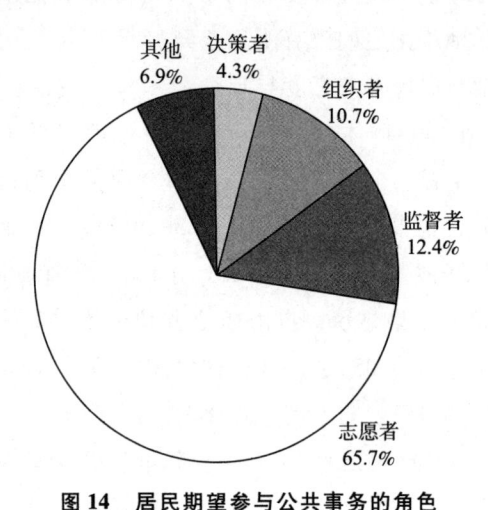

图 14　居民期望参与公共事务的角色

五　上海社区居民社区满意度及影响因素分析

在本次调研中，社区满意度是指受访者对于所居住小区地段、交通、规模、建筑密度、外观、绿化、公共空间和公共设施等与规划相关要素的满意程度。满意度是社区居民社区认同的重要来源和基础，也是将来城市社区建设需要考虑的重要依据。

(一) 社区满意度分析

1. 地段满意度

所在社区拥有好的地段,意味着社区周围有较好的商业、教育、医疗、交通等方面的配套设施,人们的生活较为便利。因而居住在地段好的社区,居民更容易产生社区认同。调查数据显示,大部分居民对于自己居住小区所处地段较为满意,累计比例达到74.1%,只有2.8%的居民对所处地段不太满意。

2. 交通满意度

公共交通是小区居民与外界联系的重要手段。交通便利的社区,居民的社会活动空间更广,因而,交通便利对于居民社区认同感的提升也有很大帮助。调查数据显示,大部分居民对所住小区的交通便利性较为满意,累计比例达到了73.2%,这与地段满意度结果非常吻合,只有5.3%的居民对交通便利性不太满意。

3. 小区规模满意度

小区规模包括小区物理空间的大小,以及在此基础上建筑物的规模和小区住户的规模。规模偏大的小区,人员流动性强,物业管理不完善,邻里不熟悉;而规模偏小的社区,小区环境较差,绿化很少,人员拥挤。只有规模适中的社区(多大规模为适中,可参见本书其他文章)才能更好地提升社区居民的认同感。调查数据显示,大多数居民对自己所住小区的规模较为满意,但累计比例只有63.9%,比小区地段满意度低约10个百分点,而不满意的比例有5.3%。

4. 小区建筑密度满意度

建筑密度是单位面积上住房的数量,是小区容积率的计算标准。密度大的社区,在物理空间上容易产生心理上的压抑感。调查数据显示,社区居民对自己所住小区的建筑密度的满意度相对偏低,较为满意的累计比例只有56.8%,而不满意的累计比例达到了12.8%。

5. 建筑外观满意度

建筑外观是人们对小区建筑风格的简单反映。当前中国城市社区住房建筑风格趋同化明显,千城一面,缺乏有特色的建筑,对于小区居民的认同和记忆来说,辅助性作用不够明显。调查数据显示,上海社区居民对自己所住社区的建筑外观满意度相对较低，较为满意的累计比例只有55.3%，而不满意的比例达到了11.5%。

6. 小区绿化满意度

绿化面积是小区环境优美的重要指标。绿化覆盖率高的社区，居民能更好地享受小区的生活环境。调查数据显示，居民对自己所住小区的绿化满意度并不高，较为满意的累计比例只有58.3%，不足六成，而不满意的累计比例则达到了14.6%。

7. 公共空间满意度

公共空间是小区内向所有居民开放的空间，如小区花园、文化活动中心等。居民在公共空间活动，可以促进邻里沟通，这也是居民参与社区事务的重要渠道。经常到公共空间活动的居民，对小区事务相对比较熟悉，了解社区事务的意愿更强，可以在一定程度上提高居民的社区认同感。但调查数据显示，居民对所在社区公共空间的满意度并不高，较为满意的累计比例不足55%，而不满意度的累计比例则达到了17.6%，远高于小区其他规划方面的不满意度比例。

8. 公共设施满意度

公共设施包括小区内的健身设施、儿童游乐设施、公共卫生设施等。公共设施充足，能够方便社区居民生活，提高居民生活质量，它也是社区居民认同感的保障因素。调查数据显示，居民对社区公共设施的满意度较低，较为满意的累计比例只有47.6%，而不满意的累计比例则达到了13.8%。

（二） 社区居民总体满意度影响因素的多元统计分析

上述八项社区满意度指标呈现不同的分布特征。为了从总体上分析社区居民的满意度，笔者对上述八项指标进行加总分析，并通过多元线性回归分析探索了总体满意度的影响因素。

加总结果表明，上海社区居民对自己所住小区的整体满意度偏低，加总平均分只有29.8分，单项平均分只有3.7分左右，中位值为31分，即半数居民的总和得分在31分以下，32分及以上居民所占比例只有39%。

笔者通过多元线性回归分析方法，以社区满意度总和得分为因变量，探讨了性别、年龄、受教育程度、职业类型、收入水平、地段、住房类型、社区公共活动参与情况、社区公共活动参与态度和意愿九个变量对因变量的影响（见表3）。

表3 社区居民总体满意度影响因素的多元线性回归分析（N=746）

常数项/变量	联合模型	
	b	beta
常数	34.924***	
性别（女性为参照）	.025	.002
年龄	-.308***	-.871
年龄的平方/100	.295***	.861
受教育程度（初中及以下为参照）		
大专及以上	-.524	-.045
高中或同等学力	.273	.023
职业类型（商业服务人员与工人为参照）		
党政机关、企事业单位负责人	.011	.001
专业技术人员	1.156	.069
一般办事人员或职员	.822	.065
自由职业者、个体户	1.080	.049
月平均收入的自然对数	.197	.027
地段（以外环外为参照）	3.163***	.283
住房类型（以经济适用房为参照）		
公房	-5.298***	-.309
新旧里弄	-6.553***	-.477
商品房	1.322*	.113
动迁安置房	-1.137	-.075
社区公共活动参与情况（以从不参加为参照）		
经常参加	1.085*	.089
偶尔参加	.345	.031
社区公共活动参与态度与意愿	1.090***	.189
R^2	0.257	
Adjusted R^2	0.239	
Prob > F	0.000	

注：*P<0.05，**P<0.01，***P<0.001。

表 3 统计检验结果表明，影响人们社区总体满意度的因素主要包括年龄、地段、住房类型、社区公共活动参与情况，以及社区公共活动参与态度和意愿五个指标；而性别、受教育程度、职业类型和收入水平四个影响因素不具有统计显著性。下面对显著变量的信息进行分析。

1. 年龄与社区满意度

年龄与社区满意度总体得分呈 U 形曲线关系（开口向上的抛物线），抛物线的顶点横坐标为 52.2（岁），即 52 岁以下人口，随着年龄的增加，对社区的满意度呈下降趋势，对于 52 岁以上人口，随着年龄的增加，对社区的满意度呈上升趋势。

2. 地段与社区满意度

内环人口社区满意度明显高于外环人口。本次调研的 13 个社区，根据上海市交通规划的环线特征，划分为内环以内和外环以外，① 内环以内社区居民社区满意度平均得分比外环以外高出 3.163 分（$P<0.001$）。

3. 住房类型与社区满意度

不同住房类型社区居民的满意度有明显差异。统计结果显示，商品房居民的社区满意度最高，其次是经济适用房和动迁安置房社区居民，这三种类型社区的建成年代较晚，一般在 2000 年左右或以后，小区绿化、公共空间等方面建设较好；公房居民的社区满意度相对偏低，新旧里弄居民的满意度最低，这两种类型社区的建成年代较早，建筑质量、小区绿化、公共设施等方面都不如新建小区。以经济适用房社区为参照，商品房社区居民的满意度得分平均比经济适用房社区居民高出 1.322 分（$P<0.05$）；动迁安置房社区居民的满意度得分平均比经济适用房社区居民低 1.137 分，但不具有统计显著性；公房居民的满意度得分平均比经济适用房社区居民低 5.298 分（$P<0.001$）；新旧里弄居民的满意度得分平均比经济适用房社区居民低 6.553 分（$P<0.001$）。

4. 社区公共活动参与情况和社区满意度

居民参与社区公共活动越多，对社区的总体满意度越高。统计结果显示，经常参与社区公共活动居民的社区满意度得分平均比从不参加社区公

---

① 内环以内社区包括鞍山三村、同济绿园、雁荡居委、太原居委、永太居委、瑞康居委、庆源居委七个社区，外环以外包括馨佳园八街坊、馨佳园九街坊、馨佳园十二街坊、万科城市花园、朗润园和盛世豪地六个社区。

共活动的居民高出 1.085 分（P＜0.05），偶尔参加或有时参加社区公共活动的居民与从不参加的居民在社区满意度上没有明显区别。

5. 社区公共活动参与态度和意愿与社区满意度

社区公共活动参与态度和意愿越强，居民社区满意度越强。统计结果显示，居民社区公共活动参与态度和意愿得分每提高 1 分，其社区满意度得分平均提高 1.090 分（P＜0.001）。

六 上海社区居民公众参与问题和规划建议

（一）社区居民公众参与特点和问题

根据本次调研成果，笔者将上海社区居民在公众参与方面的特点和问题总结如下。

第一，上海社区居民的组织参与程度较高，但对于公共活动的参与不积极。

第二，上海社区居民参与公共活动以个人兴趣为主要导向，对社区公共事务的关注度不够。

第三，导致社区公共活动参与不高的原因是多方面的，既有居民个人方面的原因，也有社区管理层面的原因。

第四，上海社区居民的公共参与态度和意愿较为积极。

第五，上海社区居民对社区整体规划的满意度不高。

第六，不同社会群体在组织参与度、参与活动积极性、参与活动偏好、参与态度和意愿与社区整体满意度等方面存在明显差异。

第七，居民的公共参与行为和态度，对其社区满意度有显著积极影响。

（二）已建成社区居民满意度提升策略与建议

要提升居民对于社区的总体满意度，除要从规划学的角度进行合理考量之外，还应注重社区居民（人）的因素，尤其是对于已建成社区而言，在社区所处地段、交通、小区规模、绿化、建筑密度和外观等都无法重新规划的情况下，必须从社区居民的角度，从"软"的方面着手。

本次调研发现，居民的公共参与能够有效促进居民对小区整体规划的满意度。因此，在社会规划和管理过程中，提升和促进居民的有效公共参与是非常关键的，具体可以从如下三个方面着手。

首先，立足本小区自身特性（商品房、公房、新旧里弄、动迁安置房、经济适用房等）及时更新本小区居住人口的基本信息，了解本小区的人口特征，关注不同特征人口的基本需求。调研发现，性别、年龄、受教育程度、职业类型等对人们的公共事务参与有一定影响。因此，了解社区人口构成对于社区公共活动的开展和落实非常有帮助。

其次，多开展有价值的社区文化活动，促进小区居民沟通交流，和善邻里关系。在开展社区公共活动时，要关注不同群体的需求，吸纳社区精英参与活动决策和组织，从而提高他们对社区公共活动的参与度和认同感。公共活动的形式要多样，宣传要到位，在传统宣传方式的基础上，要依靠社区论坛、微博、微信等新媒体方式向社区居民发布活动信息。

最后，开展宣传教育，提升居民参与公共活动的动机和意愿。要运用好志愿者组织，通过他们进行各种各样的宣传教育活动，改变居民对社区公共活动的认知，提升居民参与公共活动的积极性。

（三）本研究的不足与进一步研究展望

本研究对社区居民的公众参与进行了深入调研，但在研究设计和样本选择方面还存在一些缺陷。在研究设计方面，本研究更多侧重于测量社区公共事务或活动方面的社区参与，而对其他类型的社区参与测量较少。在下一步的研究中，应着重加强对不同类型社区参与的测量和研究。在样本选择方面，本次调研通过判断抽样选取的 13 个社区，虽然覆盖了不同的住房类型，但在地段上没有覆盖上海市各环线区域，如缺少内中环之间、中外环之间的样本；另外，在样本中，中老年人口比重偏大导致整个样本人口分布失衡也是需要注意的问题。在下一步研究中，应注意样本选择的合理性。

参考文献
胡康，2013，《文化价值观、社会网络与普惠型公民参与》，《社会学研究》第 6 期。
黄荣贵、桂勇，2011，《集体性社会资本对社区参与的影响：基于多层次数据的分析》，《社会》第 6 期。
李骏，2009，《住房产权与政治参与：中国城市的基层社区民主》，《社会学研究》第 5 期。
李洪涛，2005，《城市居民的社区满意度及其对社区归属感的影响》，硕士学位论文，华中科技大学。

桑志芹、夏少昂，2013，《社区意识：人际关系、社会嵌入与社区满意度》，《南京社会科学》第 2 期。

单菁菁，2008，《社区归属感与社区满意度》，《城市问题》第 3 期。

王小章、冯婷，2004，《城市居民的社区参与意愿》，《浙江社会科学》第 4 期。

王珍宝，2003，《当前我国城市社区参与研究述评》，《社会》第 9 期。

杨敏，2005，《公民参与、群众参与与社区参与》，《社会》第 5 期。

杨敏，2007，《作为国家治理单元的社区》，《社会学研究》第 5 期。

张红霞，2004，《不同居住区居民社区参与的差异性比较》，《社会》第 5 期。

赵东霞、卢小君、柳中权，2009，《影响城市居民社区满意度因素的实证研究》，《大连理工大学学报》（社会科学版）第 2 期。

Aaron, Cohen, Eran Vigoda and Aliza Samorly, 2001, Analysis of the Mediating Effect of Personal-Psychological Variables on the Relationship between Socioeconomic Status and Political Participation: A Structural Equations Framework. *Political Psychology*, 22 (4): 727 – 757.

Bennett, Stephen E. and William R. Klecka, 1970, Social Status and Political Participation: A Multivariate Analysis of Predictive Power. *Midwest Journal of Political Science*, 14 (3): 355 – 382.

Hodge, Robert W. and Donald J. Treiman, 1968, Social Participation and Social Status. *American Sociological Review*, 33 (5): 722 – 740.

Lindquist, John H., 1964, Socioeconomic Status and Political Participation. *The Western Political Quarterly*, 17 (4): 608 – 614.

McCabe, Brian J., 2013, Are Homeowners Better Citizens? Homeownershipand Community Participation in the United States. *Social Forces*, 91 (3): 929 – 954.

Paulsen, Ronnelle, 1994, Status and Action: How Stratification Affects the Protest Participation of Young Adults. *Sociological Perspectives*, 37 (4): 635 – 649.

Santoro, Wayne A. and Gary M. Segura, 2011, Generational Status and Mexican American Political Participation: The Benefits and Limitations of Assimilation. *Political Research Quarterly*, 64 (1): 172 – 184.

Simpkins, Sandra D. and Melissa Y. Delgado, 2013, Socioeconomic Status, Ethnicity, Culture, and Immigration: Examining the Potential Mechanisms Underlying Mexican-Origin Adolescents' Organized Activity Participation. *Developmental Psychology*, 49 (4): 706 – 721.

Williams Jr., J. Allen and Louis St. Peter, 1997, Ethnicity and Socioeconomic Status as Determinants of Social Participation: A Test of the Interaction Hypothesis. *Social Science Quarterly*, 57 (4): 892 – 898.

社区文化研究报告

——基于社区文化活动、文化设施和社区归属感的分析

章超（同济大学社会学系，讲师）

摘要：本文从国家公共文化服务体系中"社区文化"的概念出发，选择上海数个不同类型的居住社区，通过社会调查，对社区文化活动的参与情况以及社区文化设施的分布、需求进行了比较性分析，探讨了社区文化活动和文化设施对建立社区归属感的意义，并提出了下一阶段构建"社区文化活力"指标的初步设想。

关键词：社区文化设施　社区文化活动　归属感　社区规划

一　对社区的理解和报告概述

社区是城市的细胞。关于社区，英文中有不同的单词指代。经典概念"community"偏重于较之城市化而言具有乡村邻里特征、人际关系紧密、互帮互助的"共同体"（Tönnies，1954）。随着城市的演进、个体化进程的加剧以及空间组织单元的多样化，"neighbourhood"作为一种中性的提法和跨越地理学、城市规划学、社会学等学科的特性，更为普遍地应用于对邻里单元的指代。在中国，2011年3月公开发布的《国民经济和社会发展第十二个五年规划纲要》明确提出，"全面开展社区建设，健全新型社区管理和服务体制，把社区建设成为管理有序、服务完善、文明祥和的社会生活共同体"。由此，在中国的社会语境下，社区建设和发展显著地包含"社会生活共同体"的愿景。在空间组织上，社区仍然含有邻里单元的基本含义，邻里单元的尺度和规模决定了社区的容量。对于社区边界学界有不同的界

定：由若干幢居民楼构成的居住小区可能成为一个社区；几个毗邻的居住小区以及周边的配套设施也可能成为一个社区；某条街道的居住、商业和公共设施的总和也可以是一个社区；等等。本文所讨论的社区，主要集中在中观层面，指某一街道下辖的、由毗邻的居住团组和周边配套设施所构成的空间组合以及人口、生活群落。这一空间组合和人口、生活群落界于国家和个体之间、社会和个体之间、城市和个体之间，"社会生活共同体"是它的发展目标。在建设和谐社会的政治基调下，以社区为单位，开展基层自治、发展社区文化是实现"小政府、大社会"、培育市民精神和国家创新活力的重要途径。

本报告是课题"社区文化——基于社区文化设施及社区文化活动的研究"部分成果的呈现。社区文化建设自20世纪中期以来，随着"单位制"兴起，逐渐演变为国家公共文化服务体系的一部分，包括由市级、区级（县）向街道（镇）、居委会（村）延伸覆盖的四级文化系统。这一不同层级的文化系统施以及建制，体现了国家层面的文化和思想意识，也是国家机器在基层文化建设中的功能体现。现今的社区文化建设还存在一系列问题，如社区文化建设的行政化倾向严重，社区文化设施缺乏、分布不均，文化设施利用率低，居民参与程度分化显著，社区文化资源与文化市场、文化事业和文化产业壁垒分明等。本文运用城市规划学、文化社会学的交叉学科视角和社会调查的方法，选取上海数个不同类型的居住社区，分析社区文化活动参与的情况以及社区文化设施的分布，试图探讨社区文化活动和文化设施对建立社区归属感的意义。

本文分为五个部分。首先，阐释社区文化设施和文化活动在本文中的指代内容以及本研究的理论视角。其次，简述本课题的研究方法以及搜集到的资料。再次，讨论本课题的初步发现，包括社区文化活动的参与情况和主体分布，比较不同类型社区的文化设施分布和需求，并建立起对社区文化活动和文化设施与社区归属感之间关系的分析。研究发现，小区文化活动的参与度、对小区文化活动的满意度、对街道社区文化活动中心的满意度三个变量均与归属感存在正相关关系，其中对小区文化活动的满意度和归属感的正相关性最强。最后，总结本文的发现，指出不足及下一步的研究思路，并对下一阶段要建立的"社区文化活力指标体系"进行初步的梳理。

二 理解社区文化设施、文化活动以及本研究的理论视角

本文所指的社区文化设施主要包括三个方面：①国家拨款建立的各级别的公益性文化活动中心，与基层关系尤为密切的是街道（镇）社区文化活动中心和居委（村）文化活动室；②居住区周边的各种文化娱乐配套设施，如书报亭、电影院、书店、体育馆等；③市级层面的大中型文化设施，比如剧院、博物馆、美术馆等，虽然这些设施不在社区范围内，但是它们的空间配置与居民的文化需求和消费情况密切相关。本文侧重探讨前两方面的社区文化设施，即街道社区文化活动中心、居委（村）文化活动室和居住区周边的文化娱乐配套设施。街道社区文化活动中心和居委（村）文化活动室是公共文化服务体系中的基层单位，居委（村）文化活动室有文化服务的"最后一公里"之称。两者与居民的日常生活和文化活动有着密切的关系，是满足人民群众基本文化需求的公益性文化机构，体现政府公共服务的职能。通过考察社区文化活动中心和居委（村）文化活动室的现状和遇到的问题、瓶颈，对于指导社区规划、发展社区文化、提升社区活力具有重要的作用。

（一）嵌入公共文化服务体系的社区文化设施

早在20世纪50年代，上海街道、乡镇文化站和图书馆的建设情况就在全国居于前列。到了20世纪80年代，上海98%的街道、乡镇已经建立了文化站。到1992年底，上海市区139个街道拥有文化站136个，总面积达106258平方米；郊县204个乡镇拥有文化站203个，总面积达123831平方米。从2004年开始，上海整合街道、乡镇原有设施资源，通过新建、改扩建、置换等途径，启动了综合性、多功能、资源可以共享的街道（乡镇）公共文化设施建设工程。考虑到上海郊区的城市化进程，市政府将这些设置在街道、乡镇的公共文化设施统称为"社区文化活动中心"。2004年《上海文化发展规划纲要》提出，"切实下移文化建设中心"，构建以社区文化活动中心为主体，市、区（县）、街（镇）、小区（村）四级公共文化服务阵地，让群众享受基本的文化服务。2005年及"十一五"时期成为上海公

共文化设施建设的重要时期。到 2010 年，上海公共文化设施总面积达到 295 万平方米，比"十五"时期增长 75%。除市级和区级文化设施外，街道（镇）社区文化活动中心共有 203 家，村（居委）综合文化活动室共有 5245 家，① 以公共文化设施的服务半径计算，基本建成了"15 分钟公共文化服务圈"（见图 1）。② 此后，对街道和居委层面文化设施的建设进入补缺拾遗时期，市政府主要结合全市市政规划、新市镇建设要求，加快推进大型居住区和域外农场的社区公共文化设施建设，进一步完善社区文化活动中心功能布局、优化全市的社区文化设施资源配置。③

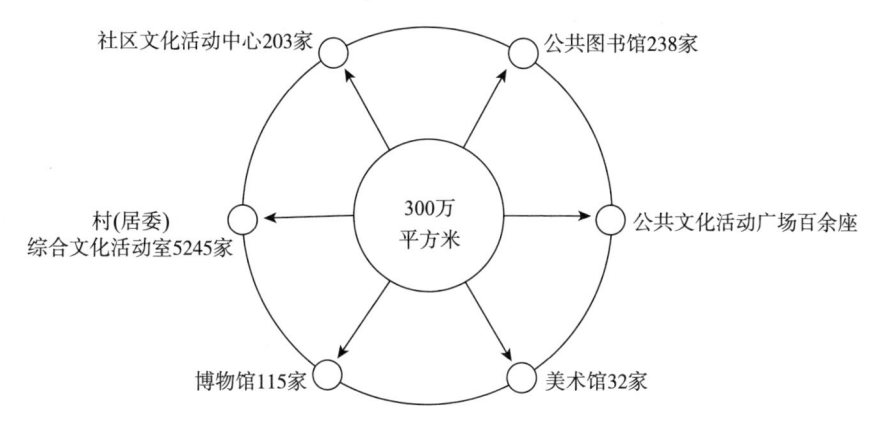

图 1　上海市"十一五"时期提出的建设"15 分钟公共文化服务圈"的目标

（二）社区文化活动

本文中的社区文化活动主要是指由街道、居委会根据上级政府命令或者自行组织、协调的，居民自发参加的，或者由居民发起组织的文艺体育和志愿活动。这些活动包括街道文化活动中心的各种培训、讲座和兴趣班，由居委会进行协调管理的居民兴趣活动小组、社区老年学校等。这些活动的开展主要由国家财政拨款，以"满足人民群众的基本精神生活需求"为

---

① 数据来源于《2011 年上海公共文化服务发展报告》，该报告由上海市文化事业管理处和上海文化研究中心于 2011 年 2 月共同编制。街道（镇）社区文化活动中心和村（居委）综合文化活动室的数量在 2012 年和 2013 年的上海公共文化服务发展报告中同样分别为 203 家和 5245 家。
② "15 分钟公共文化服务圈"指市民出门步行 15 分钟就能享受基本文化服务，是上海在"十一五"期间提出的公共文化建设目标。
③ 参见《2012 年上海公共文化服务发展报告》和《2013 年上海公共文化服务发展报告》。

原则，具有较强的公益性。大多数的此类活动只收取相当低额度的、象征性的费用，很多项目甚至是免费的。从2013年开始，政府通过在全上海市举办"市民文化节"的方式，将很多社区文化活动中心的活动纳入文化节的范围，同时在主要文化广场、公共绿地和部分商业中心设立70个左右的室外活动场地，力求在双休日和节假日形成城市公共空间文化参与效应。通过几届市民文化节的举办，社区文化活动以一种更加制度化和体系化的方式，被纳入各个街道（镇）社区文化活动中心的日常工作中。同时人们开始强调文化艺术活动的比赛竞技性和各区、街道（镇）、居委之间的文化活动交流，以及市级层面的演出比赛交流。此次调研的街道和居委会都开展了文化活动，但在活动种类、数量、组织方式、参与群众的积极性上存在差异。

除此之外，社区文化活动还包括"文化配送"的部分。配送的文化内容包括戏剧、交响乐、杂技、话剧、音乐剧、歌舞、讲座等。提供节目的既包括国有院团，比如上海歌剧院、上海话剧艺术中心、上海民族乐团、上海交响乐团等，也包括民营院团和民营的文化传播公司，以及部队和大学的文艺院团。列入2014年提供演出配送服务的文艺团体共有45家。配送需求首先由各街道（镇）社区文化活动中心提出，再由直属于中共上海市委宣传部的事业单位——上海东方宣传教育服务中心协调全上海200多个街道（镇）社区文化活动中心的需求并制订配送计划。有关讲座部分的配送，由中共上海市委宣传部和上海市社会科学界联合会共同主办的东方讲坛来提供，主题包括专题理论、形势任务、经济金融、法律知识、人生发展、教育—社会—管理、历史文化、外交国防、文学艺术、健康养生等。

（三）理论视角

本文希望能将文化供给和文化消费的视角结合起来，通过探明目前文化供给的情况、居民的文化活动参与情况和文化消费需求状况，来明了公共文化服务体系的现状和存在的问题，从而为分析社区文化资源、产品以及周边的文化设施供给提供指导。研究也希望能进一步透过国家公共文化服务这一覆盖全面的网络，探讨自下而上的社区文化的发展与培育情况。

另外，从文化系统的角度来看，社区文化的很大一部分属于公共文化服务体系。公共文化和文化产业共同构成了文化艺术体系，更为关键的是，公共文化和文化产业是相互流动的，具备互为彼此提供发展源头和文化艺术新样式的潜力（见图2）。只有实现公共文化和文化产业的互动，打破两者之间的机制性藩篱和资源垄断，才能真正提升社区文化活动和一个城市的创造力，才能在系统和整体的层面实现社会主义文化大繁荣。这不仅取决于居民的社区公共活动空间和很多名义上是"文化产业园区"的空间的共享程度，还取决于精品性的群众文艺节如何探索性地开展一定程度的产业运作。下面本文将综合皮埃尔·布迪厄的"文化场域"（cultural field）和霍华德·贝克的"艺术世界"（art world）的视角，探讨社区文化艺术组织和活动发展成为文化产业和文化市场意义上的文化产品的可能性，并借鉴国际上"创意社区"（creative community）的指标体系构建社区文化活力和创造力的指标体系。

图 2　动态的文化系统图示

三　研究方法和所获得的资料

本次调查研究采用定性研究和定量研究相结合的方法。定量研究是指以社区类型作为选点依据，开展问卷调查以及后期的问卷分析。本次研究主要选取了四种小区住房类型：公房、新旧里弄、商品房以及保障房（包括动迁安置房和经济适用房）。公房以位于杨浦区四平街道的鞍山三村为案例。新旧里弄包括虹口区嘉兴路街道的庆源居委、瑞康居委，以及徐汇区天平街道的太原居委和永太居委的里弄小区。商品房以杨浦区同济大学附近的同济绿园和闵行区七宝镇的朗润园和万科城市花园为例。同济绿园、朗润园和万科城市花园都是有一定建造年限、相对比较成熟的商品房小区。保障房以宝山区顾村镇的馨佳园和闵行区七宝镇的豪世盛地为例，馨佳园主要居住了从虹口、闸北、杨浦、普陀等地动迁过来的居民,豪世盛地的主要居住者为征地后的农民。调查共获得有效样本 1040 个。问卷共包括十个部分,其中第九部分为社区文化活动,其他部分也附带包含一些与社区文化有关的问题。

除问卷调查和定量分析以外,本次调查研究还采用了定性研究的方法,以非参与式观察和半结构式的访谈为主。非参与式观察是指走访及以非社区成员的身份观察社区文化活动的进行情况和文化场所的运营情况。除走访和观察之外,笔者还对街道(镇)社区文化活动中心、居委会(村委会)领导以及居委会(村)文化活动室的负责人进行了访谈。具体访谈对象主要有:顾村馨佳园九街坊、瑞金二路雁荡居委书记、江湾街道社区文化活动中心党组书记、七宝镇万科二委、三委居委会负责人以及七宝万科物业负责人,七宝镇文体中心主任、书记和工作人员、金山区宣传部、文广局负责人以及枫泾镇、金山卫镇(以及下属的村委,比如星火村)文广系统成员,[①] 上海市文广局公共文化事业处、上海群众艺术馆文化配送部门的相关人员等。每次访谈基本持续在一个小时到两个小时之间,访谈目的主要是了解文化设施和文化中心的运营情况、目前工作中遇到的问题,以及居民文化活动参与和组织情况。除此之外,在文化活动中心以及小区里,课题组成员还对 20 多位居民进行了简短的随机访谈。

另外,研究中笔者查阅了大量的二手资料,包括与文化发展有关的国家级、市级、区级的政策、规划和工作报告,以及街道(镇)社区文化活动中心的工作总结。在搜集资料的过程中,市文广局公共文化处提供了有力的支持和帮助,使笔者对上海市公共文化服务的现状有了进一步的了解。政府机构的文本为研究提供了必要的背景、语境以及考虑政策建议时可以针对的问题议程,但在访谈或者非参与式观察中,笔者并不希望将反馈内容指向政府职能部门关注的问题上,而是希望通过较为全面的了解,运用社会学的视角来提炼问题,并建立起分析性的关联。除了二手资料分析,本文还将介绍、阐释伦敦社区文化活动中心(比如 Barbican Centre, Southbank Centre)的案例,并将其与上海市的案例进行比较分析。这些案例对于

---

① 这一部分并不在"社区规划"课题组组织的实施问卷调查的范围内,但因为笔者正在关注上海市较偏远郊县的文化发展和城乡统筹问题,所以对金山区各层级的文化单位进行了系统走访。

突破目前国内限定的社区文化设施概念和开展方式,增进对文化设施和居民需求、社区活力互动的了解,有重要的启示和借鉴意义。

四 社区文化活动的参与情况和社区文化设施的空间分布分析

(一) 社区文化活动的参与情况、主体和分布

在本次调查中,参加过和没有参加过社区文化活动的受访者所占比例基本持平,无论是在文化娱乐活动,还是在公益活动方面,参加过和没有参加过的受访者各占总数的1/3左右(见图3、图4)。从社区文化活动的参与度来看,总体的参加频率是中等偏低的。根据"您是否经常参与社区文化活动"这一题,答案"经常参加""有时参加""偶尔参加""从不参加"分别被赋值为1、2、3、4,通过计算填答情况得知,此题的1028个有效回答的均值为2.47,即平均的活动参与频率介于"有时参加"和"偶尔参加"之间。从社区文化活动的参与意愿度来看,均值为2.10。其选项的赋值同理,"非常愿意""愿意""无所谓""不愿意"四个选项分别被赋值为1、2、3、4。可以得知,受访者参与社区文化活动的平均意愿度接近"愿意",还是比较高的。

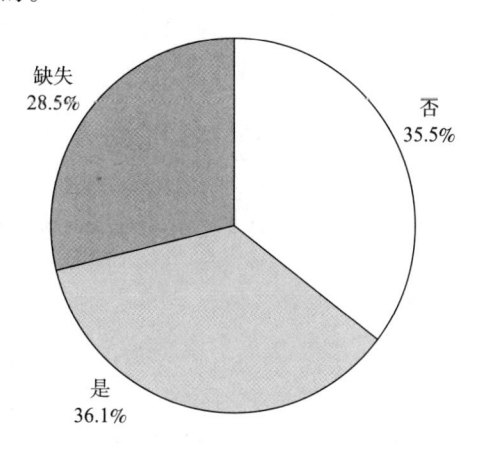

图3 参加过社区文化娱乐活动的人群占比

在是否参加过社区文化娱乐和公益活动这一问题上,只有"56岁及以上"这个年龄组参加过的人数多于没有参加过的,其他三个年龄组参加过

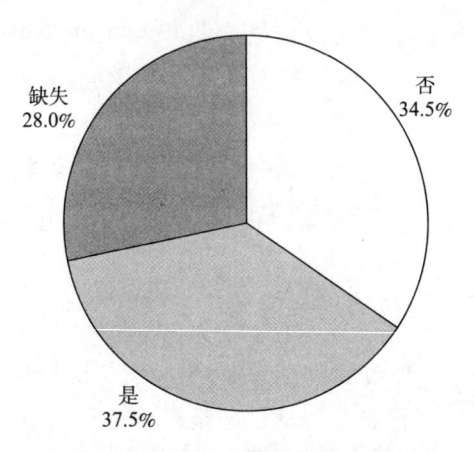

图4 参加过社区公益活动的人群占比

和没有参加过的基本上各占一半（见图5、图6）。但是在参与社区文化活动的频率上，各年龄组呈现较为明显的差异，其活动参与频率随着年龄的增加而增加。此外，在参与社区文化活动的意愿度上，其意愿度的均值计算结果随着年龄组的增长而减小，即年龄组越大，参与社区文化活动的意愿度越强烈。各个年龄组的社区文化活动参与度和参与意愿度的均值见表1。

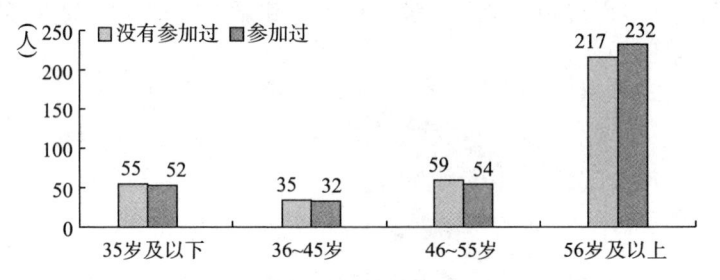

图5 参加过社区文化娱乐活动的受访者年龄分布

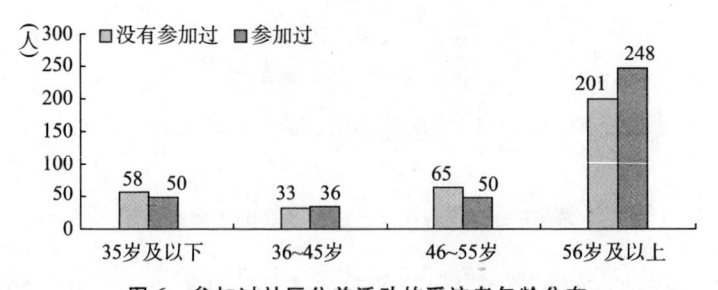

图6 参加过社区公益活动的受访者年龄分布

表1　各年龄组社区文化活动参与度和参与意愿度的均值比较

被访者年龄组划分		社区文化活动的参与度	社区文化活动的参与意愿度
35岁及以下	均值	2.9476	2.3194
	个案数	191	191
	标准差	.95553	.74522
36~45岁	均值	2.7075	2.2617
	个案数	106	107
	标准差	.94584	.73120
46~55岁	均值	2.4025	2.0943
	个案数	159	159
	标准差	1.06212	.80969
56岁及以上	均值	2.2753	2.0072
	个案数	563	559
	标准差	1.12266	.79647
总计	均值	2.4661	2.1063
	个案数	1019	1016
	标准差	1.09723	.79190

在性别方面，女性比男性的社区文化活动参与度高，参与意愿也更强烈。在社区文化活动的参与度上，男性均值为2.61，女性则为2.35（见图7）。根据赋值，女性的平均参与频率偏向于有时参加，而男性的平均参与频率偏

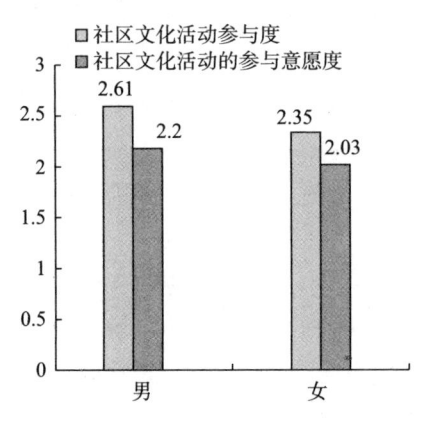

图7　不同性别受访者社区文化活动参与度和参与意愿度的均值比较

向于偶尔参加。在社区文化活动的参与意愿度上,男性均值为2.20,女性则为2.03,女性较男性更接近于被赋值为2的"愿意"选项。在社区文化娱乐活动参与度,参加过的女性明显高于没有参加过活动的女性(见表2)。

表2 不同性别受访者在参加过社区文化娱乐活动方面的比较

		性别及比例				合计(个)
		男(个)	占比(%)	女(个)	占比(%)	
是否参加过社区文化娱乐活动	否	178	59.14	189	42.86	367
	是	123	40.86	252	57.14	375
合计		301	100	441	100	742

在工作状况方面,离退休人群参与社区文化文化活动的频率最高,均值为2.22,即接近于"有时参加"。同时,离退休人群的文化活动参与意愿也最强烈,均值为1.97,位于最强程度"非常愿意"之后,接近第二强度"愿意"。有工作、下岗或失业、从未工作过(大多数为在校学生)的人群虽然参与社区文化活动的意愿度较强,均值在2至2.5之间,即在愿意与无所谓之间,且接近"愿意",但是他们在社区文化活动的参与度上都表现不佳,得分均值分别为2.81、2.73、2.94,即接近于倒数第二个选项"偶尔参加"(赋值为3)(见表3)。

表3 不同工作状况受访者社区文化活动参与度和参与意愿度比较

工作状况		社区文化活动的参与度	社区文化活动的参与意愿度
有工作	均值	2.8087	2.3006
	个案数	345	346
离退休	均值	2.2164	1.9747
	个案数	596	592
下岗、失业	均值	2.7308	2.1346
	个案数	52	52
从未工作过	均值	2.9412	2.2941
	个案数	17	17
其他	均值	2.9375	2.1875
	个案数	16	16

续表

工作状况		社区文化活动的参与度	社区文化活动的参与意愿度
总计	均值	2.4635	2.1016
	个案数	1026	1023

从住房类型来看，住在新旧里弄的受访者的社区文化活动参与度最低，均值为2.81，接近于"偶尔参加"；住在商品房和保障房的受访者的社区文化活动参与度较高，均值分别为2.33和2.39，更接近于"有时参加"；住在公房的受访者的社区文化活动参与度均值为2.49，居于"有时参加"和"偶尔参加"两者之间。在文化活动参与意愿度上，同样是住在新旧里弄的受访者的参与意愿度最低，其次按照参与意愿度从低到高排列依次为公房、保障房、商品房。住在保障房和商品房的受访者参与意愿度非常相似，两者的均值分别为2.07和2.05（见图8）。

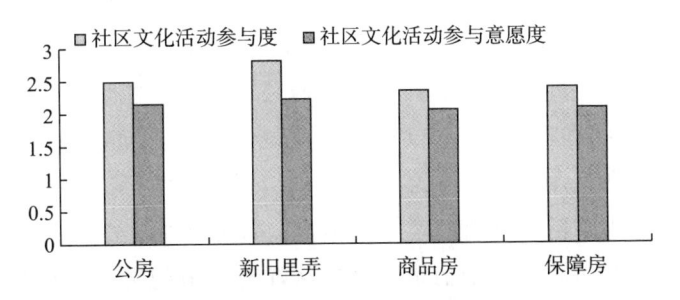

图8 居住不同住房类型的受访者文化活动
参与度和参与意愿度的均值比较

（二）住在不同住房类型的人群对文化设施的满意度及需求分析

从区位和社区类型来看，文化设施存在显著的空间不均衡现象，主要表现在以下三个方面。

1. 中心城区的老式住宅区，包括老式里弄住宅区和老式公房住宅区，社区文化空间紧张，难以满足居民需求

在居委会干部填答的社区层面问卷中，所在辖区以里弄社区为主的居委会干部在"您所在辖区居民的主要诉求有哪些"这一题中，都勾选了"缺乏公共活动场所和公益活动设施"这一项。此外，在访谈中，居委会干部和居民也反映了社区文化和公益活动缺乏场地的问题。

虹口区嘉兴路街道庆源居委包括兰葳里、瑞庆里、常乐里，每个里弄住宅区有 500 多户，总共有常住人口 6280 人，其中 60 岁及以上人口有 1609 人。居委会的文艺团队有 20~30 人，但是缺乏活动场地，居委会的办公面积总共只有 25 平方米，也不可能借居委会办公室来活动。居民基本上在附近 1933 老场坊前的广场上活动。过去几年，嘉兴路街道周边的音乐谷和哈尔滨大楼项目（即"半岛创意产业园"）陆续建设推进，加上 1933 老场坊本身，实际上形成了三个文化创意产业园（下文简称文创园）。一方面，居民的文化活动缺乏空间，另一方面这些空间充足的文创园与毗邻而住的居民区之间却没有交集，尤其是在文化上，没有交流，更谈不上文化空间的共享以及文创园与居民区的共建。这种文创园"孤岛"现象，并不是 1933 老场坊、音乐谷和半岛创意产业园的专有和特殊现象，而是目前上海 50 个文创园[①]的共有现象。如何打通居住社区与文创园之间的联系是上海城市和文化发展中的一个重要命题。尤其是随着越来越多的街区开始经历由文化、艺术和商业带动的旧城更新，在一定程度上打破居住社区和文创园之间的壁垒，实现两者之间的联谊、共建和资源共享，不仅能促进文创园与当地社区的有机联系，也能使草根文化和文化资源、产业互动起来，提升社区的文化活力。在这点上，台湾的文创园和社区相融合的案例值得借鉴。

虹口区嘉兴路街道、徐汇区天平街道、黄浦区瑞金二路街道中的新旧里弄住区，以及杨浦区四平街道、虹口区江湾街道的老式公房住宅区都存在缺乏文化和公共活动场地和设施的问题。以嘉兴路街道的瑞康居委为例，该居委包括在拆除旧式里弄基础上新建的商品房小区——瑞嘉苑（共有居民 540 户左右）和原有旧式里弄（共有居民 1000 户左右），由里弄居民自发形成的文体团队有歌唱队（20 人）、编织队（10 人）、读报队（10 人）、晨练广播操队（10 人），由于缺乏文化活动室，居委会每年借用瑞嘉苑的社区业委会活动室举办一次迎春晚会，费用 500 元，从每年 10000 元的街道精神文明建设费中支出。徐汇区天平街道太原居委有 6 个老式里弄小区，在调研中居民反映，周边的校园资源向社区开放不够，比如中小学的运动场馆、礼堂均未向居民开放。

---

① 50 个文创园由上海市委宣传部、市经济和信息化委员会、市文广影视管理局、市新闻出版局联合认定，具体名单可参见《2012 年上海市文化产业园区数据发展报告》，上海市文化创意产业公共信息服务平台、上海市文化创意产业推进领域小组办公室信息发布平台，2013 年 8 月。

如何在现有社区活动空间紧张的情况下，尽可能地利用其他可获得的资源，扩大活动空间的范围是值得思考的问题。瑞金二路街道雁荡居委在这方面做了很多努力和探索。雁荡居委的居民非常活跃，除合唱和舞蹈队之外，还有乐乐老年组（96名成员，成立至今已经有24年历史）、温馨沙龙小组（2011年成立，主要参与者为知识分子，共有22人）、英语兴趣组（成立已有12年，共有20位老人）、自我健康管理小组、谈心港湾小组等具有特色的居民自发形成、组织的团队。居委会通过各种方式来缓解活动空间缺乏的问题，将不同团队的活动分散到社区内可资利用的不同空间里，并把活动时间错开，使每个空间的活动安排得非常紧凑。比如居委会在南昌路168弄的街道社区卫生服务中心开辟出一块不足10平方米的"老年活动室"（168弄1号），供"谈心港湾"小组的老年人使用。南昌路44号的老年人康乐家社区服务中心有一间150多平方米的会议室，有需要的时候，也被用来排练文艺节目。另外，雁荡路56弄七色花小学的礼堂、复兴中路597号文化广场外面的露天舞台，都灵活地被用来排练和进行文艺演出，有效弥补了该区域文化活动空间不足的问题。

在与上海市文广局公共文化处负责人交流的过程中，负责人表示：上海中心城区的街道、居委层面的文化设施建设已经基本完成，未来几年内不会再进行大规模的、新的建设；目前和未来几年的工作目标是软件上的提升，主要是提高社区文化活动中心的专业化和社会化运营、管理、服务；就文化设施建设方面，上海目前的思路是补阙拾遗，主要是推进郊区的跟进发展。在这样的政策导向下，街道内学校、工厂、部队等单位或企业如何和社区居民实现文化场所、资源共享的问题成为社区文化建设中依据克服旧有的、限于住区的思路，实现社区内要素流动、人员交流、空间分享、文化共建的一个重要命题。在调查中，不少街道和居委会都在试图推动这种资源、要素流动的新举措，探索社区发展的新思路。比如江湾街道文化中心党组书记提出"大文化整合圈"的概念，力图建立"区域性文化共同体"，以打破社区单位、企业、住区之间的屏障，实现"共驻共建，资源共享"的优势，集聚文化服务项目。江湾街道文化中心创立的"菜场书屋"就是一个尝试。在瑞金二路雁荡居委，所在辖区内的一些企业和商家开始参与助老活动，比如长春食品商店、雪豹商城等商家会定期给80岁及以上的老人送一些东西，或者与老人进行联谊。但是在访谈中，雁荡居委会书记也反映，现在社区里的商家支持社区建设基本上采取的是一些比较初级的方式，而且有这种意识的单位不多，真正出钱赞助社区文化活动的商家目前还没有。

2. 在较为成熟的商品房社区和新建保障房社区，小区内的文化场所空间相对充裕

在此次调查的案例中，不论是位于七宝的较为成熟的商品房社区，还是位于宝山顾村的新建大型保障房社区，小区里的文化场所空间都相对比较充裕。这是因为一般新造的住宅区（这里的"新造"是指区别于公房和新旧里弄）在规划设计时，房地产商都会考虑在小区里面设计活动室或者活动中心。一些品牌比较好的开发商，对社区品质的重视程度更高，在社区文化设施上的投入力度也更大。比如此次调研中位于七宝的朗润园和万科城市花园都是万科集团开发的，万科在此已经经营了23年，加之本身倡导开放、多元、绿色和人文的规划理念，强调"文化社区"，促使其不仅在前期设计中考虑到了文化设施和健身设施用地，同时在物业运营中，也将这些空间的利用纳入管理。在调研过程中，这两个社区的文化活动室和健身房都在正常的运营中，没有挪作他用。另外，朗润园和万科城市花园在地理上非常靠近七宝镇社区文体中心，便于实现和镇一级社区文化活动中心的资源共享。在调研中笔者发现，很多在七宝镇社区文体中心参加活动的居民来自附近的万科城市花园。

宝山顾村的馨佳园住宅区里的文化场所空间也比较充裕。以馨佳园十二街坊、九街坊为例，两小区内都建有文化活动室。十二街坊到2013年底共有2524名常住人口，1254户，60岁及以上人口有198人，文化活动室的建筑面积为500平方米，居委会的建筑面积为140平方米。九街坊是馨佳园住宅区中目前建成的总共十三个街坊中规模较大的一个街坊，截至2013年底共有常住人口5748名，2277户，60岁及以上人口有1136人。九街坊文化活动室的建筑面积为925平方米（见表4），居委会的面积为450平方米。其中居委会楼上的空间也被用作老年活动室，进一步增加了居民活动的空间。

表4 不同小区内文化设施、居委会空间比较

单位：平方米

	鞍山三村	馨佳园十二街坊	馨佳园九街坊	万科城市花园
文化活动室（站）建筑面积	400	500	925	500
居委会建筑面积	100	140	450	96

续表

	鞍山三村	馨佳园十二街坊	馨佳园九街坊	万科城市花园
健身设施、场所建筑面积	350	不详	不详	3000

3. 位于城郊的新建大型保障房社区，其周边文化配套设施未跟上

以顾村的大型住宅区馨佳园为例，虽然在每个街坊里都建有文化活动室，但是周边的文化配套设施非常欠缺。问卷调查显示，居民们对于增加相关的文化配套设施的需求非常强烈。其中，希望在周边增加电影院的需求最为强烈，占54.69%；其次是健身俱乐部，占47.66%；再次是体育馆（41.02%），书店（38.28%），学校（26.95%），剧院（16.8%），博物馆、美术馆（13.28%）（见图9）。在调研及访谈中，居民常常抱怨："我们这儿附近连电影院都没有"，"要买份报纸，连书报亭也没有"。作为规划建筑总面积180万平方米，居住4.5万余人口的大型郊区保障房社区，虽然2012年开始居民已陆续搬入，但是周边的文化和商业配套设施仍然十分欠缺。在这种情况下，利用好街坊里的文化活动室是一个方面；完善周边的文化配套设施是另一个非常迫切的需求。否则，一方面居民的文化需求得不到满足；另一方面，如果只有通过坐车去配套相对完善的接近中心的城区才能进行一些基本的诸如看电影、买书买报、健身锻炼等文化休闲消费，则会增加城市的交通压力。在一些基本的文化消费方面，"就地实现"是较为人性和便捷的方式。

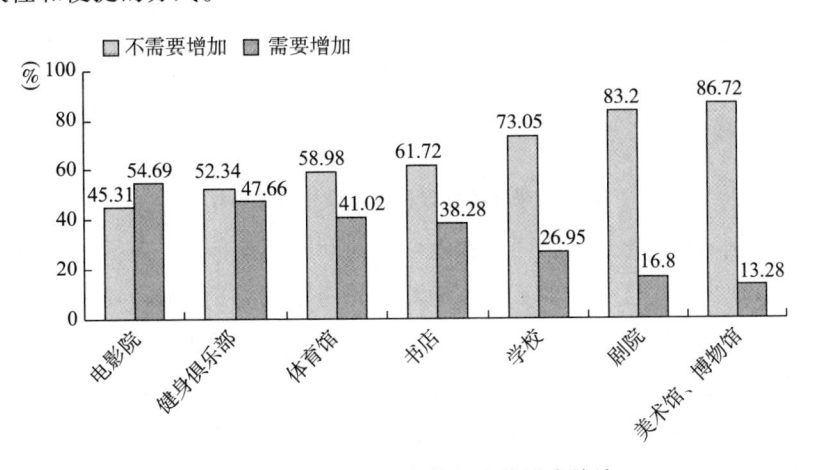

图9 馨佳园居民文化休闲设施需求统计

和位于顾村的馨佳园相比，豪世盛地虽然也是动迁房（农民征地后的动迁房）住宅区，但是该住宅区的受访者对于增加文化设施的需求没有那么强烈。主要原因是豪世盛地位于七宝，毗邻大虹桥开发区，虽然地处外环，但是相对于宝山顾村来说，区位优势明显。便捷的轨道交通将其与城市中心以及徐家汇、漕河泾很好地连通。尤其是七宝地区在万科集团的带动下，周边的文化和商业配套设施已经比较成熟，大型的休闲娱乐设施等较为齐全。比如 2012 年七宝万科广场建成，标志着作为房地产开发商的万科集团开始从发展社区商业向发展综合性的、高品质的购物、文化休闲中心演进。万科集团也开始更多承担"城市配套服务商"的角色。图 10 是位于七宝的动迁房豪世盛地的受访者对于增加文化设施的需求统计，需求比例从高到低排序依次为书店（37.93%），健身俱乐部（36.78%），电影院（32.18%），学校（28.74%），体育馆（26.44%），美术馆、博物馆（17.24%）、剧院（13.79%）。

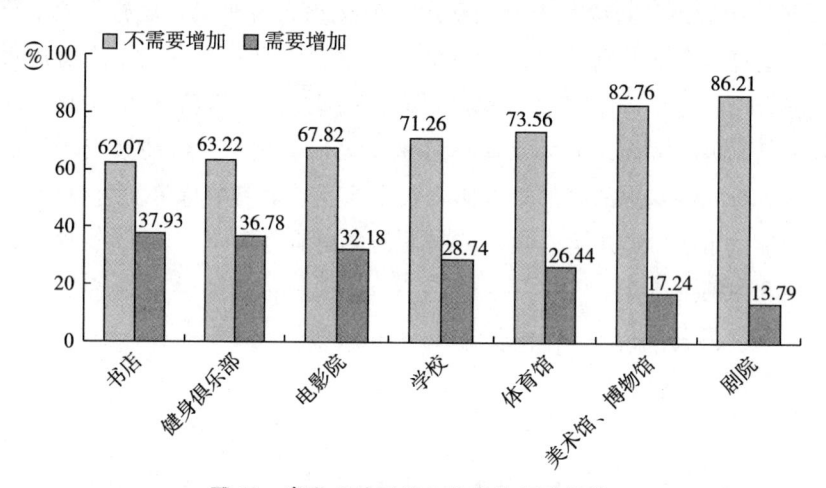

图 10　豪世盛地居民文化设施需求统计

与豪世盛地相距不远，同处在七宝的朗润园、万科城市花园的调查结果也同样体现出区位优势。与豪世盛地相比，朗润园、万科城市花园的受访者对于在周边增加健身俱乐部（22.17%）的需求较低，原因主要是朗润园和万科城市花园住宅区里已经配备了较好的健身俱乐部。值得一提的是，朗润园和万科城市花园的受访者对于增加书店（42.08%），剧院（18.1%），美术馆、博物馆（23.98%）的需求比较高（见图 11）。

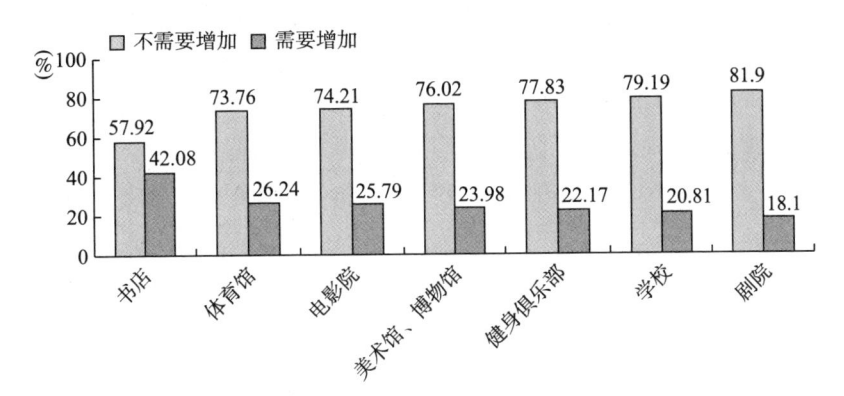

图 11　朗润园、万科城市花园居民文化设施需求统计

对书店等文化设施需求高与两个楼盘受访者的文化教育水平比较高以及文化消费状况较好有关。通过对问卷中有关文化消费频率的分析可知，朗润园和万科城市花园的受访者的文化参与和消费程度较高。以读书、去剧院看演出、去美术馆和博物馆参观为例，朗润园和万科城市花园受访者的参与率都比豪世盛地的要高（见图12、图13、图14）。比如在去剧院看演出上，朗润园和万科城市花园的208位有效受访者（27位缺失未填写该项）中，每月一次的占10.1%，而豪世盛地的87位有效受访者（6位缺失未填写该项）中，这一比例为5.7%；每年几次的前者占32.7%，后者的比

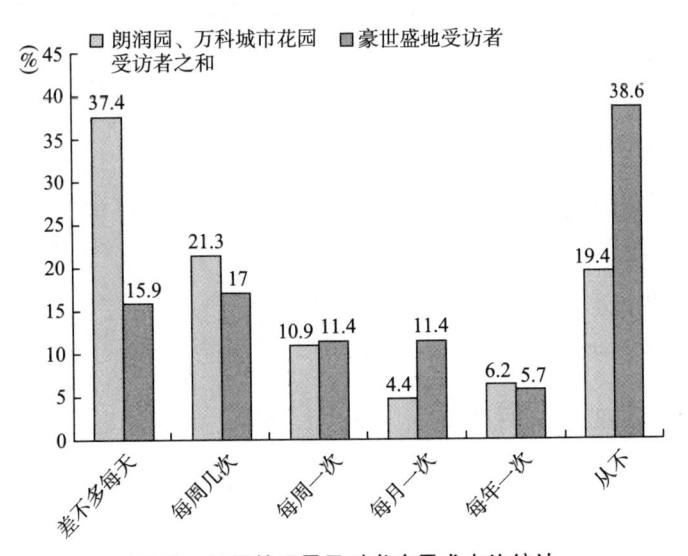

图 12　不同社区居民对书店需求占比统计

例为 20.7%；从不去剧院看演出的比例，前者为 50%，后者则多出十几个百分点，为 64.4%。在去美术馆、博物馆参观上，朗润园和万科城市花园的 210 位有效受访者（25 位缺失未填写该项）中，每月一次的占 11.4%，而豪世盛地的 85 位有效受访者（8 位缺失未填写该项）中，这一比例为 4.7%；每年几次的前者占 36.7%，后者为 30.6%；从不去美术馆和博物馆参观的比例，前者为 47.6%，后者为 60%。由此可见，朗润园和万科城市花园的受访者对于在周边增加剧院、美术馆和博物馆的需求是与其在这方面的较高参与度密切相关的。

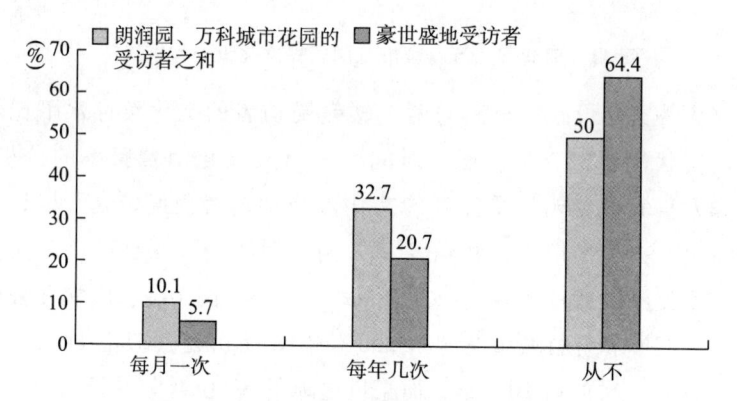

图 13　不同社区居民对剧院需求占比统计

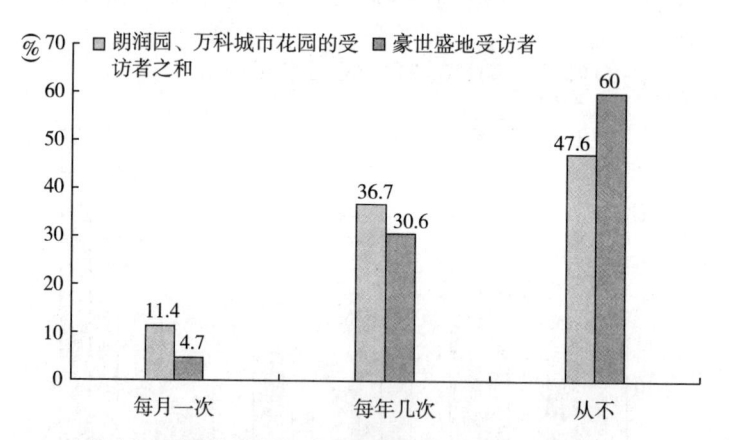

图 14　不同社区居民对美术馆、博物馆需求占比统计

五 社区文化活动参与度、对社区文化活动和设施的满意度之于社区归属感的相关性分析

(一) 国内外对社区归属感的研究及其文化因素讨论

社区归属感一直是社会学和城市研究中的一个重要话题。从早期经典社会学家对伴随现代社会和城市化进程的群体联合方式的讨论,到后来将归属感作为社区研究中一个明确的分析概念来阐释社会成员之间的关系,很长时间以来,归属感与传统/现代社会、乡村/城市这样被界定的对照形象密切相关。过去几十年来,对归属感的探讨日益呈现新的趋势——从原有强调集体的、公共的认定逐步转向强调个体的选择和自主的阐释,由此有关文化的、美学的和象征层面的内容在对归属感的认定中占据更加重要的位置。英国著名社会学家麦克·萨维奇在国际期刊《住房、理论和社会》(*Housing, Theory and Society*) 2010 年第 2 期中发表论文《可选择的归属感的政治》(The Politics of Elective Belonging),作为该期的焦点文章(Focus Article),论文讨论了归属感的不同类型,以及文化和审美认定在建立归属感方面的作用。持有不同类型归属感的人们不仅仅位于不同的物理空间里,同时处在社会空间的不同位置。主体对归属感的不同感受和叙述是文化不平等和住房不平等一连串现象的体现,不能只是被简化地理解为是私人的或者特别的现象。

萨维奇提出了"可选择的归属感"(elective belonging),来表明他的观点与另两种归属感类型——"怀旧的"以及"居住的"不同。"可选择的归属感"指的是人们有能力搬入某个喜欢的地方居住,并且在审美的意义层面索求对这个地方的拥有。这种归属感不同于"怀旧的"对生养之地的归属,而是个体在一定宽幅的自身经历和住房流动性的基础上,在与其他地方比较之后,赋予这个地方以特定的价值。萨维奇将其解释为与某个地方的审美关系,赋予价值的过程也是对某个地方的自然环境或是人文历史特征进行审美的过程。住处附近的公园、历史建筑、文化和休闲设施、街区氛围等都是建立这种"可选择的归属感"的因素。"生养之地的归属感"与"可选择的归属感"形成了鲜明的对照。与后者的自主性、可选择性和弹性相比,以出生长大之地为不可改变的居住地而体现出来的归属感,缺乏回

旋的余地，有着不可赎回性。对于表现为这种归属感类型的居民来说，居住地和个体的关系是被动的，居住地好像是生下来就被给予的（就像布迪厄说的被扔到这个世界上），已然现成却也是唯一的选择。在萨维奇看来，这部分受访者难以想象可以搬到其他地方，也无法搬到其他地方。有的人在接受访谈时反复思考、言说自己家乡的美丽，不能想象自己会到另外一个地方去。他们中只有少数人期待自己被置于的这个地方会有更多的改变。

除了检视不同类型的归属感，萨维奇在研究中还发现：表现为"有选择的归属感"的受访者，在文化活动和消费方面参与程度较高；表现为"生养之地的归属感"的受访者，在文化活动和消费方面参与程度较低。因此，不同类型的归属感并不仅仅是个体的、特别的偶然叙述，而且是表征着文化区隔和社会分层的系统性叙述。

国内学界在讨论归属感时，更多借助"住房选择"来表达。在影响住房选择的因素方面，学者主要讨论结构性的、刚性的和实用功能方面的因素，比如购房成本和通勤成本被认为是两个最重要的原因（冯健、周一星，2004；郑思齐、张文忠，2007；杨励雅、邵春福，2012）。还有一些学者从住房分层来分析社会不平等，同样是强调结构性的因素。比如边燕杰和刘勇利（2005）认为收入分层决定住房分层，传统的经济分层与科层制的再分配层面构成了住房阶层分化的主要机制。李强（2009）认为，导致住房空间分异和社会不平等的解释包括市场能力、制度性资源、人力资本等。他提出了"住房地位群体"，认为不同的住房地位形塑不同的生活方式，而且住房地位群体的现象是持久的，而不是暂时的。但是在住房地位如何体现不同的文化消费和生活方式这一点上，国内并没有相关细致的研究。

对影响住房选择的情感的、文化的、与个体喜好有关的、象征性的个体层面的因素，国内学界鲜有涉及。社会学者王宁（2010）在《城市舒适物与社会不平等》一文中从舒适物的视角探讨了某些文化因素作为集体舒适物经由私人舒适物住房被连带摄取，比如建筑物的风格和美感、城市雕塑和艺术氛围、丰富多样的咖啡吧等。他提出这些集体舒适物的分布是不均衡的，因此购房消费也意味着所连带的集体舒适物的差异。这里所指代的集体舒适物，包括文化和娱乐设施、氛围以及绿化环境等，这些与萨维奇所讨论的影响个体在文化取向、审美、道德层面做出归属选择的因素是一样的。通过对文化设施、环境、氛围和其他空间中的符号的经历和参与，人们在空间的日常实践中建构自己对空间的理解和意义，形成自己在空间中的路线地图。这种通过文化参与和审美感知建立起来的与住房和居住社区的联系非常重要。它不同于影响住房选择的通勤时间、学区等功能性（functional）因素，但会带来情感上的效果，包括情感上的共鸣、依赖等。

同时，在参与文化活动的过程中，通过与其他有着相似文化兴趣、趣味和审美倾向的社区成员的交流，我们可能形成一种自己属于一个更大群体的身份认同，并且因为感到与所处"社会空间"的相契合性，而感到舒适。法国社会学家布迪厄用"场域"（field）一词来指代社会空间的结构性。他指出，每个人都由于自身所拥有的经济、文化和社会资源以及之间的配置位于社会空间的某个位置，场域位置（field position）也是一个人的惯习（habitus）和内在禀赋、特征（disposition）的外在表现。萨维奇等在《全球化和归属感》一书中写道：

> 当个体的惯习和所处的场域相一致时，人们会感到舒适；否则人们会感到不适并且寻求搬离——社会性的也是空间性的，由此来缓解他们的不适感。在布迪厄看来，这点很重要，如同他提出的"位置和禀赋的辩证关系"（dialectics between positions and dispositions），移动性由持有相对稳定的惯习的人们所驱使，在不同的场域（工作、休闲或者居住的地方等）之间移动，最后移动到那个居于让他们感到更加舒适的场域中的地方。

这段论述表明了个体如何在现世的生存中，寻找与自己的特质和气质相贴合的场域。场域不仅是抽象的社会空间，也是一个物理空间、一个人们生存立命的场所。布迪厄在他晚年与华康德合写的著作《世界的重量》（*The Weight of the World*）中说，人们居于一个场所，"如同处在一个位置，一个序列中的排名"（Bourdieu，1999：123）。物理空间是社会空间的"自发性的象征化"（spontaneous symbolization）（Bourdieu，1999：124），作用于物理空间中的权力与持有消费那个空间中的商品和服务的资本相关。由此，布迪厄将物理空间和社会空间统一于场域这一概念中，而人们在日常生活中恰恰是在寻求所处的物理空间和社会空间的一致性，即场域和自身特质、文化诉求和惯习的一致性。当社区和空间中的文化设施、氛围、文化活动的趣味和层级，与个体的文化偏好和审美趣味相一致时，个体会感到一种精神和文化意义的归属感，建立起与社区深入细密的感情依附；而不一致时，个体在精神和文化认同层面无法融入社区，也难以建立起深层次的社区归属感，可能引发搬离原住宅而寻找新的与自己相适合的社区的行为。

在当前国内以宏观量度和结构性分析为主的住房分层研究状况下，笔者认为十分有必要从文化的角度开展对住房归属感的研究：理解人们居住和空间实践中的细微而精妙的差异，拓展住房分层研究的质感和自下而上的日常生活社会学的研究视角；同时，将人们在住房和城市选择中的主体性及其程度与个体的经历轨迹和在社会空间中的位置结合起来分析。因此，笔者试图分析社区文化活动参与度和对文化活动的满意度是否影响社区归属感的程度。

（二）社区文化活动和社区文化设施与归属感之间的相关性分析

接下来，笔者将探讨小区文化活动参与度、对小区文化活动的满意度、对街道文化活动中心活动和设施的满意度和归属感之间的关系。在分析之前，我们先来明确几个变量是如何从问卷中取值的。首先，小区文化活动参与度这个变量的取值来自问卷中的9.3题"您是否经常参与本小区的文化活动"，答案分为四个级别，经常参加、有时参加、偶尔参加、从不参加，取值依次为1、2、3、4。其次，对小区文化活动的满意度这个变量的取值来自问卷中"您对本小区的评价如何"五级量表中的第11小题——对小区文化活动的评价，答案分为五个级别，非常满意、比较满意、一般、不满意、非常不满意，赋值依次为1、2、3、4、5。最后，对街道文化活动中心的满意度的取值来自9.11和9.12两个问题，这两个问题分别询问对街道社区文化活动中心的设施和活动的满意程度，选项同样分为五个级别，笔者通过计算9.11和9.12两题答案的均值来获得对街道社区文化活动中心的满意度。

关于归属感这个变量，笔者采用问卷中的7.3量表来测定。值得注意的是，7.3量表中的回答选项，从强烈不同意到强烈同意，录入时的编码根据同意尺度的增加，依次为1、2、3、4、5。从7.3量变中的题目来看，比如第一题"喜欢我的小区"，选1是强烈不同意，5是强烈同意。仔细分析，这个量表中的题目都是正向题目，但与社区文化活动参与度的度量相比，

7.3量表是负向编码,因此需要对其进行反向编码,从而保持与社区文化活动参与度的度量方向一致。在对7.3量表中的填答(包含12个小题)进行反向编码后,笔者通过在SPSS中计算均值的方式来获得每个填答者归属感的均值,并将其定义为目标变量"归属感"。

接下来将分别展开小区文化活动参与度、对小区文化活动的满意度、对街道文化活动中心的满意度和归属感之间的分析。首先我们进行小区文化活动参与度与归属感之间的相关性分析。原假设为:小区文化活动参与度与归属感之间没有相关性;对立假设是:小区文化活动参与度与归属感之间有相关性。排除掉缺失的个案后,对这两个变量都有效的个案为912个。在SPSS中计算两者的相关性,结果如表5、表6所示。

表5 小区文化活动参与度与归属感的描述性统计量

	均值	标准差	个案数
您是否经常参与本小区的文化活动	2.4715	1.09848	912
归属感	2.2268	.90469	912

表6 小区文化活动参与度与归属感的相关性分析[a]

		归属感	您是否经常参与本小区的文化活动
您是否经常参与本小区的文化活动	Pearson 相关性	.129**	1
	显著性(双侧)	.000	
归属感	Pearson 相关性	1	.129**
	显著性(双侧)		.000

** 在.01水平(双侧)上显著相关。
a. 列表 N=912。

在表6中可见,文化活动参与度和归属感之间的相关系数为0.129,P值为0.000,小于0.05,因此原假设被拒绝,两者之间存在显著的相关性,而且是正相关。

再来看对小区文化活动的满意度和归属感之间的相关性。原假设为:对小区文化活动的满意度与归属感之间没有相关性;对立假设是:对小区文化活动的满意度与归属感之间有相关性。排除掉缺失的个案后,对这两个变量都有效的个案为 909 个。在 SPSS 中计算两者的相关性，结果如表 7、表 8 所示。

表 7 对小区文化活动的满意度和归属感的描述性统计量

	均值	标准差	个案数
对小区文化活动的评价	2.3795	.91219	909
归属感	2.2280	.91219	909

表 8 对小区文化活动的满意度和归属感的相关性分析[a]

		对文化活动的评价	归属感
对小区文化活动的评价	Pearson 相关性	1	.197**
	显著性（双侧）		.000
归属感	Pearson 相关性	.197**	1
	显著性（双侧）	.000	

** 在 .01 水平（双侧）上显著相关。
a. 列表 N = 909。

在表 8 中可见，对小区文化活动的满意度和归属感之间的相关系数为 0.197，P 值为 0.000，小于 0.05，因此原假设被拒绝，两者之间存在显著的相关性，而且是正相关。

然后来看对街道文化活动中心的满意度和归属感之间的相关性。原假设为：对街道文化活动中心的满意度与归属感之间没有相关性；对立假设是：对街道文化活动中心的满意度与归属感之间有相关性。排除掉缺失或者未填答的个案（比如受访者没有去过街道文化活动中心，则没有填答）后，对这两个变量都有效的个案为 646 个。在 SPSS 中计算两者的相关性，结果如表 9、表 10 所示。

表 9 对街道文化活动中心的满意度和归属感的描述性统计量

	均值	标准差	个案数
对街道社区文化活动中心的满意度	2.2825	.72678	646
归属感	2.2185	.95433	646

表 10 　对街道文化活动中心的满意度和归属感的相关性分析[a]

		对文化活动的评价	归属感
对街道社区文化活动中心的满意度	Pearson 相关性	1	.142**
	显著性（双侧）		.000
归属感	Pearson 相关性	.142**	1
	显著性（双侧）	.000	

** 在 .01 水平（双侧）上显著相关。

a. 列表 N = 646。

在表 10 中可见，对街道文化活动中心的满意度和归属感之间的相关系数为 0.142，P 值为 0.000，小于 0.05，因此原假设被拒绝，两者之间存在显著的相关性，而且是正相关。

通过以上分析可知，小区文化活动的参与度、对小区文化活动的满意度、对街道文化活动中心的满意度分别与归属感存在正相关关系，其中对小区文化活动的满意度和归属感的正相关最强。值得指出和说明的是，很多受访者本身对于所参加的文化活动是属于小区、居委会还是街道层面并不清楚，而事实上很多社区文化活动兼有这三种范围属性。比如，街道里的某一书法兴趣班，成员主要来自居委会协调、居民自发参与的书法兴趣小组，而这一小组的成员又主要来自某一个小区。因此，在这种情况下，本文也将变量中的小区文化活动的参与度、对小区文化活动的满意度、对街道文化活动中心的满意度，用社区文化活动的参与度、对社区文化活动和设施的满意度来进行综合指代。后者对社区文化活动和设施的满意度，既包括前述变量中对小区文化活动的满意度，也包括对街道文化活动中心的满意度。而事实上，受访者对小区文化活动的满意度的评价，也可能涉及对居委层面的文化活动的评价，尤其是对于一些大的小区，比如顾村的馨佳园，一个街坊也就是一个大的住宅小区，便构成一个居委会。

六　"社区文化活力指标"的初步梳理及总结

（一）对于"社区文化活力指标"的初步梳理

目前上海市没有专门的评估社区文化活力的指标，已有的与社区文化相关的评估为"社区文化活动中心绩效评估"。自 2007 年以来，由上海社会科学院文学所为主筹办成立的民办非企业性质的"上海东方公共文化评估中心"共进行了三次该评估。2007年为第一次，对浦东新区三林、花木、陆家嘴三个社区文化活动中心进行了试评估。2008年为第二次，对全市77家社区文化活动中心进行了评估。2011年为第三次，对2010年底前已经正常投入使用一年以上的166家社区文化活动中心进行了评估。调研时，各区县文广局正在组织开展2012～2013年度的社区文化活动中心绩效评价初评工作。社区文化活动中心绩效评估的总分为100分，包括性质指标、运营指标、效率指标、可持续发展指标4个一级指标和33个三级指标。根据评估分数，可将社区文化活动中心分为特级、一级、二级、三级四类。[①] 该评估作为上海乃至全国率先采用的社区文化中心评估体系具有重要意义。但这一体系在指标设置上，主要是将社区文化中心作为一个独立的单体来看待，缺乏将社区文化中心嵌入社区整体发展和活力营造的系统视角。在已有的三级指标中，我们可以发现一些有关社区文化中心与这个社区的关系和社区文化中心的影响力的指标，但它们分散在不同的二级指标中，如表11所示。

表11 上海社区文化活动中心绩效评估指标与"社区"相关的三级指标

三级指标	所属的二级指标	三级指标中体现的"社区"主题
服务覆盖比例	运营指标	社区文化中心与社区的关系
志愿者队伍	可持续发展指标	
与社区企事业单位共建共享项目数		
服务质量满意率	公众满意度	社区文化中心的影响力
收费合理满意率		
社区居民和社区内单位知晓率		
媒体报道情况	社会影响	

国际上，文化和艺术指标进入社区衡量体系已经成为一个越来越显著的趋势（Durxbury, 2006）。但在不同地区的社区衡量（community measurement）项目中，相关的文化指标并不同，要找到一个测量社区文化活力的

---

① 根据钱泽红《上海社区文化活动力中心绩效评估新进展》整理，载《上海文化发展报告（2013）》，社会科学文献出版社，2014，第140～153页。

综合性指标体系很难（Heidi，2002），不过很多城市都开始了将文化指标融入社区指标的探索。在社区衡量中，文化已经不再单单是一个从属性的或者"做贡献"似的指标而存在。比如在澳大利亚墨尔本举办的文化发展及可持续性社区探讨中，文化不再像以往那样，作为一个影响因素被置于"社会可持续性"的范畴里，而是被列为一项与环境、经济和社会可持续性同样重要的文化可持续性指标。笔者初步设想"社区文化活力指标"包括以下几个方面：①空间指数：文化设施和场所的配给度；②参与指数：参加社区活动的频率和人群覆盖面；③流通指数：活动网络和组织的社会化程度和信息连通性；④专业化指数：拥有比较有影响力的、专业的活动品牌的情况，以及社区文化走出社区、走向文化市场的能力。在确立"社区文化活力指标"的同时，笔者建议在上海创立"社区文化活力评估示范点"。目前上海已拥有市级和国家级的公共文化服务体系示范区，可以在此基础上创建"社区文化活力评估示范点"。

（二）总结

本文选取了数个不同类型的居住社区，对社区文化活动和文化设施进行了分析。研究发现，不同基层单位的社区文化活动中心或者文化活动室，在组织和开展文化活动方面，发挥了较大作用。它们开展工作的方式以及文化活动的定位，正在从"自上而下"的、以面向老年群体和弱势人群为主的活动，渐渐向考虑不同年龄和文化层次人群需求，并注重群众自发组织的、自下而上的活动转变。但是在参与社区文化活动的人数方面，老年人仍然占有很大的优势，年轻的职业群体通过与子女一起参加"亲子类"活动也加入社区活动中，但所占的比例仍然偏低。

文化设施的空间分布不均仍然是上海文化空间格局所面临的一个重要问题。这种不均衡不仅体现在很多人已熟知的中心城区享有主要的市级文化设施这一分布现象，还体现在同属于郊区的大型住宅区，因为交通便利性，居民的总体经济、文化和社会地位不同，其文化设施的配置和可获得性也不同。尤其值得提出的是，对于新建的城郊大型住宅区，包括保障房社区和经济适用房社区，周边的基本文化配套设施是迫切需要跟进的。

本文还对社区文化活动的参与度、对社区文化活动的内容和设施的满意度与社区归属感之间的关系进行了探索。初步分析发现，社区文化活的参与度、对社区文化活动的内容和设施的满意度与社区归属感之间存在正相关关系。也就是说，参与社区文化活动的程度越高，归属感越强；对社区文化活动的内容和设施的满意度越高，归属感也越强。但是由于数据的局限性和误差的可能性，有关这个主题的分析仍待完善；对于归属感的指代，也需要在问卷中建立更加明确的针对社区文化而设置的归属感量表。

（三）不足之处以及下一步的工作思路

本文分析的案例虽然在住房类型上比较有代表性，但是在"社区文化"方面不一定有代表性。比如提到社区文化，人们常常会想到比较有地域特色和风俗民情的社区，对社区文化的讨论常常与文化的一些构成因素相关，比如由移民、特定职业群体形成的生活方式混合型社区等。因此，在下一阶段的工作中，除了常规意义上的社区类型，还需要增加有文化特点的社区，比如移民社区、乡村社区（乡村社区的调研结果虽然在本文中没有阐释，但是通过相关研究我们能够发现它们呈现与城市社区非常不同的文化消费习惯）。此外，笔者之前一直从事定性研究，对定量研究尚在学习、熟悉和摸索阶段，因此本文中呈现的定量分析可能有诸多需要改进和修正的地方。为此，笔者将继续努力，在坚持混合式方法（即将定性与定量相结合的方法）的道路上，力图有一些进步和新的发现。

除了上述要改进的地方，下一步的工作还应包括以下四点：①展开对文化和归属感的系统衡量。虽然本文对社区文化活动之于归属感的贡献做了一些衡量，但是还不够系统，也未能探明社区文化影响归属感的机制。②除归属感之外，还应研究社区文化对社区的影响。③对社区成员日常文化消费行为展开分析（本文主要分析了参与社区文化活动的部分），从而理解文化的社会分层，以及这种分层对于社区文化的影响。④建构"社区文化活力指标"体系，作为社区文化规划的衡量标准。

参考文献

班保申，2012，《社区文化的涵义、特征与功能》，《学术交流》第12期。

边燕杰、刘勇利，2005，《社会分层、住房产权与居住质量——对中国"五普"数据的分析》，《社会学研究》第3期。

陈眉舞、张京、曹荣林，2004，《我国城市社区规划的理论构架及其实践机制研究》，《南京工业大学学报》（社会科学版）第3卷第4期。

杜桂娥、王丹，2009，《变迁与创新中的我国城市社区文化建设》，《经济与社会发展》第 11 期。

冯健、周一星，2004，《效区化进程中北京城市内部迁居及相关空间行为——基于千份问卷调查的分析》，《地理研究》第 23 卷第 2 期。

高占祥，1994，《论社区文化》，文化艺术出版社。

侯成哲、张弛，2010，《城市规划与社区的异同和互融》，《城市问题》第 175 卷第 2 期。

李强，2009，《转型时间城市"住房地位群体"》，《江苏社会科学》第 4 期。

刘精明、李路路，2005，《阶层化：居住空间、生活方式、社会交往与阶层认同——我国城镇社会阶层化问题的实证研究》，《社会学研究》第 3 期。

孙晓刚，2008，《论社区公共文化建设》，《南方论刊》第 6 卷第 2 期。

农昀、周素红，2012，《基本个体需求的社区规划编制和实施体系的构建》，《规划师》第 1 期。

王宁，2010，《城市舒适物与社会不平等》，《西北师大学报》（社会科学版）第 9 期。

王思斌，2006，《社会学教程》，北京大学出版社。

杨励雅、邵春福，2012，《考虑空间相关性的居民居住选址模型》，《中国土地科学》第 4 期。

叶木全、黄重、周晓景，2011，《构建和谐社会视野中的社区文化建设和发展研究——基于对闽东社区文化建设的调研与思考》，《东南学术》第 3 期。

尹德志，2013，《增强居民幸福感的社区文化建设研究》，《学术论坛》第 5 期。

张杰霞，2012，《社区品牌文化：成效与限度——基于宁波市后大街社区实践的思考》，《中共浙江省委党校学报》第 5 期。

张润君，2010，《试论我国城市社区活力的激发》，《西北师大学报》（社会科学版）第 47 卷第 6 期。

赵沛，2011，《社区文化评估研究》，《学习与探索》第 2 期。

郑思齐、张文忠，2007，《住房成本与通勤成本的空间互动关系——来自北京市场的微观证据及其宏观含义》，《地理科学进展》第 2 期。

Bourdieu, Pierre. 1986. *Distinction*. Oxon: Routledge.

Bourdieu, Pierre and Wacquant Loïc. 1992. *An Invitation to Reflexive Sociology*. Chicago: University of Chicago Press.

Bourdieu, Pierre. 1993. *Field of Cultural Production*. Cambridge: Polity Press.

Bourdieu, Pierre. 1999. *The Weight of the World-Social Suffering in Contemporary Society*. Stanford: Stanford University Press.

Durxbury, Nancy. 2006. "Cultural Citizenship and Community Indicator Projects: Approaches and Challenges in the Local/Municipal Context". *The University of Melbourne Refereed E-*

journal.

Heidi K. Rettig, John S. and James L. Knight Foundation. 2002. "Measuring the Impact of the Arts in Communities." *News Article. Accessed October* 10, 2014. http://www.knightfdn.org.

Savage Mike, Bagnall Gaynor, and LonghurstBrian. 2005. *Globalisation and Belonging*. London: Sage.

Savage, Mike. 2010. "The Politics of Elective Belonging". *Housing, Theory and Society*, 26 (1), 115 – 135.

Savage. Mike. 2011. "The Lost Urban Sociology of Pierre Bourdieu". In *Companion to the City*, edited by Gary Bridge and Sophie Watson, pp. 511 – 520. Oxford: Blackwell.

Tönnies, Ferdinand. 1954. *Community and Society*. Michigan: The Michigan State University Press.

社区变迁与社区比较研究：
记忆、场所、认同

陈晋（同济大学社会学系，讲师）

摘要：本文对社会学家、文化人类学家如何研究当代中国的社区变迁进行了探索。笔者试图表明，人类学社区研究的视角历经了从静态、孤立到动态、关联的转变。而法国社会学家哈布瓦赫所提出的记忆与场所理论，对我们理解社区认同有着重要启发。

关键词：社区变迁　记忆　场所　社区认同

本文涉及一项社会文化人类学与建筑、城市规划学科的交叉研究。思路是：在已有的人类学对社区研究的基础上，通过实地调查和资料搜集，从时间—空间相结合的角度来诠释上海传统社区的变迁过程。并且，进一步运用人类学经典的比较研究方法，尝试解释不同发展语境下的社区变迁案例。

作为同济大学社会学系和上海同济城市规划设计研究院横向合作研究项目的组成部分，本课题和其他课题一起，对社区规划过程中所遇到的各种社会问题（例如养老、社会保障、社会分层、社区文化等）进行探索。2014年3～4月为项目准备阶段，笔者利用这段时间，完成了对准备选为研究案例的社区的踩点，并开展前期的文献搜集、阅读工作。2014年5～9月为项目调研阶段，笔者和负责其他课题的老师一起，进入选定的社区内进行调查。在此期间，笔者特别注意和负责不同课题的研究者进行交流、合作，以调整和细化自己的研究目标。2014年10月～2015年2月为本文的撰写阶段。

本文分为三部分：在第一部分，笔者回顾并讨论了社会文化人类学对于社区的研究，这一部分不仅涉及人类学家传统上对封闭、单个社区案例的调查和分析，还涉及在当代语境下，对新型社区及随之涌现的一系列复杂问题的讨论；在第二部分，笔者从社会记忆/集体记忆和场所的角度，对社区规划过程中所遇到的变迁问题进行解释，同时使用了具体的研究案例来进行描述、分析和说明；第三部分讨论了和社区变迁、记忆、场所等紧密相关的社区认同问题，笔者试图将研究视角进一步拓宽，通过以上的描述和分析，来回答本课题（以及其他课题）在实施过程中不断遇到的一个核心难题：什么是社区？人们对于社区的认知和界定究竟是如何实现的？

人类学与社区研究

人类学——不论我们按照欧洲的传统，称之为"社会人类学"，还是遵循美国学界的传统，使用"文化人类学"的名称——自从其诞生伊始，便和针对社区的研究密不可分。英国人类学家马林诺夫斯基和拉德克里夫－布朗被公认为现代人类学的奠基者，其工作起点均和社区研究有关。马林诺夫斯于1915～1918年在太平洋特洛布里安群岛（Trobriand Islands）所做的田野工作，已成为人类学教科书中的经典案例。而拉德克里夫－布朗于1905～1908年在印度洋的安达曼群岛（Andaman Islands）所做的调查，同样如此。事实上，我国第一位将英文"community"翻译为"社区"并且大力提倡在全国范围内开展"社区研究"的吴文藻先生，正是受到当时英美人类学/民族学、社会学等学科迅速发展的启发。如果我们把这些调查工作看作人类学发展的基础，那么正是得益于研究者在一个相对封闭的社区环境中的辛苦耕耘——不论这个社区具体涉及一个岛屿、村庄、区域还是涉及国家——人们才得以获知那些书面文件和二手材料无法涵盖的丰富信息。

传统上，人类学家对社区的研究手法（approaches）有相似之处。首先，研究者须做长时间的田野调查（fieldwork），通常在12个月以上。只有在此条件下，他才能对所研究的社区形成相对完整的认识。其次，研究者要进行"参与观察"（participant observation）。这一表述来自马林诺夫斯基，指民族志者（ethnographer）长期融入和积极参与当地生活。通过参与观察，人类学家得以学会从当地人的角度来思考和看待问题，即实现所谓的"主位—客位"转换（etic-emic）。在此宗旨之下，熟练掌握当地语言也是必要的，这意味着研究者需要获取被研究对象的信任。最后，因为调查对象常常没有自己的文字或对文字的掌握程度不一，研究者更多地采用访谈而非问卷调查的方式来获取信息。值得一提的是，访谈包括开放、半开放和封闭等不同形式，访谈对象可能是单人或多人。访谈的主题往往针对具体、琐碎甚至意外发生的事件，多数是抽象、宏大或正式的话题。

如果说，经典的人类学民族志常常局限于对单个、封闭社区的案例研究，那么从20世纪后半叶开始，人类学家逐渐把目光投向社区研究的其他可能面向。其中，针对社区变迁及这种变迁所寓含的文化和社会意义的探讨，构成一个重要的视角。另一重要视角则涉及对不同社区之间互动关系的研究以及跨时空的社区比较研究。换言之，研究者们已不满足于单纯的封闭式社区研究。他们看到了这种研究思路的局限，即过度强调单个社区的自治性（autonomy）和独立性，从而忽略了历史向度的社区发展和文化变迁。美国人类学家萨林斯对于库克船长如何从一位历史人物逐步化身为夏威夷岛神明的经典解读，就充分说明了将历史学纳入人类学研究视野的重要性。此外，当代人类学更强调跳出单个社区的研究框架，进而分析相邻社区之间的互动关系以及在民族国家政权和全球化趋势之下，底层社区所受到（自上而下）或带来（自下而上）的影响。这些新的研究手法的引入，无疑大大丰富和加深了研究者与公众对社区的理解。

当代中国社会正处于剧烈变化的过程当中。相应地，描写底层社区的社会学、人类学作品层出不穷。一个不可忽略的事实是，从20世纪初吴文藻先生倡导对中国社会开展不同层面的社区调查开始，一代又一代的学人将精力倾注于刻画和描述分散于中国各地的地方社区的工作中。其中涌现了如费孝通《江村经济》、林耀华《金翅》等经典的民族志作品。不过，这些研究——包括20世纪后期开始出现的新一批民族志——更多地将视角限定于某一个特定的历史时期，并试图涵盖研究个案的政治、经济、家庭、宗教等各方面的细节。已有的针对社区变迁的研究则多集中于某些特定条件下（例如商品化、全球化、个人主义、都市化进程、现代化和旅游经济等）传统社区所遭受的影响以及由此引起的变革，且通常在农村或城市/农村二元语境下展开讨论。周春发的《旅游、现代性与社区变迁——以徽村为例》就是一本基于田野调查的，从社会学角度分析旅游供给过程中的权力关系、社会冲突和旅游可持续发展的著作。而阎云翔的《私人生活的变革——一个中国村庄里的爱情、家庭与亲密关系》则直接针对华北传统村落中的个体生活领域。翁乃群主编的《村落视野下的农村教育——以西南四村为例》是一本关于农村教育的田野调查文集，涉及川、滇、黔四个汉族和多个少数民族的村落的基层教育宗旨、导向和课程内容问题。

　　人类学家对社区变迁的研究手法之一，是针对该社区所形成的集体记忆及其涵盖的具体个人记忆进行搜集和研究，从而形成某种"社区史"。这种社区史常以口述的形式传承，但我们同样可以以挖掘档案和史料的方式，对之进行深入了解和阐释。设想：城市中存在这样一种空间，其边界并非有形（bordered），而是以某种气氛、嗅觉、样式、格调甚至偶然事件所决定；能够承载并且延续、塑造这些特点的，只能是时间。可以说，认识一个社区的"前世今生"，无论对我们理解社区还是着手对之进行规划，都有着重要的理论和现实意义。在现代化和全球化进程的影响下，中国城市和农村的家庭结构、经济功能、地方政治、社会生活等各个方面都在发生剧烈变化。事实上，在当代语境下，相关的案例不胜枚举，其中有不少正在发生而且转瞬即逝。在发掘、整理和思考这种有关社区变迁的历史方面，人类学作为一门综合性的社会和文化学科有着天然的优势。李红武的《晋水记忆——一个水利社区建设的历史与当下》讲述了水与国家、水与区域社会等内容。而张笑川在《近代上海闸北居民社会生活》一书中所讲述的"闸北"，虽然是历史学意义上的近代上海社区，但作者从发展演变、经济功能、地方政治、社会生活、战争影响等入手，勾勒出1843~1949年闸北城区的发展历程。

　　然而传统社区研究的局限在于，学者们往往过分强调研究个案的独特性，从而忽略了彼此之间的固有和可能的联系以及未对这些联系进行反思。但事实上，比较、综合来自不同地区、不同历史时期的个案研究，从中得出有普遍意义的结论，从来就是人类学学科的重要关怀之一。在城市社会学领域，早有学者将发达国家的都市化进程进行比照研究，从中推断出某些共同模式。Richard S. Krannich、Thomas Greider 和 Ronald L. Little 发表于1985年的论文"Rapid Growth and Fear of Crime: A Four-community Comparison"，描述了四个农村社区在各自不同的发展过程中，居民们针对犯罪恐慌的心理变化。Franz Hollinger 和 Max Haller 更是用来自七个不同国家的数据，分析欧洲、北美和澳大利亚等现代社会的人际关系网络变化。在国内，这种研究视角则相对缺乏。北京大学高佩义的博士论文《中外城市化比较研究》于 2004 年出版，后于 2006 年修订。作者试图从宏观层面描述世界整体和不同类型国家的城市化进程、特点和趋势，并论述城市化的普遍原则和理论基础以及中国城市化过程中面临的机遇和挑战。

除了对都市化进程进行比较之外，将城市、农村以及不同程度上的融合社区（如城中村）进行对比的社区研究也富有意义。在这一点上，刘庸针对甘肃、青海、宁夏的四个社区的民族关系状况的调查，可以看作一次有益的尝试。

通过本文，笔者将致力于厘清社区史（居民有关变迁的记忆）与上海城市社区规划和设计之间的关系。例如，社区空间划分、城市规划布局上的变迁如何在日常层面影响了社区居民的生活方式，社区认同感是否在一定程度上被特定的建筑样式加强或打乱，居民的观念中传统—现代社区的二元对立是如何在上海都市建设的语境之下逐渐形成的，等等。笔者也希望寻找和发掘若干具有可比性（comparable）的社区个案。从这些案例的相似和互异之处中，找出某种有关变迁的观念和实践逻辑，后者可对未来的社区规划和空间研究起到一定的指导作用。不过，有关社区比较研究的系统方法（approaches）还有待建立。例如，研究者常常面临以下问题。

第一，为何要进行比较？或者说，研究案例之间的逻辑联系是什么？

第二，存在哪些具体的、可比较的要素（comparable elements）？

第三，在何种程度上——例如时间、空间跨度——进行比较？

第四，比较所能带来的思考和结论？

诸此种种，不仅需要研究者在具体的研究实践中反复考量，更需要不同领域的研究者之间的合作努力。

记忆与场所

"集体记忆"（collective memory）是法国社会学家哈布瓦赫（Maurice Halbwachs）在一篇发表于 1925 年的论文《记忆的社会框架》（"Les Cadres Sociaux de la mémoire"）中所提出的。因为其工作的重要性，法国大学出版社（Presses Universitaires de France）在 1950 年出版了《论集体记忆》（*La mémoire collective*），随后翻译成各国语言。哈布瓦赫（哈布瓦赫，2002：68-69）将集体记忆定义为："一个特定社会群体之成员共享往事的过程和结果，保证集体记忆传承的条件是社会交往及群体意识需要提取该记忆的延续性。"

作为涂尔干的学生，哈布瓦赫无疑继承了前者的思想。在《宗教生活的基本形式》一书中，涂尔干对澳大利亚土著的图腾制度进行了经典的分析和论述。他试图找出，在图腾信仰和仪式背后，是什么在支撑着社会运转，如同天主教区在西方社会中所扮演的角色一样。涂尔干对于集体作为某种宗教共同体所形成的道德的理解，在哈布瓦赫看来无疑和记忆有关。在《论集体记忆》中，哈布瓦赫对耶路撒冷不同宗教派别的集体记忆形成过程进行了分析。他进一步提出人们有关过去的形象和对过去的回忆，主要是通过纪念仪式或其他身体实践行为来传承的。在此意义上，记忆不仅仅是一种集体意识，更是某种"社会之所以可能"的建构性过程。

从20世纪后半叶开始，哲学、社会科学和人文科学界对集体记忆或社会记忆逐渐予以大规模关注。英国社会人类学家保罗·康纳顿（Paul Connerton）的著作《社会如何记忆》（*How Societies Remember*）出版于1989年，后翻译成中文，在国内学界引起了热烈的讨论。和哈布瓦赫相比，康纳顿强调了"身体实践"在形成记忆过程中的重要作用，将之区分为"体化实践"（incorporating）和"刻写实践"（inscribing）。中国的研究者们也结合他们所关注的现实情况，对集体记忆进行了一定的探索。郭于华通过研究陕北骥村的女性对于农业合作化的集体回忆，发现在合作化过程中的个体苦难尽管令人心碎（如食物短缺、日用品极其匮乏、失去亲人等），但是透过某种集体化的回忆行为，处于劣势的传统女性走出了原本的性别角色，出现新鲜乃至快乐的感受。台湾学者王明珂结合他在四川羌族地区的长期调查研究，提出华夏民族发展史的三个层面：社会记忆、集体记忆和历史记忆。景军的《神堂记忆》，则是在乡土中国语境下，对西北农村的儒家人伦网络如何反映在政治运动中进行考量。

如果说对集体记忆的研究促进了我们对于社会历史的理解——特别是对特定社区在某些历史时期所经历的急速变迁过程的理解，那么有一个问题尚待回答：在构建集体记忆的过程中，空间以及与空间相关的思考和感知，究竟扮演了什么样的角色？事实上，哈布瓦赫本人早就对这一问题进行过讨论。在他鲜为人知的著作《福音书圣地的传奇地形学》中,哈布瓦赫就记忆社会学提出了一个原创性的重要思想:"场所"(lieux)在记忆的形成和维系的过程中起到了关键性的作用。一方面,场所为记忆提供了某种"空间框架"——正如耶路撒冷虽然经过多次的毁灭和重建,但是通过基督徒的回忆(具体表现为福音书和教会神父的持续努力),仍然驻留在人们心目中,成为某种"典型的圣城、一座永恒之城"以及"一个具有象征意义的地方、一种神圣的象征,一个悬浮于天堂和凡世之间的避难所"(Halbwachs, M., 2008:156-203);另一方面,记忆也对场所有着极其重要的影响,表现为人们对特定场所的朝圣、情感维系以及自发性的纪念行为,伴随着这些行为的往往是场所本身的改变、修复甚至是消失。

在《论集体记忆》中,哈布瓦赫(Halbwachs, M., 1997:232)做了如下重要陈述:"场所在保持实物稳定性方面发挥了一定的作用。正是由于定居在这些地方,将自己圈在这个范围之内,改变自己的态度以适应这些地方,才最可能使宗教信徒的集体思维稳定并持久,这就是记忆的前提。"换言之,场所的物质性为记忆的形成提供了基本的条件。然而,哈布瓦赫并非把空间看成是某种单纯的物质环境,他更强调其象征性的方面。这也是为什么现实中常常存在若干种不相关的记忆存在于同一个场所,正如在城市空间,不同的群体自然而然地创造出专属于各自的象征性标志,从而展开各自的纪念活动。甚至,在某种极端情况下,尽管记忆的场所已经消失,但是人们脑海中的意向仍然存在并且指导其寻找、修正乃至重建该场所。

场所影响了集体记忆,反过来,记忆也在场所上打上了特殊的印记。基督徒和伊斯兰信徒对于圣地的定期朝拜以及公众视野中某些重大事件的发生地,事后成为旅游纪念场所,这些都是这一影响的具体表现形式。而当旅游、纪念等发生时,往往伴随着仪式。美国社会学家兰德尔·柯林斯将此描述为一种互动仪式链条中增长"情感能量"(emotional energy)的过程。此外,随着仪式的举行,场所有时被神圣化(如竖立纪念碑、建造教堂等等),有时被修复(如某些建筑),有时则被完全改建(如遭受恐怖主义袭击)。需要指出的是,以上过程往往涉及复杂的公共决策、社会运动甚至某种公开的社会矛盾和冲突。

总而言之,哈布瓦赫的记忆—场所理论,无疑对我们的研究极富启发。

如果把记忆分成个体、社会和历史三个不同层面，在每一个层面上，都能明显地观察到场所对记忆的影响：个体的记忆往往围绕着某些特定的场所而展开，正如在社会层面，场所的缺失毫无疑问地对集体的回忆造成困难；历史事件的发生——不论其意义针对哪一个社会群体或个人——始终无法摆脱其发生地点的影响，毫无疑问随之而来出现一系列纪念活动。同样地，如果把场所所蕴含的空间、环境和建筑等因素一一拆分，我们也能毫无困难地意识到，记忆在各个方面起到的作用：通过仪式，人们可以改变空间、环境和建筑外观；在高度媒体化的社会，场所的某些特定特征（例如独特的建筑风格，或自然环境）被人们记忆、固化并且一再召唤，即便这些特征在一开始并不重要。两者之间的关系如图1所示。

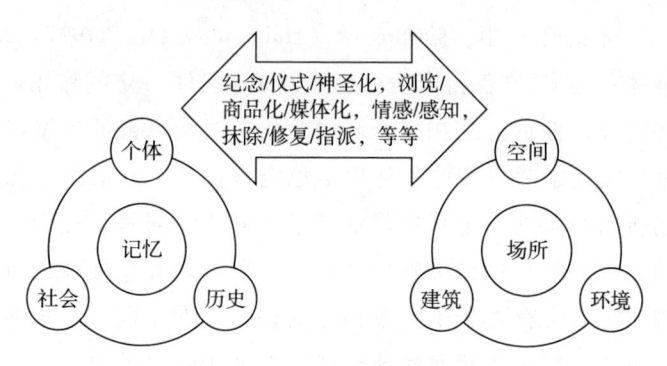

图1 记忆与场所的关系

接下来，我们来考察几个具体的社区案例。这些案例有些来自笔者在项目实施期间进行的实地考察，有些则来自相关文献资料。从对这些案例的描述中，我们不难看出，和场所有关的记忆以及和记忆有关的场所均扮演了重要的角色。有趣的是，在不同的社区语境下，它们所起到的具体作用也不尽相同。

案例一：顾村

2014年6月，我跟随同济大学社会学系的老师，进入上海市宝山区的顾村社区进行实地考察。在此之前，我从未有过真正的城市调查经验。事实上，通过前期的阅读和了解，我意识到这种调查有着独特的属性。首先，在现代都市里进行"参与观察"无疑和传统人类学意义上的田野调查大不一样，在某种程度上，人们更加善于回绝调查者的好奇询问；其次，在上海，语言并不构成调查过程中最关键的因素——尽管后来的经验证明，当研究者试图了解得更加深入时，对沪语的熟悉甚至掌握都是有利的；最后，因为时间、人力和经费等客观因素的限制，"都市人类学"（姑且按照学界流行的方式称呼）在深度和时间长度上似乎无法和在传统社区进行的调查进行比较。综合这些属性，我认为这次考察将和我之前的田野调查非常不同。

我们在一个工作日的下午到达顾村。当时天气晴朗，一路上也很顺利，但是漫长的距离（从我们的工作单位过去需要将近一个小时的车程）令人不禁思考，所谓的"动迁社区"是否在一定程度上和巴黎近郊的政府廉价租房相似。令我印象深刻的一点是，当车辆穿越闹市、工厂、别墅区以及市郊杂乱的聚集区时，一切如同电视屏幕中快速闪动的画面，几乎没有任何的过渡：我们从一个学校云集、知识分子和移民混居、略为混乱的行政区域，来到了另一个看似整洁、简单甚至有些简陋的陌生地方。

我们所在的是顾村的中心地带，距离该地著名的休闲中心——顾村公园——不到几公里的距离。在这个下午，我们在街道上很少能看到行人，这或许和工作日大家都在上班有关。私家车和电动自行车在马路上中速行驶。很奇怪的一点是，这里的出租车和我们在市区看到的不同。据同行的老师解释，这是因为宝山区政府在某些下属的区域投入了独特的出租车。意识到这一点后，我才发现，载我们前来的那辆市区出租车早已消失不见。在我们所处的马路两旁，有若干个商店，密度不大，看上去似乎没有什么顾客。

我们决定去小区里面看看。没有受到任何阻拦，我们顺利地进入了三个不同的小区。其中，有一个小区的规划令我印象深刻：在前半部分，我们看到了热闹的情景——在楼门口不时出入的居民、频繁送货的快递员、五彩缤纷的阳台，甚至在小区门口，有着涌动的人群和密集的商业设施：超市、菜市场、蔬果店、理发店等。然而，当我们走到小区的后半部分，似乎进入了另外一个世界：紧密排列的独栋房屋，几乎无人入住，更多的是处于装修状态。我们也没有在道路上看到任何居民。绕到这些房子的后面，我们看到有一些打理得非常漂亮的花园，有些居民在自家院子里休息、喝茶、与小孩子玩耍。

当我们进入另一个小区时，发生了一点意外。这是一个据说有着近20年历史的动迁安置小区，从房屋的状况和小区设施可以看出，这里居住的人应该不是很年轻，或者也在准备迁去其他地方。有些老师开始拍照，但很快有人上前询问我们是谁，来这里做什么。一番解释之后，我们表明了自己的身份，对方则客气地声称是小区委员会的工作人员。随即有更多的人前来，他们热情地和我们攀谈，介绍小区的基本情况。从他们的口中，我们了解到顾村事实上有若干个巨大的动迁安置小区，分布在相邻的街道。在小区委员会，居民们有着基本的交流机会和文化生活，例如晚上的集体舞。

由于没有事先联系，我们并没有进入居民家中。事实上，这次考察很快就结束了。我们所能看到的信息实际上相当有限：在顾村，一切仿佛都变得异常简单。小区的居民在自己家里生活，在市区工作。当他们回到家后，似乎再没有任何理由让他们走上街道，在外面打发时间。①

这是一段典型的人类学家在田野调查开始期间的记述。尽管我们很难从中看到当地社区居民的意见，但是研究者第一人称的主观描述中仍然清楚无误地表明了，人们是如何从场所和记忆出发，捕获他所身处的环境中的信息。在这里，个体的回忆占据了相当大的比重（"巴黎近郊的政府廉价租房""出租车和我们在市区看到的不同"以及大量对于之前调查经验的回顾），但是涉及社会和历史层面的记忆要素——政府推动下的大规模动迁安置、20年来上海近郊地区的发展变化，乃至同一个小区内部的、明显隶属于两个社会阶层的分布情况——也占据了一定的比重。有意义的是，研究者几乎都在第一时间从场所的特征出发来联系上述记忆，不仅从社区的空间分布（道路情况、沿街的商铺、小区密集程度），也从建筑特征（房屋状态、种类以及相关的审美）来考察对自己而言陌生的研究对象，环境因素在此过程中同样占据了相当大的比重。

值得一提的是，哪怕是在极为有限的和当地居民的沟通中，我们同样看到类似的情况发生：居委会的工作人员在察觉到场所中的异样情况（也

---

① 笔者田野调查笔记，2014年6~7月。

就是我们）后，自觉地进行了纠正；为了达到此目的，他们极快地调动了和小区生活有关的集体回忆——在社会和历史层面，这些回忆涉及政府在过去一段时期内持续的房屋修建和安置工作，在个体层面，涉及晚餐过后人人均可参与的舞蹈健身活动。

案例二：七宝

2014年6月，我和系里的几位老师前往七宝社区的若干个小区，目的是在那里安排一次中等规模的问卷调查。在前期，问卷调查的设计、研究和集体讨论占据了大量时间，我们由此感到实施的紧迫性。

有必要谈论一下这份问卷。为了能够综合体现不同老师对于不同研究问题的兴趣，我们不得不一次又一次地加入新的调查问题，反复培训问卷调查员，并且不断和当地社区的联络人敲定具体的调查日期和时间。最终，我们获得了一份长约20页，需要耗时40分钟的问卷。但是坦白地说，在问卷真正发放之前，每个人都很担心：社会学调查中，问卷所反映的数据质量，在很大程度上决定了最终的研究成果。如果实施调查的效果不佳，意味着项目的进程将被拖慢。

不过，我在这次问卷调查过程中所扮演的角色是次要的。人类学研究的属性以及我的课题都决定了，参与观察、访谈等质性研究方法才是最重要的。幸运的是，这也是我相对擅长的方法。

第一次来到七宝社区时，由于有了之前进入顾村的经验，我将二者自然而然地联系了起来。然而，事实并非如此。首先，当我从10号线地铁终点站走出时，我惊讶于路面的宽阔和路两侧的密集房屋。在某种程度上，七宝让我想起北京通州地区：大型、遥远，却带着某种熟悉的气息。我们在七宝的调查点涉及三个不同的小区，但主要的联络工作是在其中一个大型商品房小区的居委会完成的。在这个小区中央的平房办公室内，我们见到了七宝镇的某位党委领导：利落、忙碌、语速飞快。她不无骄傲地历数七宝的发展历程，并且一再强调对属下所有小区的熟悉程度，因为曾经在不同的小区居委会工作过。

事实证明，我们调研的三个小区的属性有所差别：一个是有着20年历史的商品小区，一个是动迁安置房小区，还有一个是最新的外销商品房小区。在不同的小区和相应的居委会工作人员的接待下，我愉快地发现,之前我对城市人类学田野调查的顾虑似乎有些过多了。我们在三个小区之间反复穿行——它们彼此相隔几公里,但似乎是处于历史的不同阶段。在最大型的商品房小区里,我们看到了一点市区的影子:完善的物业设施,辛勤工作的居委会人员,拥挤的小区道路(以及为居民通勤所专门设立的班车),在建筑的外墙上甚至仍留有"国际化小区"的字样。不过,我们没有在小区内看到外国人。

在动迁安置小区,我则看到一番和顾村不同的气象。诚然,在许多方面,这一类小区的历史和发展历程都是类似的。不过,七宝地区的一个有趣事实是,这里有许多当地的农民最终上交了土地,成为城市居民中的一员。在此意义上,我所在的小区是一个农民城市化的典型社区。漂亮的低层建筑,绿化、物业维持得井井有条,配套的商业设施(超市、小区商店等)也初具规模。在对当地居民的几次访谈中,他们告诉我对于这样的居住条件感到大体满意。但是也有不满的地方,例如群租和大量的外地租客所导致的安全问题——在一段时期前,这里曾经发生了刑事案件,偷盗等问题也很突出。此外,居民的大量娱乐活动同样是广场舞和散步等。值得一提的是,在小区对面的社区文化中心,是某些居民的休闲场所。

我在最新的商品房小区内没有见到什么居民。一方面,每一次我们考察小区时,大部分的年轻人都在上班;另一方面,小区居委会的工作人员也告诉我们,由于很大一部分的住户(包括租客)是外籍人士,因此他们相对抵触和无关的人员接触。我们对小区内的整洁以及社区活动室内持续传出的音乐声感到印象深刻。在某种程度上,这一空间跟我在任何城市看到的高档小区并没有什么不同。

我们的问卷调查最终在两天内完成了。虽然有着各种各样的意外发生,但总体而言还算是比较顺利。我对小区委员会的工作效率备感惊讶的同时,也十分感激当地居民的配合。让我印象深刻的有两件事:当我询问一些农村安置居民,他们平时都去哪里玩,他们回答说很少离开小区,原因是不认识外面的路,也对于电影院、大型连锁超市、商场等设施没有兴趣;此外,他们原本的朋友和同事——有一些曾经是七宝当地工厂的工人——也随着时代发展而四散居住,很久才能见一次面。①

如果说我们在案例一中看到的是包含大量个人主观感受的表述，那么案例二则是研究者初步接触被研究对象的第一手经验资料。在这一阶段，对场所的感知更加直接和明确：不同的小区类型，不同的房屋属性，不同的居住环境以及随之而来的不同居民。在这里，记忆仍然是研究者认知的主要推动力。研究者借助之前的经验，结合当下所处的情况来推断自己位于哪种场所之中。对于当地居民而言，这种推断同样存在。七宝作为一个大型的社区，其发展历程无疑是构建记忆主体的基石，这在当地党委领导的表现中表露无遗。值得一提的是，与其并重的还有对该记忆的每一个细节的关注——准确地说，正如该领导强调的那样，需要熟悉每一个具体场所中（如小区居委会）的所有记忆细节。如此一个完整而强大的社区认同才得以建立。

在案例二中，反复出现的一个重点和社区记忆的断裂、重建有关。在大型的商品房小区，20年前的标语仍然存在，只是在当下已经显得格格不入。相应地，当年的记忆已经不再被提起——事实上，我们在这里看到了一次典型的社会学意义上的"静默遗忘"的过程。与之形成对比的是，原来的农民在进入崭新的生活空间之后，其记忆无法和所在场所建立起联系。他们只有通过形成新的记忆—场所链接，才能让自己的生活继续下去，例如去社区文化中心听戏、唱歌或者跳舞等。这一过程并非令人愉快的。这些居民为了旧的集体记忆，不得不跨越地理距离，寻找自己的朋友或同事，重温之前的时光。总之，在七宝，旧的记忆显然不会骤然消失，新的记忆尚在艰难地形成过程中，而这一切发生在由不同的小区环境、房屋建筑和空间类别所提供的框架之中。

案例三：苏州河

1991年秋天，原先喧闹的南京路上不见了往常的人流。只有几台摄像机正对着一些三四十年代的打扮的演员们。美国著名导演斯皮尔伯格，在摄像机镜头前忙碌指挥着。他正在中国上海实景拍摄电影

---

① 笔者田野调查笔记，2014年6~7月。

《太阳帝国》。中国第一商业街南京路被巨资租用了整整三天。

当然，上海吸引美国剧组的，不光是一条著名的南京路，还有一条著名的苏州河。

据上海电影制片厂美术师黄洽贵的回忆："他们初来乍到，感觉到味道受不了，颜色也受不了，（苏州河的）那个颜色特别黑，应该说污染到了顶点了。"

当时的苏州河乌黑而发亮，在阳光的照射下，弥漫着令人窒息的臭味，并透着金属般的质感。《太阳帝国》的摄影师艾伦·达维亚，面对这样一条世界上少有的河流，这位财大气粗的好莱坞摄影师也不得不承认，这样一条富有凝重感的又黑又亮的河流，绝不是花钱就能造出来的景观。他对黄洽贵开玩笑说："我一定要把苏州河那个水的质感拍出来。"说得大家哄堂大笑。

但是，对于每日生活在苏州河岸边的居民们来说，他们的感受远没有过客般的艺术家们那么轻松。

上海市苏州河边居民莫德尧谈到这一点感触很多："在过这个桥的时候，眼睛都有点辣熏熏，呼吸的时候，我采取的办法是屏着一口气儿（过桥）。我屏气，因为我知道水质不好，气体上来以后，肯定不是氧气很足，而是废气很多，所以我那个时候是屏着气过桥。有些年轻的女孩子啊，经过我们这个武宁路桥，经过我们江阴路桥——它比较长了，都戴着口罩，夏天都戴着口罩，就这样过苏州河。"

另一位河边居民陈顺钢告诉我们一件与之相关的事："20 世纪 80 年代上海房子最紧张了，苏州河旁边的房子，私人的房子，如果是你的房子出卖给我，价钱很便宜的，因为什么道理？污染。人家正常生活受不了。"

和著名的外白渡桥一样，矗立在苏州河北岸的上海大厦，也同样见证了苏州河的一段不寻常的历史。

上海大厦，已有 70 多年历史的美式建筑，是曾经著名的上海滩"百老汇"的旧址，距离苏州河岸堤不足 30 米。这座经历了战火硝烟而完整保存下来的建筑，至今仍然是上海市重要的外事接待宾馆。

上海大厦饭店房务部主管周雪元对当时的苏州河记忆犹新："那时候苏州河和黄浦江到外面有一条明显的分界线，这个水脏、黑、臭。

外国人来了以后，本来是预订一个星期的。住了一个晚上以后，窗户一打开，都是臭味，到第二天就离店了。"饭店总经理陶配泰也说："（那时）特别是到夏季退潮的时候，苏州河污染的水都可以舀到上面来写字，很浓很臭。污染的时候，我们餐厅根本就不敢开窗。因为开了窗，你想吃饭？闻到苏州河的臭味，大家都不能接受，所以我们餐厅的生意，曾经一度也受到很大的影响。"大厦餐厅服务员韦粉英则记起了一件多少有些无奈的事情："有一个团体是巴西团，我记得很清楚，上鱼的时候，客人不愿吃，我说为什么，他们说这个鱼肯定是苏州河这个臭水河里面的鱼，他说我不愿吃。"

其实，那位想当然的巴西客人并不知道，那条让他恐惧的苏州河里，已经不会有生命了，当然不会有上餐桌的鱼。凭水临风的上海大厦不得不长期处在恶风臭水的包围之中。而且，这不单是一个上海大厦的处境。当时苏州河流经上海的53公里河段，已经全线黑臭。

……

经过近10年的不懈努力，苏州河的水质已经有了明显的改善，臭味基本消除，水体也逐步变清，而更让人欣慰的是，在2001年4月，苏州河50多年来又第一次看见了鱼的身影。河边居民莫德尧甚至告诉我们，不只是鱼，连水蛇、青蛙、蛤蟆等动物，他也看到过不少。

另一位河边居民陈顺钢，他对周边的环境改善充满了喜悦之情："现在门户都开着了，这就不一样了。空气新鲜了，臭味根本没有了，退潮的时候都没有臭味了。"上海大厦饭店总经理陶配泰也高兴地说："现在客人一下车来不是说马上进餐厅，而是先要看看苏州河的风光，先欣赏欣赏风光，再到餐厅吃饭。我们很多餐厅都是朝着黄浦江和苏州河的，客人到了餐厅以后，他愿意把窗子开开，吹吹苏州河、黄浦江的清风，然后再品尝我们的美味佳肴。客人就相当满意，也很愿意到我们这里来。"[①]

案例三是从第三者的角度，对上海苏州河地区的发展变化历程进行的描述。诚然，作者的出发点并非调查研究，其写作方式也更加自由。但是

---

① 夏骏、麦天和、阴山，2005，《解密上海：大上海再度崛起之谜》，中华书局，第77～79页。

这并不妨碍我们将其作为考察的文本，进行分析和阐释。事实上，社会记忆的一个重要维度，即透过对文字、图像、影像等各种媒介，传递和保存对历史事件的记忆。在此意义上，本案例正是场所—记忆关系的一次典型展现。

有趣的是，上述文字的作者，正是通过描述、对比不同个体、集体对同一地理场所的记忆变化，来展现苏州河地区的变化的。为了体现苏州河整治以前的情况，作者引入了当地居民、电影拍摄者、在当地工作的人（包括主管人员和服务人员）的不同视角。从每个人的回忆中都可以发现，苏州河当时糟糕的环境，其影响远远大于空间（城中河流）和建筑（如上海大厦）等因素，为当地社区留下了负面的印记。例如，河边的房子因为污染而卖不出去。在后半段，同样是通过当地居民、当地工作者（事实上是同一位饭店主管）的记忆，作者将之前的描述调转，即因为环境因素的改变，场所整体的价值提高了——环境的提升也带来空间价值的提升，尽管在现实中，同一家饭店的朝向和地理位置并无变化（"朝着黄浦江和苏州河"）——从而带动了集体记忆的变化，进一步引发人们情绪的改变（"充满了喜悦之情""满意"）。

案例四：烟纸店

再过若干年，对新生代的沪上小孩子来说，烟纸店可能就要是个历史概念了。对烟纸店，李荣先生主编的《现代汉语方言大词典》的上海方言分册是这样解释的，"小杂货铺，以卖烟、火柴、草纸等日用小商品为特色"。曾有研究近代上海史的朋友告诉我说，早年间这样的小店因为主要是卖烟（可以零卖，甚至一支支卖）和兑换纸币的地方，所以叫烟纸店。老上海有个行业就叫"烟兑业"。

在我们70一代人的心目里，这样的烟纸店，永远有一个沉默寡语的老头或老太，但也还没老得太透，神色漠然地靠窗坐着，间或从斜放着的广口玻璃方瓶中取出几颗弹子糖、几爿甘草桃片或一撮白糖杨梅，用张黄纸包个三角纸包，递给已经把一毛钱角票放在台子上的趿鼻涕小鬼。

附近的主妇们光顾，是为了固本肥皂、三星蚊香、卫生香和草纸；男人们则通常来上一盒烟，顺带一匣火柴；小孩子呢，除了那点营而

不养却滋味绵长的零食，多半会瞧瞧新到的练习簿，是不是封面比上礼拜买的那本好看些。橡皮也颇受欢迎，许多女生要那颜色俗艳而带香味的，我们呢，则分两派，一种是硕大的长方形白橡皮，拿在手里沉甸甸的，有点大将风度，有人则喜欢另一种，细长的，一半黑一半白，色深的那半掺有很细的砂质颗粒，给我们的铅笔盒带来些抽象风情。

  夏天的烟纸店最讨我们喜欢，这时节，台子上会多几只竹壳的广口保温瓶，用装了棉花的布包塞在瓶口，棒冰4分，要是赤豆或绿豆的更好；雪糕8分，小孩最喜欢那种带可可口味的；要是想买1角9分的简装小冰砖，这样的店通常没有，你得到稍远的那家国营南货店或食品店才能买到了。

  迁居以前，我家弄堂外马路对面就有两家烟纸店。较近的那家，因店主脖子稍稍有点歪，连他的小店也被唤作"斜（读若qia）头店"了。我的小学就在这家店旁的小路尽头，而这小店，也成了小学生的乐园。①

  曾几何时，上海人把遍布大小马路和弄堂的杂货店叫做"烟纸

---

① 汤惟杰，2014，《马路上有家烟纸店》，《新民晚报》8月15日。

店"。这些小店大多小小一个门面,几块漆着红漆的木头门板,夫妻一同经营,卖香烟零嘴、针头线脑、生活杂货。几分钱的话梅桃片盐津枣和糖果放在大大的糖罐里头,让弄堂小孩馋得慌;可以零散折卖的香烟,是捉襟见肘的烟鬼们救急的去处。

那时的夏天,男人们赤着膊搬着凳子坐在弄堂口乘凉吹牛,会差乱跑疯玩的小赤佬去烟纸店买香烟,还外带恐吓:"快滴岢,再勿去馋老虫要爬出来了!"女人家断了衣针掉了纽扣,都是上烟纸店补货。有时蚊香没有了,或小孩中暑要用十滴水,深更半夜还会去敲烟纸店的门,他们也会开一扇小窗卖给你。

这样小小的店面曾经是城市密密麻麻的毛细血管上最微小的细胞,深入在每一条弄堂里,为人们生活的正常运转提供最琐碎的帮助,也为家长里短的流言八卦提供滋生的温床。而今,关于烟纸店的回忆却深埋在大多数上海人的脑海深处,大都市生活将我们和这些小店隔离在两个世界。

这个城市的标志逐渐被方便整洁的 24 小时便利店代替,快捷、便利、功能齐全,却不再与个人情感产生太多联系。

随着马路拓宽、弄堂拆迁,烟纸店一家家老去,它们随着市井里弄的萎缩而萎缩,几乎要悄无声息地退出这个城市的历史舞台。

而我们,带着对过去零星的记忆,去寻找还在经营着的烟纸店,寻找还留存的脉脉温情,甚至去聆听,那些末梢细胞将要爆裂时无奈的声音。

乌鲁木齐路 304 号、秦关路 10 号、海伦西路 345 号、丹凤路 162 号……

这一个个门牌号码下,是还活着的烟纸店们,和驻守在店里的老上海。而在他们周围,是最后一批还生活在里弄里的城市人,他们用复杂矛盾的情感,向我们讲述了一个时空错乱的故事,带我们回到,那个记忆中的上海。[①]

我们讨论的最后一个案例,同样来自第三者的描述,系两位作者针对

---

① 姜晨颖,2012,《最后的烟纸店,能留下吗?》,《申报》8 月 1 日。

上海传统社区内常见的小型杂货店——烟纸店——所展开的讨论。首先，和之前的案例一样，我们要记得此处展现的已然是个体及其所代表的群体对于社会空间中特定场所的回忆。这种回忆属于哈布瓦赫描述下的、群体对场所的纪念性仪式。通过该仪式，原本物质性的场所——在这里指向一个世俗的、逼仄的空间——成为象征性的场所，正如现实中的烟纸店正在慢慢消失，从而成为"上海人的回忆"。

其次，从作者对烟纸店场所的大量细节方面的描写，我们不难察觉"情感能量"蕴含其中。事实上，在空间、环境和建筑特色之外，人们在此期待唤起的，更多的是对某种社会生活方式的回忆：顾客和店主之间的交流和互动、相关消费行为发生的时间和场合、商品以及其价格所带来的"历史感"等。这些回忆，正如"密密麻麻的毛细血管上最微小的细胞"占据了人们心目中对于场所的想象。

最后，和案例二中提到的新旧记忆随着场所的变迁而产生矛盾冲突一样，烟纸店和 24 小时便利店同样维系着大量如前所述、微小缠绵的记忆点。在后半部分的描述中，纪念仪式随着作者的情感能量不断增强而到达顶点，体现在"末梢细胞将要爆裂时无奈的声音"和"时空错乱"中。这意味着记忆随着场所的更替被彻底打乱。

社区认同

通过不同案例来讨论社区记忆和场所之间的关系，我们不禁思考：什么是社区，换言之，社区的居民究竟如何认定自己所隶属的社区，并且就这个问题在个体之间取得共识。笔者认为，社区认同是对记忆—场所理论的延伸，它直接反映了社会学研究中的某些基础性的问题。

涂尔干曾经提出，理解社会的关键在于理解"共识"（consensus）形成的过程。在他的理论框架下，宗教和道德构成了人类社会共同的基石，因为正是由于宗教信仰、仪式和道德律令的存在，人们得以形成某种超越个体的"集体力"。在哈布瓦赫那里，这一集体力似乎更加明晰。他认为，之所以个体之间能够克服差异，无非是通过集体记忆这一工具。群体对历史事件的回忆，不但巩固了个体心中对于自我、他人和集体的意识，更加保证了在当下和未来，这一超越性的力量不会消失。场所维度的加入进一步丰富了这一论述。通过记忆—场所理论，研究者得以理解个体记忆、社会记忆和历史记忆的形成过程；对于从空间角度来探索其社会意义而言，我们也有了更加精细的视角——场所在记忆的影响下，逐渐脱离其物质性，并且随着社会的变迁，或许产生案例四中所描写的"时空错乱"。这种关系让我们意识到，或许社区认同就是场所基础上的记忆形成过程。通过场所，记忆找到了一个空间框架，人们得以将某些时间和空间固定于特定的场景之下；透过记忆，场所超越了其物质性，它所蕴含的空间、环境和建筑等因素无不一一打上了人的烙印。正是在这种复杂的互动过程中，个体脱离了自我而将目光转向他所属的群体，个体同这个群体的其他个体分享着同样的记忆，也分享着同样的场所。这意味着个体认同了这个社区。

参考文献

莫里斯·哈布瓦赫，2002，毕然、郭金华（译）：《论集体记忆》，上海人民出版社。
高佩义，2006，《中外城市化比较研究（增订版）》，南开大学出版社。
李红武，2011，《晋水记忆——一个水利社区建设的历史与当下》，中国社会出版社。
刘庸，2013，《城市化进程中城乡社区民族关系比较研究——以甘青宁三省区的四个社区为例》，《青海社会科学》第2期。
王铭铭，1997，《小地方与大社会？中国社会的社区观察》，《社会学研究》第1期。
翁乃群（编），2009，《村落视野下的农村教育——以西南四村为例》，社会科学文献出版社。
吴文藻，1935，《现代社区实地研究的意义和功用》，《社会学研究》第66期。
阎云翔，2009，《私人生活的变革——一个中国村庄里的爱情、家庭与亲密关系》，上海书店出版社。
张笑川，2009，《近代上海闸北居民社会生活》，上海辞书出版社。
周春发，2012，《旅游现代性与社区变迁（以徽村为例）》，社会科学文献出版社。
Fei, Hsiao‐tung, 1939, *Peasant Life in China: A Field Study of Country Life in the Yangtze Valley*, London: G. Routledge and New York: Dutton.
Hollinger, Franz and Max Haller, 1990, "Kinship and Social Networks in Modern Societies: A Cross-cultural Comparison among Seven Nations." *Europe Sociology Review*.
Krannich, Richard S., Greider, Thomas, Little, Ronald L., 1985, "Rapid Growth and Fear of Crime: A Four-community Comparison." *Rural Sociology*.
Lin, Yueh‐hwa, 1947, *The Golden Wing: A Sociological Study of Chinese Family*, London: Routledge & Kegan Paul.

Yan, Yunxiang, 2003, *Private Life under Socialism: Love, Intimacy, and Family Change in a Chinese Village, 1949 – 1999*, Stanford University Press.

Gérôme Truc, 2012, "Memory of Places and Places of Memory: For a Halbwachsian Socio-ethnography of Collective Memory." ISSJ.

Halbwachs, M., 2008, *La Topographie légendaire des évangiles en Terre sainte*, Paris: PUF.

Halbwachs, M., 1997, *La mémoire collective*, Paris: PUF.

Pierre Nora dir., "Les Lieux de mémoire, Gallimard (Bibliothèque illustrée des histoires)." *Paris, 3 tomes: t. 1 La République* (Vol. 1, 1984), *t. 2 La Nation* (Vol. 3, 1986), *t. 3 Les France* (Vol. 3, 1992).

社区规划中的居住空间分异问题及其应对策略

孙明（同济大学社会学系，副教授）

摘要：本文从表现、模式、原因、后果四个维度对国内居住空间分异研究进行了评述，并以邻里效应为理论分析工具，提出居住分异影响个体行为、态度、生活质量的六种机制。以社区为分析单位，使用2010年中国家庭追踪调查数据库（CFPS）和2012年中国劳动力动态调查数据库（CLDS），对不同类型社区在区位、资源、人口、环境、安全、邻里关系等方面的差异进行了统计分析，勾勒出空间分异的状态和社会后果。为了弥补定量研究的不足，我们在上海市宝山区选择动迁安置小区、商品房小区、大型保障房居住区、老公房小区四种类型社区，考察了不同社区的特征、治理难题及相应的治理模式。

关键词：居住空间分异 邻里效应 社区治理

第一部分 研究综述

一 研究的背景及意义

居住空间分异（residential segregation）或称居住隔离是两个或更多团体在城市的不同部分各自独立生活（Massey and Denton，1988）。由于种族、宗教、职业、生活习惯、文化水准或财富差异等原因，那些特征相似的居民集居在特定地区，不相似的团体则彼此分开，由此产生隔离现象。居住空间分异的内涵具有空间和社会两个维度：居住空间上隔断以及团体的主体互不接触、没有社会交往（黄怡，2004）。

西方国家在工业化的进程中，城市空间逐渐展现出马赛克式的镶嵌图景，居住空间分异日趋严重。由此导致的社会矛盾、空间环境冲突引起了研究者的广泛关注。为了打造适合人类居住、交往的城市生态环境，居住空间分异成为城市社会学、城市规划、城市管理等领域的重要研究对象。

中国作为一个后发现代化国家，正经历着急剧的城镇化过程和前所未有的社会转型。社会阶层的分化、住宅市场化、财产权的确立都加速了城市空间的重构，居住空间分异现象逐步显现。居住空间分异是资源分配不平等的空间反映，对社会心理产生复杂深刻的影响，也可能诱发一系列的社会问题和城市治理困境。因此，我们将在国内外已有研究的基础上，对居住空间分异进行深入的理论探讨和实证研究，希望能够提出有价值、可操作的建议来完善社区规划，规避居住空间分异产生的负面后果，实现社区健康、可持续的发展。此外，我们基于本土经验，力图形成具有创新性的成果以期与国际前沿研究对话。综上所述，社区规划中的空间分异研究具有重要的现实意义和学术价值。

二 国内已有研究及不足之处

（一）居住空间分异的表现

1. 对不同居住空间居住水平的描述

许多研究者对不同居住空间中住宅的类型、住宅房型与面积、住宅价格、配套设施、户外环境、人工景观、公共服务、交通设施、社区管理等不同方面的差异进行了详尽的描述，以此凸显不同空间中居住条件的差异（刘冰、张晋庆，2002；黄怡，2005；杨上广、王春兰，2006）。

这些研究对认识居住空间分异具有启发意义，但是居住水平的差异只是居住空间分异的一个方面，而这些研究忽视了空间分异的社会维度——空间的隔断造成的社会交往的阻隔。在市场主导的住宅分配中，居住水平的差异是一个无法避免的、自然而然的结果。在描述的基础上，笔者认为应该进一步研究和评估分异造成的社会后果，反思规划设计，才更有研究意义。

2. 对不同居住空间中人群的描述

辨别居住空间分异的另一个做法是对不同居住空间中群体的人口特征、

社会经济特征进行描述，尤其是对不同社会阶层在空间中的分布进行描述。因为研究者们认为阶层分化或社会经济水平的差异是决定居住空间分异的内在原因，换言之，居住空间分异是社会分层的后果，是在空间维度的表现。例如王兴中等（2000）将西安市区划分为人口密集混合居住区、干部居住区、知识分子居住区、工人居住区、边缘混杂居住带、农业人口散居区等多个社会区域类型。

不同特征的人群在不同空间集聚、彼此分离，是否造成了负面的社会后果，哪些特征形成的隔离应该引起城市管理者、城市规划者高度的重视，已有的研究并没有进行更加深入的比较研究，而只是停留在对不同人口特征的浅层次的描述。

（二）居住空间分异的模式

研究者试图在描述的基础上，概括出居住空间分异的模式。例如，经济地位差异造成城市内部呈扇形分布、家庭类型差异造成同心圆状空间隔离、上海内外圈分明的圈层式隔离以及中心城区的镶嵌状隔离与簇状隔离（杨上广、王春兰，2006；黄怡，2005）。

这些研究时常以图的形式直观展示空间分异的状况，但存在几个问题：首先，这些模式是否具有普遍性，是否蕴含着空间分异模式演变的规律？其次，不同空间分异的模式所造成的社会后果是什么？哪种模式阻碍了城市社区的健康发展？评估优劣的指标有哪些？这都是现在研究需要深入的地方。最后，已有的模式是以城市为分析单位，那么以邻里为单位有哪些居住空间分异的模式呢？

（三）居住空间分异的原因

研究者从社会文化因素以及中国特有的制度安排出发，对居住空间分异的形成机制进行了比较充分的探讨。袁媛和许学强（2008）将影响居住隔离的因素概括为外部作用力和内部作用力。以制度和公共政策为代表的外部作用力，指后工业化背景下内城就业的减少，主流群体的退出，住房市场和公共住房导向等。内部作用力是指文化心理需求和个人择居因素。文化心理需求表现为对抗外来压力的自我集聚；个人择居的影响因素指就业、收入、居住年限、家庭地位、性别、家庭和生命周期、亲属和友谊关系等。其他因素还包括种族宗教、市场机制、国家政策、城市规划管理等（万勇、王玲慧，2003；黄怡，2005）。在诸多因素中，城市社会阶层的不断分化、财富分配差距的拉大是一个重要的原因，吴启焰等（2002）认为居住空间分异是社会阶层分化与住房市场空间分化、个人择居行为交互作用的结果。

已有的研究对各种影响因素的探讨主要以质性研究为主，对因果关系的推论主要依据理论猜想以及国外经验，缺少对复杂机制的阐释以及实证检验。此外，值得关注的是，空间居住分异与影响因素之间很多时候是互为因果的关系，前者如何影响和固化后者也是不容忽视的。

（四）居住空间分异的后果

居住空间分异使城市变得更加"分化""碎化"和"双城化"，形成防卫社区和下层阶级聚居的社区。一方面，富人和穷人之间形成各自交往的网络，造成社会断裂；另一方面，空间隔离使得贫困阶层逐渐远离主流社会，容易出现贫困固化以及阶层间的冲突。城市的功能无法正常发挥，社会的不稳定性增加。此外，城市的环境和景观作为一种公共空间资源，居住空间分异导致这些资源占有不公平。

国内学者对于居住空间分异社会后果的讨论，许多论述照搬发达国家的历史经验或猜想。对于中国居住空间分异的后果尤其是负面后果缺乏科学、严谨的实证研究。居住空间分异一定会产生负面的社会后果吗？在哪些方面导致了社区问题？这都需要社会调查的资料来予以回答。

三 邻里效应：居住空间分异对个体的影响机制

邻里效应指的是，不同的居住社区或区域对个体生活机会（life-chances）产生的净效应（Atkinson & Kintrea，2001）。具体而言，邻里效应的研究试图回答为什么人们成长于或者生活于不同的社区会导致生活质量、机会、行为、态度等诸多方面的差异。这类研究不满足于对某些社区贫困和社会问题进行简单的描述性统计，而是力图挖掘邻里效应起作用的机制是什么。

围绕邻里效应，国外的研究者做了大量的理论研究和实证研究，尤其是社会底层集聚的社区对个体的影响。解释的机制包括社区贫困文化（Murray，1996）、示范性角色的缺位（Wilson，1987、1996）、社区社会资本的匮乏（Souza Briggs，1998）、物质资源与服务不足（Duffy，2000）、工作机会受限（Kain，1968、1992；Wilson，1996）、日常行为（Sampson et al.，2002）等。

Ellen 和 Turner 总结了邻里效应起作用的六种机制：①社区服务的质量，

包括公立学校的质量在内；②社区中成年人或示范性角色对未成年社会化的作用；③社区中朋辈群体对行为和价值观的影响；④社区社会网络，涉及工作机会、社会支持、政治参与、公民性等；⑤社区犯罪和暴力；⑥空间距离和隔离程度，涉及工作机会、公共交通便利性等。

Atkinson 和 Kintrea（2001）也总结了邻里效应起作用的六种机制：①集聚（concentration），尤其是大量贫困人口在同一社区中集聚，导致资源不足、社会资本匮乏、越轨行为和观念流行；②区位（location），涉及房产价值、劳动力市场距离、空间隔离程度等；③社会环境（milieu），包括社会网络、社会资本、贫困文化、越轨环境等；④社会化（socialization），未成年人的教育、对成年人的行为模仿、朋辈群体影响等；⑤物质条件（physical），社区环境、房屋质量、物质配套设施等；⑥服务（service）。

Sampson（2002）等提出邻里效应起作用的四种机制：①社会联系和互动（social tie and interaction）；②社区规范和集体效能感（norm and collective efficacy）；③机构资源（institutional resources）；④日常行为（routine activities）。

通过上述具有代表性的研究可以看出，邻里效应对个体生活机会产生的影响机制很多，涉及物质资源与社会环境、社会化过程、文化价值等多个方面，而且这些方面彼此交互、强化，使得邻里效应的研究丰富而复杂。

但是，已有邻里效应的研究中很少有研究将社区规划纳入对邻里效应的考量，只是从物质资源、机构设施的角度论述邻里效应对社区居民生活需求的满足和生活质量的影响。因此，我们明确提出邻里效应中的"空间规划效应"（spatial planning effect）。此外，中国社区自治性较弱，居民的自治能力和自治意识有待提高，成熟的志愿性社团或社会组织并不多见；在一些贫困人口较多的社区中，以市场为主体来满足居民的需求也不太现实。因此，当地政府机构（如街道和镇、房管局、城管局）以及类政府的社会组织（如居委会）能否实行有效的治理，提供公共物品和服务来保证社区居民基本的生活水平，就显得尤为重要。考虑到社区治理涉及多个主体，有政府治理、居民自治，其高级阶段是社区共治。因此，我们在邻里效应中增加了"共同治理效应"（co-governance effect）。

在已有研究的基础上，我们认为邻里效应可以分解为六个子效应：①区位效应；②资源效应；③集聚效应；④社会环境效应；⑤空间规划效应；

⑥共同治理效应。其中，集聚效应、社会环境效应、共同治理效应是城市社会学重要的研究对象，而空间规划效应是本课题研究的重点。下面我们对这六种效应做更详尽的阐述。

（一）区位效应（location effect）

区位指的是住宅在城市区域（空间）中的地理位置和以此为基点进行工作、上学、购物、就医、娱乐等出行活动时所需的交通成本以及该位置的自然环境、人文环境等对居住者身体和心理等方面的影响（董昕，2001）。我们在此对区位的界定相对狭窄，主要指社区在城市空间中的位置，距离某些功能位置的空间距离。社区的区位时常决定了距离城市优质资源的远近（如医疗、教育、商业）、劳动力市场的机会、交通成本等。

（二）资源效应（resources effect）

社区资源主要指的是社区内部或周边设施的数量、质量及多样性，这些设施能够满足青少年教育、幼儿照顾、娱乐和社交活动、医疗、家庭支持、就业等多种需求（Coulton et al.，1999；Elliott et al.，1996）。个人的生活质量与社区资源、服务的质量和可得性息息相关。最典型的例子就是与社区对应的公立学校的质量，尤其是小学，学校质量关系到孩子的教育获得与良好品德、习惯的养成。社区中医疗资源的质量以及获取医疗资源的便利性，在很大程度上影响老年人的生活福祉。

（三）集聚效应（concentration effect）

集聚效应主要是社区的人口结构，即某种类型的人口在社区中的比例远远高于平均值，集聚产生了个体、家庭之外的效应。研究者关注最多的是贫困社区，大量失业和贫困人口在同一空间中集聚，强化了他们在经济上的不利地位；集聚使得犯罪、暴力、反社会行为等社会问题集中爆发，使社区被污名化，进一步导致边缘化和隔离。相关研究的代表作是 Wilson 的《真正的穷人》，认为社会底层聚居区的贫困和社会断裂产生了真正的穷人。

关于社区人口结构的特征，研究者时常从三个维度进行测量：①贫困集聚（concentrated poverty）：社区居民中收入低于贫困线的人口比例、领政府救济的比例、失业人口比例等；②居住稳定性（residential stability）：租户的比例；③移民集聚（immigration concentration）：拉丁美洲裔的比例、在国外出生人口的比例（Browning et al.，2004）。当然，根据中国的情况，测量贫困集聚的指标可以是低保家庭的比例，研究者更关心的是流动人口的比例以及社区人口的阶层结构。

（四）社会环境效应（milieu effect）

社会环境指的是社区物质资源以外，基于居民互动、文化所形成的社区氛围。我们将社区内部的社会网络、社会资本、集体效能、文化、社区凝聚力、非正式的社会控制、角色示范、朋辈群体的影响等都视作社会环境效应。下文我们将重点介绍其中几种效应。

1. 社会资本（social capital）

社会资本是蕴含于社会关系中的资源（Coleman，1988；Leventhal & Brooks-Gunn，2000），虽然对于它的理论内涵与测量还存在争议，但是作为社会学的一个重要理论工具，它在社区研究中发挥重要的作用，社区社会资本被视为邻里效应影响个体的重要社会机制。

社会成员的社会支持和经济机会依赖由朋友、同事、熟人所构成的社会网络，而社会网络时常以空间为基础。邻里之间的互动、关键信息的分享、工具性的支持、情感性的慰藉，这些社会资本不仅能够在居民遇到困难时提供宝贵的社会支持，还能增进居民的生活福利。一些研究者甚至发现，社区社会资本对居民的公民性、社区政治参与都有深刻的影响（Cohen & Dawson，1993）。

对于社区社会资本的测量方法，研究者莫衷一是。有的测量邻里间社会连接的强度（Elliott et al.，1996；Veysey & Messner，1999；Morenoff et al.，2001），有的测量邻里间社会互动的频率（Bellair，1997）。桂勇和黄荣贵（2008）根据已有文献关于社会资本各维度的具体测量指标，结合中国实际情况，设计了一个较为完整的测量量表，包含的七个一级指标分别是：参与地方性社团和组织、社会互动、信任、志愿主义、社会支持、社区凝聚力、社区归属感。这一量表应该是当前国内比较全面的关于社区社会资本测量的量表。

2. 集体效能（collective efficacy）

集体效能指的是社区居民之间相互信任的程度，居民的共识以及是否愿意为改善社区环境采取行动、做出贡献（Sampson et al.，1997）。Sampson及其同事通过"非正式社会控制"（informal social control）和"社区凝聚力"来测量社区的集体效能。其他的方式是，测量社区内的居民对于一些破坏行为的社会控制能够达成共识，社会控制包括非正式的监督（informal surveillance)（Bellair，2000），或者对社区内未成年人的监管（monitoring）（Veysey & Messner，1999；Bellair，2000）。例如 Browning 等（2004）测量非正式控制时使用的题目有：父母知道孩子在邻里中的伙伴；大人知道哪些孩子住在这里；在邻里中，孩子有可以寻求帮助的大人；邻里中的父母一般彼此认识；可以托付邻居来照看孩子。

3. 社区凝聚力（social cohesion）

社区凝聚力是指社区居民之间的相互联系、相互信任、相互认同的存在状态，它是社区整合的一种表现，有助于社区协调一致地实现目标（蔡禾、贺霞旭，2014）。凝聚力强的社区，更加团结、公共参与度更高、一致行动的成本更低。

社区凝聚力的测量方法类似社会资本，同样是五花八门。Sampson 及其同事使用五个问题来测量社区凝聚力：社区里的居民喜欢帮助邻里，社区有紧密的邻里关系，居民值得信任，被访者不与居民和睦相处，不共享共同价值观（Sampson et al.，1997）。Bruhn 则通过邻里吸引力、邻里关系程度、社区的心理意识（感觉到与社区内的其他居民之间有一条共同的纽带）三个维度，构建了一个社区凝聚力量表。Smith 在综合考虑了其他研究者对社区凝聚力的测量方法后，认为物理设施的使用水平、个人对社区的认同水平、社区内的社会交往水平以及社区居民的价值共识水平，这四个方面可以完整地测量社区凝聚力。例如，关于社区内的社会交往水平的测量，包括填写被访者家邻居的姓名，在邻居家或自己家里与邻里举行晚餐聚会、一起游戏、一起看电影等活动，对邻里友好程度的评价，互助等五个问题（Smith，1975）。Abadaa 等则使用了六个题目来构建社区凝聚力指标：街区在晚上的安全程度、邻里熟悉彼此、社区居民是友好的、居民宁愿住在其他地方、邻里中有年轻人可以敬仰的成年人、人们乐于帮助邻里（Abadaa and Ram，2004）。

4. 贫民区文化（ghetto culture）

美国学者 Lewis 通过对贫困家庭和社区的研究提出了贫困文化理论，试图从社会文化的角度解释贫困现象。该理论认为穷人因为贫困而在居住等方面具有独特性，并形成独特的生活方式。穷人的独特的居住方式使他们与其他人在社会生活中相对隔离，产生出一种脱离社会主流文化的贫困亚文化。处于贫困亚文化之中的人有独特的文化观念和生活方式，进而固化了他们贫困的生活。并且贫困亚文化能够在代际传递，塑造着在贫困中长大的人的基本特点和人格，减少了他们摆脱贫苦的机会。许多研究者对空间社会隔离产生的贫民区文化进行了实证研究，例如 Murray 认为贫民区文化的表现就是"短期目标"和"越轨的规范"（deviant norms）（Murray，1996）。

5. 示范效应（role model）

社区的成年人作为一种集体性的存在，本身就构成了未成人成长的重要的社会环境。儿童会通过社区中的成年人来学习哪些行为是"正常"或者被接受的。成年人的言行和职业会影响到儿童的教育期望和职业期望；邻居还可以帮助照顾、教育、看管他们的孩子。成年人通过行为和话语，表达他们对工作、教育、文明行为的看法，尤其是那些拥有权威、受人尊敬的成年人，他们在孩子的社会化过程中，时常发挥重要的作用。因此，在好的社区中，未成年人有良好的学习榜样，从而能够培养他们良好的品行、价值观、较高的教育和职业期望。

6. 朋辈群体影响（peer influence）

许多研究者都关注过青年人的观念和行为如何受到朋辈群体的影响。朋辈群体产生的压力既能够诱使青年人产生危险或犯罪行为，也可能激发他们在体育和学业上的成就。良好的社区更有可能遇到有积极影响的朋辈群体，从而有利于未成年人的成长。

（五）空间规划效应（spatial planning effect）

随着社区建设的蓬勃开展以及居民对社区生活质量要求的不断提高，当前社区规划逐渐成为解决资源配置及其他社区问题的重要手段，其背后"邻里单位""新城市主义""可持续社区"等规划理念体现了研究者和设计师将理性融于社区建设之中的意图。以合理的空间设计、资源配置、道路规划来打造符合现代生活、具有可持续发展能力、满足居民多方位需求的社区（王立，2010）。

空间规划效应关注的是，通过规划手段对社区空间的结构、功能、景观以及资源的配置等进行合理的设计。我们相信经过良好规划的社区健康、安全、便捷，有利于居民的社会交往并形成丰富的社会资本，提升社区的凝聚力和集体效能感。而不合理的规划会导致负面的社会后果，产生或强化社区社会问题。换言之，这样的社区先天不足，规划上的败笔为日后社区的衰败埋下伏笔。

（六）共同治理效应（co-governance effect）

社区生活质量与社区治理水平息息相关，社区问题的化解主要依赖社区治理的能力。如果说发达国家社区建设依靠的是市场和法律，那么中国首先依靠的是政府及其附属的类政府组织。地方政府的资源、基层管理者的能力与责任心，都直接关系到社区的环境卫生、治安状况、配套设施、文化娱乐、社会参与等。虽然许多中高档商品房社区的需求满足主要依靠物业公司提供的市场化服务，通过契约关系限定权利与义务。但是，在大量街坊社区、老公房社区、大型保障房居住区，居民生活水平的高低主要还是取决于基层政府的治理。

根据合作主义的治理模式，未来社区治理的主体除了业主、居委会、业主委员会、物业公司以及相关的基层政府以外，还包括社会组织、企业、共建单位等，形成一种社区的共治。共治模式的实践及效果直接关系到社区能否实现可持续发展。

四　研究思路和内容

本研究的分析单位不是整个城市空间，而是社区或者邻里——有可辨别界限、相对完备的居住区域。

我们的研究属于探索性研究，是在已有研究的基础上将社区分为不同的类型，然后考察不同社区在区位、资源、人口、环境等维度的差异，以此来回答社区层次的居住空间分异产生了怎样的社会后果？在哪些维度不同类型社区间存在显著的差异？换言之，是对城市中不同居住空间的物质条件进行描述，对不同空间内群体的人口特征和社会经济指标进行统计，以此来勾勒空间分异的状态。

本研究采用定量研究与质性研究相结合的方式，首先运用统计方法对已有数据库进行分析，对总体的状况有一个比较清晰的把握；而后选择具有代表性的社区个案进行更深入的研究，弥补定量研究方法的不足之处。

第二部分　描述性统计分析

一　数据

（一）中国家庭追踪调查数据库（2010）

中国家庭追踪调查（China Family Panel Studies，CFPS）由北京大学中国社会科学调查中心（ISSS）实施。CFPS旨在通过跟踪、收集个体、家庭、社区三个层次的数据，反映中国社会、经济、人口、教育和健康的变迁。重点关注中国居民的经济与非经济福利以及包括经济活动、教育成果、家庭关系与家庭动态、人口迁移、健康等在内的诸多研究主题，是一项全国性、大规模、多学科的社会跟踪调查项目。

CFPS样本覆盖25个省、市、自治区，目标样本规模为16000户，调查对象包含样本家庭中的全部家庭成员。于2010年正式开展调查。除了家庭问卷、成人问卷和少儿问卷外，CFPS调查问卷还包括社区问卷，这为我们分析社区状况提供了难得的数据。

（二）中国劳动力动态调查数据库（2012）

中国劳动力动态调查（China Labor-force Dynamics Survey，CLDS）是"985"三期"中山大学社会科学特色数据库建设"专项内容。CLDS聚焦中国劳动力的现状与变迁，内容涵盖教育、工作、迁移、健康、社会参与、经济活动、基层组织等众多研究议题，是一项跨学科的大型追踪调查。CLDS样本覆盖中国29个省市（除港澳台、西藏、海南外），调查对象为样本家庭户中的全部劳动力（15~64岁的家庭成员）。在抽样方法上，采用多阶段、多层次与劳动力规模成比例的概率抽样方法（multistage cluster、stratified、PPS Sampling）。与CFPS类似，"中国劳动力动态调查"除了收集了家庭、个人两个层次的数据外，也收集并公开了社区（村居）层次的数据。

（三）数据库合并

CFPS2010和CLDS2012两个数据库中的"社区"均指居委会或村委会辖区之内的区域，为了增加"社区"的样本量，我们将两个数据库的社区层次的数据进行了合并。CLDS2012数据库只保留了城市居委会数据，去掉村委会数据；而CFPS2010中也只有城市居委会的数据，在城（乡）镇、郊区、乡村没有详细地区分社区类型。合并后最终获得城市居委会的有效样本252个，其中124个社区样本来自CLDS2012数据库，128个社区样本来自CFPS2010数据库。合并后我们开始进行描述性的统计分析，对不同类型社区的资源、区位、人口进行探索性研究。

二 变量

（一）社区类型

CFPS2010的社区类型有10种，分别是：棚户区、未改造的老城区（街坊)、工矿企业单位住宅区、机关事业单位住宅区、经济适用房小区、普通/中档商品房小区、两限房小区、高档商品房/住宅/别墅区、村改居住宅区①、移民社区。②访问员在对居委会工作人员结束访谈后，通过自己的观察确定社区的类型。由于两限房数量很少，笔者不予以分析。

CLDS2012的社区类型也有10种，分别是：棚户区、未改造的老城区（街坊）、工矿企业单位住宅区、机关事业单位住宅区、经济适用房小区、普通/中档商品房小区、高档商品房/住宅/别墅区、村改居住宅区、移民社区、基层农村社区。由于本研究只关注城市社区，因此删除了农村社区样本。值得说明的是，CLDS2012是由被访者个人填答所居住的社区类型，由于一个居委会的辖区内会有不同类型的"居住小区"，那么如何确定社区主要的类型呢？我们的处理方法是，计算每个居委会中被访者报告次数最多的社区类型（众数），以此作为该居委会的类型。

CFPS2010和CLDS2012合并后共有9种社区类型，由于高档商品房/住宅/别墅样本量很小（5个）且没有很大的分析价值，做缺失值处理。棚户区（7个）与移民社区（6个）样本量也不多，容易存在样本量过小导致的偏差。我们处理的方式是将它们合并到村改居住宅区，统称为"边缘社区"。

表1 不同类型社区的描述统计

社区类型	频次	比例（%）
未改造的老城区（街坊）	49	19.84
工矿企业单位住宅区	27	10.93
机关事业单位住宅区	18	7.29
经济适用房小区	19	7.69
普通/中档商品房小区	103	41.70
村/移/棚	31	12.55
总计	247	100.00

（二）资源

CFPS2010和CDLS2012都询问了居委会工作人员，辖区内是否拥有以

---

① "村改居住宅区"原本指乡村，现指在城市化扩张中被纳入城市，并改为城市社区的住宅区。
② "移民社区"指专门用于安置外来移民的社区，如水库移民、贫困移民、山区移民。

下配套设施：小商店、幼儿园、小学、医疗点、药店、老年活动场所/服务机构、养老院、体育运动场所、儿童玩耍场所、广场/公园、阅览室、餐饮娱乐场所、教堂/清真寺、祠堂。

（三）人口结构

笔者根据居委会提供的辖区面积、总人口数、总户数、户籍人口数、流动人口数、15岁以下人口数、60岁以上人口数等变量，计算出不同类型人口的比例，以此来反映社区老龄化程度、人口流动性等特征。

（四）社区的经济状况

一些研究者将个体层次的收入作为社区层次经济状况的变量，即将每个社区被访者收入的均值作为社区经济状况的指标。但是更好的处理方法是通过社区低保家庭的比例来测量社区经济状况。

（五）社区生活质量

CLDS2012数据中居委会提供了关于社区去年的刑事案件数量、纠纷的数量、是否有污染以及居委会工作人员对社区治安状况评价的资料。

三 描述性统计结果

（一）不同类型社区的资源状况

1. 商业设施

高达91.06%的被访社区有小商店，说明小商店是非常普及的，甚至在未改造的老城区、工矿企业单位住宅区和机关事业单位住宅区，有小商店的比例达到了100%。而经济适用房小区拥有小商店的比例明显低于其他类型社区，只有69.23%；此外，经济适用房小区拥有餐饮娱乐场所的比例是66.67%，倒数第三位，这在一定程度上反映了经济适用房小区相比其他类型社区，商业配套设施有待完善。

表 2 是否有小商店

社区类型	否（%）	是（%）	总计（%）（频次）
未改造的老城区（街坊）	0.00	100.00	100.00（24）
工矿企业单位住宅区	0.00	100.00	100.00（11）
机关事业单位住宅区	0.00	100.00	100.00（9）
经济适用房小区	30.77	69.23	100.00（13）

续表

社区类型	否（%）	是（%）	总计（%）（频次）
普通/中档商品房小区	9.80	90.20	100.00（51）
村/移/棚	13.33	86.67	100.00（15）
总计	8.94	91.06	100.00（123）

表 3　是否有餐饮娱乐场所

社区类型	否（%）	是（%）	总计%（频次）
未改造的老城区（街坊）	20.00	80.00	100.00（25）
工矿企业单位住宅区	37.50	62.50	100.00（16）
机关事业单位住宅区	12.50	87.50	100.00（8）
经济适用房小区	33.33	66.67	100.00（6）
普通/中档商品房小区	38.46	61.54	100.00（52）
村/移/棚	25.00	75.00	100.00（16）
总计	30.89	69.11	100.00（123）

2. 教育资源

关于拥有幼儿园的比例，不同类型社区之间并没有明显的差异，我们推测私立幼儿园比较普及，平衡了社区间的差异。相比之下，社区拥有小学的比例有明显的不同，66.67%的机关事业单位住宅区都有小学，而经济适用房小区中只有38.46%的小区有小学，城市的边缘社区（村改居、移民社区、棚户区）中有小学的也只占40%，而我们发现，在经济适用房小区与城市的边缘社区中，15岁以下人口占总人口的比例的中位数都是12%，仅次于机关事业单位住宅区的14%，但拥有小学的比例却与人口并不匹配。所以，我们大胆推测教育资源的分布在不同类型社区之间是不合理的，教育资源的分配应该适当向经济适用房小区和边缘社区倾斜。

表 4　是否有幼儿园

社区类型	否（%）	是（%）	总计%（频次）
未改造的老城区（街坊）	33.33	66.67	100.00（24）
工矿企业单位住宅区	27.27	72.73	100.00（11）
机关事业单位住宅区	22.22	77.78	100.00（9）

续表

社区类型	否（%）	是（%）	总计%（频次）
经济适用房小区	23.08	76.92	100.00 (13)
普通/中档商品房小区	29.41	70.59	100.00 (51)
村/移/棚	26.67	73.33	100.00 (15)
总计	28.46	71.54	100.00 (123)

表5　是否有小学

社区类型	否（%）	是（%）	总计%（频次）
未改造的老城区（街坊）	50.00	50.00	100.00 (24)
工矿企业单位住宅区	54.55	45.45	100.00 (11)
机关事业单位住宅区	33.33	66.67	100.00 (9)
经济适用房小区	61.54	38.46	100.00 (13)
普通/中档商品房小区	54.90	45.10	100.00 (51)
村/移/棚	60.00	40.00	100.00 (15)
总计	53.66	46.34	100.00 (123)

3. 医疗资源

不同类型社区拥有医疗点和药店的比例并没有很明显的差异。经济适用房小区和边缘社区（村改居、移民社区、棚户区）的医疗点比例都超过了80%，前者更是达到了89.47%。只是经济适用房小区拥有药店的比例略微低了一些，只有69.23%。

表6　是否有医疗点

社区类型	否（%）	是（%）	总计%（频次）
未改造的老城区（街坊）	22.45	77.55	100.00 (49)
工矿企业单位住宅区	11.11	88.89	100.00 (27)
机关事业单位住宅区	0.00	100.00	100.00 (18)
经济适用房小区	10.53	89.47	100.00 (19)
普通/中档商品房小区	27.18	72.82	100.00 (103)
村/移/棚	19.35	80.65	100.00 (31)
总计	20.24	79.76	100.00 (247)

表7 是否有药店

社区类型	否（%）	是（%）	总计%（频次）
未改造的老城区（街坊）	20.83	79.17	100.00（24）
工矿企业单位住宅区	18.18	81.82	100.00（11）
机关事业单位住宅区	22.22	77.78	100.00（9）
经济适用房小区	30.77	69.23	100.00（13）
普通/中档商品房小区	31.37	68.63	100.00（51）
村/移/棚	26.67	73.33	100.00（15）
总计	26.83	73.17	100.00（123）

4. 慰老资源

与商业资源、教育资源、医疗资源的分布类似，机关事业单位住宅区的慰老资源也是最丰富的，高达94.12%的小区拥有老年活动场所/服务机构。而经济适用房小区中只有68.42%拥有慰劳设施，虽然超过半数，但排名倒数第一。此外，未改造的老城区（街坊）拥有慰劳设施的比例是73.47%，排名倒数第二。老城区人口老龄化严重，已经被许多研究所证实，而慰劳设施却未与之匹配。

表8 是否有老年活动场所/服务机构

社区类型	否（%）	是（%）	总计%（频次）
未改造的老城区（街坊）	26.53	73.47	100.00（49）
工矿企业单位住宅区	11.11	88.89	100.00（27）
机关事业单位住宅区	5.88	94.12	100.00（17）
经济适用房小区	31.58	68.42	100.00（19）
普通/中档商品房小区	18.45	81.55	100.00（103）
村/移/棚	10.00	90.00	100.00（30）
总计	18.37	81.63	100.00（245）

5. 运动休闲资源

边缘社区、未改造的老城区、经济适用房小区拥有体育运动场所的比例相对较低，都低于70%。未改造的老城区由于空间有限，运动场所略少。而边缘社区和经济适用房小区的区位都比较远，空间充足，运动场所比例较低可能是由公共资源分配的不平等造成的。

拥有儿童玩耍场所的比例普遍较低，总体上也只有31.84%，只有机关事业单位住宅区超过半数达到52.94%。边缘社区这一比例仅有23.33%。经济适用房小区稍高，达到42.11%。

表9 是否有体育运动场所

社区类型	否（%）	是（%）	总计%（频次）
未改造的老城区（街坊）	38.78	61.22	100.00（49）
工矿企业单位住宅区	25.93	74.07	100.00（27）
机关事业单位住宅区	17.65	82.35	100.00（17）
经济适用房小区	31.58	68.42	100.00（19）
普通/中档商品房小区	24.27	75.73	100.00（103）
村/移/棚	40.00	60.00	100.00（30）
总计	29.39	70.61	100.00（245）

表10 是否有儿童玩耍场所

社区类型	否（%）	是（%）	总计%（频次）
未改造的老城区（街坊）	71.43	28.57	100.00（49）
工矿企业单位住宅区	74.07	25.93	100.00（27）
机关事业单位住宅区	47.06	52.94	100.00（17）
经济适用房小区	57.89	42.11	100.00（19）
普通/中档商品房小区	67.96	32.04	100.00（103）
村/移/棚	76.67	23.33	100.00（30）
总计	68.16	31.84	100.00（245）

表11 是否有广场/公园

社区类型	否（%）	是（%）	总计%（频次）
未改造的老城区（街坊）	48.00	52.00	100.00（25）
工矿企业单位住宅区	56.25	43.75	100.00（16）
机关事业单位住宅区	25.00	75.00	100.00（8）
经济适用房小区	16.67	83.33	100.00（6）

续表

社区类型	否（%）	是（%）	总计%（频次）
普通/中档商品房小区	30.77	69.23	100.00（52）
村/移/棚	33.33	66.67	100.00（15）
总计	36.89	63.11	100.00（122）

6. 文化资源

阅览室在社区中比较普及，总体上比例高达86.99%，多数社区都超过了80%，甚至边缘社区达到了100%。但是，6个经济适用房小区却只有一半有阅览室，明显低于其他类型的社区。由于样本量比较小，我们只能大胆推测，经济适用房小区的文化资源有可能相对匮乏。

教堂、清真寺主要分布在老城区，比例高达18.37%；祠堂主要分布在边缘社区，比例达12.9%，这也符合我们的生活经验，边缘社区依然保留传统乡村的特色或因同姓聚居，会建有祠堂。

表12　是否有阅览室

社区类型	否（%）	是（%）	总计%（频次）
未改造的老城区（街坊）	8.00	92.00	100.00（25）
工矿企业单位住宅区	12.50	87.50	100.00（16）
机关事业单位住宅区	12.50	87.50	100.00（8）
经济适用房小区	50.00	50.00	100.00（6）
普通/中档商品房小区	15.38	84.62	100.00（52）
村/移/棚	0.00	100.00	100.00（16）
总计	13.01	86.99	100.00（123）

表13　是否有教堂/清真寺

社区类型	否（%）	是（%）	总计%（频次）
未改造的老城区（街坊）	81.63	18.37	100.00（49）
工矿企业单位住宅区	92.59	7.41	100.00（27）
机关事业单位住宅区	88.89	11.11	100.00（18）
经济适用房小区	89.47	10.53	100.00（19）
普通/中档商品房小区	94.17	5.83	100.00（103）

续表

社区类型	否（%）	是（%）	总计%（频次）
村/移/棚	90.32	9.68	100.00（31）
总计	90.28	9.72	100.00（247）

表 14　是否有祠堂

社区类型	否（%）	是（%）	总计%（频次）
未改造的老城区（街坊）	93.88	6.12	100.00（49）
工矿企业单位住宅区	92.59	7.41	100.00（27）
机关事业单位住宅区	100.00	0.00	100.00（18）
经济适用房小区	94.74	5.26	100.00（19）
普通/中档商品房小区	97.09	2.91	100.00（103）
村/移/棚	87.10	12.90	100.00（31）
总计	94.74	5.26	100.00（247）

（二）不同类型社区的人口结构

1. 人口密度

商品房小区的人口密度明显高于其他类型的社区，中位数是每公顷 567 人，我们猜测商品房的建筑层数较多，因而社区人口密度大。相比之下，边缘社区一般建筑层数较少，因而人口密度最小，中位数是每公顷 63 人。经济适用房小区的人口密度也很小，中位数是每公顷 71 人。我们猜测原因可能有两个：首先，由于区位偏远，配套设施不完善，所以入住率偏低；其次，由于经济适用房违规出租，关于流动人口数量难以统计。

表 15　每公顷人数

社区类型	中位数（人）
未改造的老城区（街坊）	132
工矿企业单位住宅区	110
机关事业单位住宅区	92
经济适用房小区	71
普通/中档商品房小区	567
村/移/棚	63
总计	124

2. 流动人口

不同类型的社区户籍人口的比例并没有明显的差异，未改造的老城区户籍人口比例的中位数稍高，是91%。这与我们的观察结果比较符合，社区人口结构时常与地区的产业密切相关，制造业密集的区域外来务工人员较多，而老城区由于工业较少，因而户籍人口的比例稍微高一些。另外边缘社区中流动人口比例相对较高，中位数是17%，我们猜测原因有二：首先，边缘社区地处城市外围，制造业聚集；其次，边缘社区低廉的房租，吸引大量外来务工人员。

表16 社区户籍人口比例

社区类型	中位数（%）
未改造的老城区（街坊）	91
工矿企业单位住宅区	84
机关事业单位住宅区	84
经济适用房小区	85
普通/中档商品房小区	74
村/移/棚	81
总计	82

表17 社区流动人口比例

社区类型	中位数（%）
未改造的老城区（街坊）	9
工矿企业单位住宅区	5
机关事业单位住宅区	6
经济适用房小区	5
普通/中档商品房小区	9
村/移/棚	17
总计	9

3. 人口老龄化

关于社区总人口中15岁以下人口比例，不同类型的社区并没有非常明显的差异。在未改造的老城区（街坊）和工矿企业单位住宅社区中，60 岁以上人口比例相对较高，中位数分别是 16% 和 17%。

表 18　社区 15 岁以下人口比例

社区类型	中位数（%）
未改造的老城区（街坊）	10
工矿企业单位住宅区	9
机关事业单位住宅区	14
经济适用房小区	12
普通/中档商品房小区	10
村/移/棚	12
总计	10

表 19　社区 60 岁以上人口比例

社区类型	中位数（%）
未改造的老城区（街坊）	16
工矿企业单位住宅区	17
机关事业单位住宅区	13
经济适用房小区	12
普通/中档商品房小区	13
村/移/棚	13
总计	13

（三）不同类型社区低保家庭比例

不同类型社区低保家庭的比例相差不多，未改造的老城区（街坊）、机关事业单位住宅区和边缘社区（村改房、移民社区、棚户区）都是 4%。而经济适用房小区的比例是 3%，并没有设想得那样高。我们猜测申请经济适用房的门槛以及申请过程中的违规操作，使得经济适用房小区的居民并不属于城市中最贫困的阶层。而通过对宝山区顾村镇馨佳园的经济适用房小区的观察和与居民的访谈，我们也发现居民并非城市中真正的贫民。

表20　不同类型社区低保家庭比例

社区类型	中位数（%）
未改造的老城区（街坊）	4
工矿企业单位住宅区	2
机关事业单位住宅区	4
经济适用房小区	3
普通/中档商品房小区	2
村/移/棚	4
总计	2

（四）社区治安

在边缘社区（村改居、移民社区、棚户区）中，发生过刑事案件的社区的比例远远高于其他类型的社区，达到了63.64%。我们猜测原因有三个：第一，人口结构，边缘社区人口复杂且流动性强；第二，边缘社区一般不属于防卫型社区（gated community），缺少配有电网的围墙、门禁、巡逻的保安等；第三，社区的治理水平不足，例如缺少高质量负责任的物业公司、保卫社区安全的志愿性组织等等。

表21　社区是否发生过刑事案件

社区类型	否（%）	是（%）	总计（%）（频次）
未改造的老城区（街坊）	60.87	39.13	100.00（23）
工矿企业单位住宅区	66.67	33.33	100.00（15）
机关事业单位住宅区	85.71	14.29	100.00（7）
经济适用房小区	66.67	33.33	100.00（6）
普通/中档商品房小区	69.05	30.95	100.00（42）
村/移/棚	36.36	63.64	100.00（11）
总计	64.42	35.58	100.00（104）

（五）环境污染

33.33%的边缘社区（村改居、移民社区、棚户区）靠近污染源，明显地高于其他类型的社区，而所有社区的平均值是18.37%。我们惊奇地发现，经济适用房小区没有一个靠近污染源。

表22　社区是否靠近污染源

社区类型	否（%）	是（%）	总计%（频次）
未改造的老城区（街坊）	77.55	22.45	100.00（49）
工矿企业单位住宅区	77.78	22.22	100.00（27）
机关事业单位住宅区	88.89	11.11	100.00（18）
经济适用房小区	100.00	0.00	100.00（19）
普通/中档商品房小区	84.31	15.69	100.00（102）
村/移/棚	66.67	33.33	100.00（30）
总计	81.63	18.37	100.00（245）

第三部分　多层次回归分析

一　研究设计

（一）数据

我们研究社区安全和负面情绪所使用的数据库是CFPS2010中的城市样本；研究社区邻里关系时使用的是CLDS2010中的城市样本。

（二）变量

1. 因变量

（1）社区安全。

CFPS 2010询问被访者到目前为止是否有过"家里被入室盗窃"和"家里被入室抢劫"的经历，我们将二者合并，生成一个二分虚拟变量，"是否经历过入室盗抢"，"是"为1、"否"为0。由于数据库的信息有限，我们无法更细致地确定入室盗抢的经历是否发生在当前居住的社区，所以会存在一定的偏差。

（2）邻里关系。

CLDS 2012从熟悉程度、信任、互助三个维度测量邻里关系："您和本社区（村）的邻里、街坊及其他居民互相之间的熟悉程度如何？""您对本社区（村）的邻里、街坊及其他居民信任吗？""您与本社区（村）的邻里、街坊及其他居民之间有过互助吗？"答案是：①非常少；②比较少；③一般；④比较多；⑤非常多。

(3) 负面情绪。

CFPS2010 通过一系列题目询问被访者一个月内的精神状态:"您感到情绪沮丧、郁闷、做什么事情都不能振奋的频率?""您感到精神紧张的频率? 您感到坐立不安、难以保持平静的频率?""您感到未来没有希望的频率?""您做任何事情都感到困难的频率?""您认为生活没有意义的频率?"。答案是:①几乎每天;②经常;③一半时间;④有一些时候;⑤从不。

我们对答案进行了"翻转",将其视作连续变量。这一系列指标的内部一致性系数(α系数)是 0.86,比较高。因此我们使用因子分析中的主成分提取法,生成一个"负面情绪公因子",其数值越大说明被访者的负面情绪越强烈。这一公因子累积解释方差达 59%,特征根 3.5。

表 23 负面情绪公因子

变量	因子负荷
情绪沮丧、郁闷、不振奋	0.7697
精神紧张	0.7612
坐立不安、难以保持平静	0.7820
未来没有希望	0.7649
做任何事情都感到困难	0.7489
生活没有意义	0.7684

2. 社区层次的变量

(1) 社区类型。

我们将数据库 9 种类型的社区合并成 5 种:棚户区、移民社区、村改居社区合并为"边缘社区";"工矿企业单位住宅区"和"机关事业单位住宅区"合并为"单位住宅区";将普通、中档、高档商品房小区合并为"商品房社区";还有"未改造的老城区"和"经济适用房小区",无法归类或者 CFPS 没有详细分类的社区都归类到"其他"。

(2) 社区贫困家庭比例。

我们计算了社区中低保家庭的比例。

3. 个人层次的变量

(1) 社会阶层。

我们根据 CFPS2010 提供的 EGP 阶层框架、国家职业编码、工作状态,生成了 6 个阶层：管理者阶层、雇主和自雇者阶层、专业技术阶层、职员办事员阶层、（半）体力劳动者阶层、无工作的底层（无工作领取社保），无法归类的为"其他"。生成 6 个虚拟变量。

利用 CLDS2012 数据生成的阶层变量略微复杂。首先根据被访者的职业经历确定他（她）当前的具体职业或最后一份职业。根据雇佣关系和雇佣人数来确定雇主和自雇者阶层。最终我们划分了 6 个阶层：工农阶层、一般商业服务人员阶层、自雇者阶层（个体户）、专业技术阶层、办事人员阶层、管理者和雇主阶层，无法分类的为"其他"。

（2）受教育程度。

受教育程度为：小学及以下、初中、高中、大专、本科及以上。再编码为 4 个虚拟变量。

（3）婚姻状况。

婚姻状况为：未婚、已婚或同居、离婚或丧偶，再编码为两个虚拟变量。

（4）收入水平。

CFPS2010 询问了被访者上个月各种来源的总收入。若为 0，赋予一个极小值 10 元，然后取自然对数。

（5）住房产权。

CFPS2010 询问了被访者房屋产权情况，分为：完全自有、和单位共有产权、租住、政府免费提供、单位免费提供、父母/子女提供、其他亲友借住、其他。我们合并为 3 种情况：全部或部分产权、租住或借住、其他。再编码为两个虚拟变量。

（6）住宅区位。

CFPS2010 询问了被访者"您从家以日常方式到最近的市（镇）商业中心需要花多长时间（分钟）"。我们以此来测量住宅的区位，并取自然对数。

（7）户口。

我们使用 CDLS2012 的数据来分析邻里关系，是否本地人具有重要的影响。我们通过户口的情况来进行测量。

（8）居住时间长短。

CFPS2010 询问了被访者"您家是哪一年迁入现住房的？"，由此我们可以计算出被访者在社区居住的时间。

CDLS2012 并没有询问被访者在社区的居住时间，但是研究邻里关系时，居住时间的长短是一个重要的控制变量，否则有可能存在虚假相关。CDLS2012 只询问被访者继承、购买、建造、从单位获取房屋的时间，所以由于，我们只能通过这个时间间接测量居住时间，而且不得不损失租房的样本信息。

（9）工作状态

使用 CDLS2012 的数据来分析邻里关系时，被访者的工作状态是一个控制变量。CDLS2012 询问了被访者过去的一年里是否有工作。

（10）性别。

（11）年龄。

（三）模型

因为有社区和个人两个层次的变量，所以我们选择多层次的模型。如果不将数据处理为多个层次，而将多元回归中的变量限定在个体层次，至少会导致两方面的问题：首先，所有未拟合入模型的背景信息（如社区特征）最终都被包含在模型的个体层次误差项中，而相同背景下（如同一个社区）的个体层次误差项必然相关，违反了多元回归的基本假设；其次，忽略背景因素则意味着各回归系数同等作用于一切情景，这反映了"在不同背景条件下，事物的发生机制本质相同"的错误观点。根据因变量是二分变量和连续变量，分别使用多层次的 logit 模型和多层次的一般线性回归模型；从随机项的设置而言，这是多层次模型中的随机截距模型。当因变量是连续变量时，我们使用的是 STATA12 中的 xtmixed 命令，当因变量是类别变量，我们使用的是 gllamm 命令。

二 统计结果

（一）入室盗抢

表 24 的统计结果显示，当控制了个人层次的一系列变量，住在边缘社区（村/移/棚）被入室盗抢的优势比（odd ratio）是商品房社区的 2.1 倍（$e^{0.74}$），且具有较高的统计显著性（$p<0.01$）。这与描述性统计分析的结果是一致的，边缘社区中 63.64% 的小区发生过刑事案件。

（二）负面情绪

表 25 的统计结果显示，在控制了一系列个体层次的变量之后，我们发

现社区中低保家庭的比例越高，个体负面的情绪越强烈。低保家庭的比例每提高1%，负面情绪增加2.1倍（$e^{1.13}-1$），具有很强的统计显著性（$p<0.001$）。但是不同类型社区之间的差异并不具有统计显著性。

在此，我们简单介绍一下其他的统计发现，无工作的底层与雇主和自雇者阶层相比负面情绪更强，且有很强的统计显著性（$p<0.001$）；受教育程度与负面情绪的关系更像是U形，低学历和高学历的被访者负面情绪更强；离婚或丧偶的人负面情绪最强；租住或借住的人比拥有房屋产权的人的负面情绪强；从家到城市（镇）商业中心花费的时间越长，负面情绪越强。上述研究发现基本上与我们的日常经验是一致的。

表24 遭遇入室盗抢的影响因素分析（随机截距模型）

个体层次的变量		
性别	0.08	(0.08)
年龄	-0.003	(0.003)
阶层[a]		
雇主和自雇者阶层	-0.13	(0.23)
专业技术阶层	-0.17	(0.22)
职员办事员阶层	-0.07	(0.20)
（半）体力劳动者阶层	-0.34	(0.20)
无工作的底层	-0.19	(0.24)
其他	-0.11	(0.19)
受教育程度[b]		
初中	-0.15	(0.10)
高中	-0.20	(0.11)
大专	-0.19	(0.15)
本科及以上	-0.15	(0.18)
婚姻状况[c]		
已婚或同居	0.26	(0.16)
离婚或丧偶	0.34	(0.21)
居住时间	0.08	(0.03)
房屋产权[d]		
租住或借住	0.02	(0.12)

续表

其他	-0.10	(0.16)
住宅区位	-0.10*	(0.05)
月收入（自然对数）	0.03	(0.01)
社区层次的变量		
社区低保家庭的比例	1.49	(0.82)
社区流动人口的比例	-0.55	(0.34)
社区类型[e]		
边缘社区	0.74**	(0.26)
未改造的老城区	0.38	(0.23)
单位住宅区	0.31	(0.24)
经济适用房小区	0.12	(0.33)
其他	0.58***	(0.17)
常数项	-2.33	(0.35)
样本量		
个体样本量	7395	
社区样本量	182	
随机效应的方差		
社区层次	0.43	

注：资料来源 CFPS2010；类别变量的参照组分别为 a. 管理者阶层，b. 小学及以下，c. 未婚，d. 全部或部分产权，e. 商品房社区；括号中为标准误；* $p<0.05$，** $p<0.01$，*** $p<0.001$。

表25　居民负面情绪的影响因素分析（随机截距模型）

个体层次的变量		
性别	-0.05*	(0.02)
年龄	-0.004***	(0.00)
阶层[a]		
雇主和自雇者阶层	0.08	(0.07)
专业技术阶层	0.09	(0.07)
职员办事员阶层	0.09	(0.06)
（半）体力劳动者阶层	0.09	(0.06)
无工作的底层	0.41***	(0.07)
其他	0.02	(0.06)

续表

受教育程度[b]		
初中	-0.13***	(0.03)
高中	-0.13***	(0.04)
大专	-0.11*	(0.05)
本科及以上	-0.10	(0.05)
婚姻状况[c]		
已婚或同居	-0.08	(0.04)
离婚或丧偶	0.19**	(0.06)
居住时间	0.002	(0.01)
房屋产权[d]		
租住或借住	0.10**	(0.04)
其他	0.09*	(0.05)
住宅区位	0.07***	(0.02)
月收入（自然对数）	-0.01	(0.00)
社区层次的变量		
社区低保家庭的比例	1.13***	(0.30)
社区类型[e]		
边缘社区	-0.08	(0.09)
未改造的老城区	-0.03	(0.08)
单位住宅区	0.07	(0.08)
经济适用房小区	0.03	(0.11)
其他	0.02	(0.06)
常数项	0.009	(0.11)
样本量		
个体样本量	7640	
社区样本量	191	
随机效应		
社区层次	0.07	
个体层次	0.86	

注：资料来源 CFPS2010；类别变量的参照组分别为 a. 管理者阶层，b. 小学及以下，c. 未婚，d. 全部或部分产权，e. 商品房社区；括号中为标准误；* $p<0.05$，** $p<0.01$，*** $p<0.001$。

（三）邻里关系

表 26 的统计结果显示，当控制了一系列个体层次的变量后，与商品房社区相比，棚户区、工矿企业住宅区、机关事业单位住宅区、村改居社区、城市辖区内的农村社区的邻里关系更好。"单位社区"的邻里关系比商品房社区更好，我们认为原因是社会关系的叠加造成的，邻里同时是一个单位的同事。而城市辖区的农村和村改居小区都属于传统社区，是熟人社会，邻里关系好于商品房社区是一种普遍的共识。令我们惊讶的是，未改造的老城区（街坊）并非设想的那样，比商品房社区的邻里关系更好。

其他的统计发现是，外地人没有本地人的邻里关系好；在当前住宅居住的时间越长，邻里关系越好，这与我们的生活经验是一致的。此外，不同社会阶层的邻里关系的差异并不具有统计显著性。根据已有的研究发现，阶层地位越高社会资本越丰富，但是社区社会资本并非如此。我们猜测阶层相似的人更倾向于"同质聚居"，邻里间的交往没有太多的阶层壁垒，因而没有出现邻里关系的阶层差异。

表 26　邻里的影响因素分析（随机截距模型）

个体层次的变量		
性别	0.01	(0.03)
年龄	0.03***	(0.01)
年龄的平方	-0.00**	(0.00)
户口（1 = 外地）	-0.22***	(0.06)
工作状态（1 = 有工作）	0.05	(0.04)
阶层[a]		
一般商业服务人员阶层	-0.05	(0.05)
自雇者阶层（个体户）	-0.002	(0.07)
专业技术阶层	-0.003	(0.05)
办事人员阶层	0.03	(0.05)
管理者和雇主阶层	0.002	(0.06)
其他	-0.22	(0.19)
获得当前住宅的年数（ln）	0.16***	(0.02)
社区层次的变量		
社区类型[b]		

续表

棚户区	0.61*	(0.30)
未改造的老城区	0.16	(0.09)
工矿企业住宅区	0.24*	(0.11)
机关事业单位住宅区	0.32*	(0.13)
经济适用房小区	0.06	(0.15)
村改居社区	0.65***	(0.12)
移民社区	-0.08	(0.25)
农村社区（城市辖区）	0.81***	(0.17)
常数项	-1.23***	(0.21)
样本量		
个体样本量	3157	
社区样本量	128	
随机效应		
社区层次	0.09	
个体层次	0.72	

注：资料来源 CLDS2012；类别变量的参照组分别为 a. 工农阶层，b. 商品房社区；括号中为标准误；*$p<0.05$，**$p<0.01$，***$p<0.001$。

第四部分　个案比较分析

一　样本选择

（一）宝山区特征

宝山区是典型的从城市中心向郊区过渡的区域，相比中心城区而言，它地域广、社区类型多样、社区问题多样化。选择宝山区的理由如下。

第一，较大规模的外来人口、外来农民工成为宝山社区人口结构的重要组成部分。根据2013年底上海市公安局实有人口的统计数据，宝山区12个街镇中的7个（杨行镇、顾村镇、罗店镇、罗泾镇、庙行镇、月浦镇、大场镇）来沪人口占实有人口的比重超过五成。外来人口的大量导入极大地改变了社区的人口结构，进而带来一系列社区的问题（详见表27）。

第二，宝山本地农村土地动迁形成了大批上楼农民以及动迁安置社区。

这些居民转成了城镇人口，而在生活方式、人际交往上依旧留存了农民的固有模式，时常与城市化的社区生活格格不入，给社区的建设和发展带来了难题。

第三，上海中心城区的更新改造以及上海廉租房、经济适用房的整体布局，将一部分中低收入人群集中安置到顾村、罗店等几个大型的保障房居住区，同质性人群的高度集聚为我们的研究提供了难得的样本。

第四，宝山区是上海传统的工业重地，因此留存了大量20世纪建造的单位社区，例如宝钢、宝冶等老公房社区，随着时间的推进，这类社区出现了居民老龄化程度高、房屋老化、物业管理困难等一系列问题。

第五，宝山建设了大量的商品房社区，相对较低的房价吸引了大量年轻人群在城郊结合部买房。这些商品房社区与其他类型社区可以进行较好的比较研究。

（二）社区的选择

研究样本的选择采用的是判断式抽样，首先根据各街镇的特征划分类型，再从中选取典型，即"划类选典"，力求做到所选街镇对宝山区而言具有一定的代表性，我们选择的是张庙街道、顾村镇、友谊路街道、庙行镇、大场镇。

其次，居委会的选择同样采用这一思路，但是，除了考虑所选居委会对街镇的代表性外，一些具有特殊性或者治理卓有成效的居委会也作为调查的对象。

最后，我们研究的社区可以分为四种类型：大型保障房居住区、动迁安置社区、老公房社区、商品房社区。研究的目的是了解不同类型社区的特征、社区建设中存在的主要问题，并在不同类型社区间进行比较。

表27　宝山区各街镇实有人口统计（截至2013年12月31日）

街镇名称	户籍人口	来沪人口	来沪人口/（户籍人口+来沪人口）
友谊路街道	91863	32249	25.98%
吴淞街道	75377	29864	28.38%
张庙街道	121541	25420	17.30%
高境镇	64940	36318	35.87%
顾村镇	90577	170742	65.34%

续表

街镇名称	户籍人口	来沪人口	来沪人口/（户籍人口＋来沪人口）
罗泾镇	28561	40947	58.91%
淞南镇	69983	37519	34.90%
庙行镇	34286	46814	57.72%
月浦镇	68282	87665	56.21%
杨行镇	60294	136313	69.33%
大场镇	104272	131511	55.78%
罗店镇	54228	80669	59.80%

数据来源：上海市公安局。

二 资料搜集方法

（一）文献法

将各类文献档案、统计数据等，作为研究开展的先导。通过宝山区民政局、镇社区办、联合服中心、居委会获得一些社区相关材料。

（二）观察法

参与式观察是指调查员加入社区组织和群体之中，参与社区活动，兼具参与者与观察者的双重身份。在与研究对象的互动中观察其言行，挖掘和把握表象背后的深层意义、心理动机以及复杂关系。非参与式观察是课题组成员作为局外人、单纯的观察者，在与研究对象保持一定距离的前提下，客观冷静地记录空间环境、规划效果、社区成员的利益诉求、社会互动等。

（三）访谈法

个案深访。我们选取典型的个案，围绕事先拟定的访谈提纲，进行深入而开放的访谈。我们既会选择具有代表性的"典型个案"，也会涉及值得深入探究的"异常个案"。个案深访的对象包括：民政局干部、街道干部、部分居委会的书记或主任、部分社区积极分子和一般居民等。

焦点小组访谈。在第一阶段的探索性研究中，我们首先自上而下地联系了镇和街道社区办，组织了多场居委会主任和书记的座谈会，围绕社区基本情况、社区突出的问题、有效的工作举措等进行开放式的讨论，鼓励他们自由表达个人观点并相互询问激发。通过多场座谈会，我们对社区的情况有了初步的了解，并和社区干部建立了联系，这样做方便进入社区进行更深入的访谈和观察。

三 宝山区不同类型社区的特征和问题

为了弥补定量研究的不足，我们在宝山区从街镇、居委会两个层面收集社区资料。调查了四种类型社区：动迁安置社区、商品房小区、大型保障房居住区、老公房小区，了解各自的特征以及社区存在的突出问题。

（一）动迁安置社区

1. 动迁安置社区的特征

动迁安置社区是安置动迁住户而建的住宅小区。动迁户主要包括两种：被动迁城市居民和农户。由于部分动迁安置社区区位偏远、公共服务设置配套滞后，一些中心城区的动迁户不愿放弃原有的资源和便利性而将动迁安置房出租，加上动迁农户将多余的房屋出租，导致动迁安置社区外来务工人员或流动人口比例很高。此外，动迁安置社区中更集聚了不少贫困人口、病人和伤残人口，比如2013年底建成的张庙镇共康雅苑的这一问题比较突出，而那些建成时间长、设施老化的动迁安置社区的老年人比例更高，友谊路街道密山二村建成三十多年，人口以宝山区老动迁户为主，是以老小区、老住房、老年人为特征的"三老"社区。人口的多元化、来源的复杂性，使得动迁安置社区的居民利益、诉求多元，行为观念等都具有很强的异质性；弱势群体在空间上的集聚也给社区带来了诸多难题。

2. 动迁安置社区的难题

（1）流动人口管理与社区治安。

居民委员会不仅要面对本社区的"正式"居民，还要面对居住在本社区的许多"非正式"居民，后者很难纳入制度化的管理，给社区治安工作带来不小的压力，衍生出的"群租"问题更是层出不穷。同时，人口流动性大、异质性强，会降低社区居民彼此间的信任度，减少邻里间的社会交往，削弱社区的凝聚力和归属感。在顾村镇馨佳园联合服务中心、张庙镇共康雅苑、庙行镇宝宸共和家园等社区，人口信息的采集与更新、出租房屋的管理都是治理的重点工作。

（2）农村生活方式的延续与习惯的固化。

动迁农户原有的生活习惯和风俗难以改变，时常与现代化的社区管理和生活方式发生冲突。例如，大场镇葑润华庭是一个为配合大场镇葑村和老镇改造而建设的纯动迁安置小区，葑村动迁安置居民户数占到总户数的40%以上。自2008年陆续入住以来，小区基础设施薄弱、公共服务配套滞后、困难家庭也多。部分农户的行为习惯与社区的空间、管理制度之间存在矛盾，他们毁绿种菜、违章搭建、乱堆乱放、随地便溺等，严重地损坏了社区公共空间的整洁有序，也给社区其他居民的日常生活造成了负面影响，激发了邻里之间的矛盾纠纷。

（3）中心城区动迁安置户的心态失衡。

部分中心城区的拆迁安置户对安置社区有诸多不满，牢骚满腹，时常以阻挠居委会等社区机构的正常工作来宣泄不满情绪；以自己利益受损为由，拒绝缴纳物业费等，起到了非常负面的作用；个别极端的居民成为"上访专业户"。

（4）弱势群体的帮困与解难。

友谊路街道的密山二村等建成时间较早的动迁安置社区，贫困人口、独居或孤寡老人比例很高。而1990年由动迁安置户构成的宝山区通河八村一居委，有2100户人口，其中低保82户，还有不少患有大病的居民。如何为贫困人口提供更多的就业机会，提供行之有效的助老、慰劳服务，从而提高社区居民的生活质量，维持社区的稳定，一直是此类社区面临主要挑战。

（二）大型保障房居住区

1. 大型保障房居住区的特征

大型保障房居住区是以经济适用房、公租房、动迁安置房为主的社区，简称大居社区。宝山区的大居社区以20世纪90年代出现的张庙街道和2012年集中入住的顾村镇馨佳园为代表。先行建设的"张庙大居"并未给后来的顾村街道留下多少成功经验，反而暴露了大居社区的许多问题。

在大居社区的发展进程中，居民的需求也在不断变化。在社区发展的初期，即居民入住之初，社区各项配套设施有待完善，居民的需求主要集中在生活的便利性方面。当社区硬件设施配备齐全后，居民的社会性需求日渐凸显。

2. 大居社区的问题

（1）弱势群体集聚。

大居社区的居民以低收入群体为主，困难家庭比较集中。例如，宝山区的张庙街道，社会救助对象人数几乎占了全区的一半；有大型保障房社区的顾村镇，社会救助对象人数也在宝山区排名第三。亟须解决大居社区中大量弱势群体生活困难、患病、纠纷等问题。例如，张庙街道的虎林居民区，1958年建造，社区逐渐衰败，困难群体众多：低保户147家（共280多人），独居老人170多人，大病患者70多户（其中尿毒症患者6人），孤儿2人。贫困人口的空间集聚，使得矛盾丛生、不安定因素累积。虎林居民区成为上访户集中的小区，管控对象达20多人。

（2）老龄人口与外来务工人口集聚。

不同于张庙这样发展了二十多年的大居社区，宝山区顾村镇馨佳园这样新建的大居社区，也明显地表现出本地人口老化和外来务工人员众多的问题。馨佳园位于上海外环线以外，区位偏远。对于上班的青年人而言，交通的时间成本较高；那些不放弃中心城区优质资源的动迁户和有多套住房的农民动迁户，纷纷将房屋出租给外来务工人员。

（三）老公房社区

1. 老公房社区的特征

老公房社区属于老旧小区，它们当中最早的是20世纪50年代建成的，如张庙街道的虎林居民区；年代相对较近的也是20世纪90年代建立的居民区，如宝山区大场镇的大华二村一居和祁连二村一居。由于年代较久，老公房社区治理的难点主要集中在老龄化程度高、社区设施陈旧、物业费上缴率低，社区环境问题突出。

2. 老公房社区的问题

（1）老龄化程度高。

宝山区老公房社区中孤寡、独居、体弱、失能、长期患病的老人比例较高。2014年，上海市老龄人口比例达27%，而宝山区老公房社区中老龄人口的比例更高。例如，庙行镇的共康八村总人口5400人，其中60岁以上老人2000人，远远超过本市的老龄人口比例。该居民区有380多位80岁以上的高龄老人，96个90岁以上的孤老，是一个高度老龄化的社区。友谊路街道的宝林二村，最大的特点就是老年人众多，其中60岁以上老人占社区人口的46.5%。

（2）设施陈旧，社区环境问题突出。

老公房社区的设施陈旧，维修问题集中；违章搭建情况较多，社区环境问题突出。近年来，各老旧小区纷纷面临是否改造小区以及如何改造的问题。

与社区环境相应的治理难题是，一些老公房社区的物业费上缴率低，这加速了社区环境的脏乱差，而糟糕的社区环境又加剧了居民上缴物业费的抵触情绪，形成了恶性循环。尽管每月物业管理费仅 10~20 元，但物业公司因居民欠缴物业费年年打官司，物业管理难度极大。

（四）商品房社区

1. 新建商品房社区的特征

商品房社区与其他类型的社区相比，年轻人多、白领多、新上海人多。居民文化素质普遍较高，权利保护意识、法律意识、民主意识相对较强。作为小区的业主，他们对社区的环境、治安、公共设施维护、社区服务的水平重视而敏感。时常在社区维权活动中，成为发挥积极性和创造性的新公民。

居民对社区内居委会、物业公司等组织的职能有比较清醒的认识，不会一味地将居委会视作政府在社区的代表而对其依赖。在社区公共事务的处理上，更倾向于通过业主大会和组织业主委员会来进行集体行动。尤其是当业主的权益受到侵害时，参与性会明显增强。

然而社区中的年轻人作为上班族，对社区活动的参与率低、邻里关系不紧密。一方面，年轻居民的主要时间在工作空间当中，只有少量时间在居住空间中；另一方面，社区中的邻里关系对年轻人而言不属于重要的社会关系，他们生活需求的满足、社会交往大多在社区之外。

2. 新建商品房社区的难题

年轻居民社区活动参与率低。商品房社区与老旧社区相比，配套设施比较完善，为开展社区活动提供了良好的物质基础。但是，如何吸引年轻居民参与社区活动、社区治理，培育以年轻人为主体的社区组织，是商品房社区自治和共治的普遍难题。从长远来看，年轻居民的缺位不利于社区参与主体朝多元化的方向发展，而且会弱化社区发展的动力与活力。

参考文献

蔡禾、贺霞旭，2014，《城市社区异质性与社区凝聚力——以社区邻里关系为研究对象》，《中山大学学报》（社会科学版）第 2 期。

董昕，2001，《城市住宅区位及其影响因素分析》，《城市规划》第 2 期。

桂勇、黄荣贵，2008，《社区社会资本测量：一项基于经验数据的研究》，《社会学研究》第 3 期。

刘冰、张晋庆，2002，《城市居住空间分异的规划对策研究》，《城市规划》第 12 期。

黄怡，2004，《城市居住隔离及其研究进程》，《城市规划汇刊》第 5 期。

黄怡，2005，《城市居住隔离的模式——兼析上海居住隔离的现状》，《城市规划学刊》第 2 期。

王立，2010，《城市社区生活空间规划的控制性指标体系》，《现代城市研究》第 2 期。

王兴中等，2000，《中国城市社会空间结构研究》，科学出版社。

万勇、王玲慧，2003，《城市居住空间分异与住区规划应对策略》，《城市问题》第 6 期。

吴启焰等，2002，《现代中国城市居住空间分异机制的理论研究》，《人文地理》第 3 期。

袁媛、许学强，2008，《广州市外来人口居住隔离及影响因素研究》，《人文地理》第 5 期。

杨上广、王春兰，2006，《上海城市居住空间分异的社会学研究》，《社会》第 6 期。

Abadaa, T., Feng Hou & Bali Ram, 2004, "Racially Mixed Neighborhoods, Perceived Neighborhood Social Cohesion, and Adolescent Health in Canada." *Social Science & Medicine*, 10: 2004 – 2017.

Atkinson, Rowland& Kintrea Keith, 2001, "Disentangling Area Effects: Evidence from Deprived and Non-Deprived Neighbourhoods." *Urban Studies* 12: 2277 – 2298.

Bellair P. E., 1997, "Social Interaction and Community Crime: Examining the Importance of Neighbor Networks." *Criminology* 4: 677 – 703.

Bellair P. E., 2000, "Informal Surveillance and Street Crime: A Complex Relationship." *Criminology* 1: 137 – 167.

Browning, Christopher R., Tama Leventhal& Jeanne Brooks-Gunn, 2004, "Neighborhood Context and Racial Differences in Early Adolescent Sexual Activity." *Demography* 4: 697 – 720.

Cohen, Cathy J. & Michael C. Dawson, 1993, "Neighborhood Poverty and African American Politics." *American Political Science Review* 2: 286 – 302.

Coleman, J. S., 1988, "Social Capital in the Creation of Human Capital." *The American Journal of Sociology* 94: S95 – S120.

Coulton, Claudia J., Jill E. Korbin & Marilyn Su, 1999, "Neighborhoods and Child Maltreatment: A Multi-level Study." *Child Abuse & Neglect* 11 (1999): 1019 – 1040.

Duffy, Bobby, 2000, "Satisfaction and Expectations: Attitudes to Public Services in Deprived Areas." CASE Paper, London School of Economics.

Ellen, Ingrid Gould&Margery Austin Turner, "Does Neighborhood Matter? Assessing Recent

Evidence." *Housing Policy Debate* 4: 833 – 866.

Elliott, Delbert S., William Julius Wilson, David Huizinga, Robert J. Sampson, Amanda Elliott & Bruce Rankin, 1996, "The Effects of Neighborhood Disadvantage on Adolescent Development." *Journal of Research in Crime and Delinquency* 4: 389 – 426.

Kain, J., 1968, "Housing Segregation, Negro Employment and Metropolitan Decentralization." *Quarterly Journal of Economics* 2: 175 – 197.

Kain, J., 1992, "The Spatial Mismatch Hypothesis: Three Decades Later." *Housing Policy Debate* 2: 371 – 460.

Leventhal, Tama & Brooks-Gunn J., 2000, "The Neighborhoods They Live in: The Effects of Neighborhood Residence on Child and Adolescent Outcomes." *Psychological Bulletin* 2: 309 – 337.

Massey, Douglas S. & Nancy A. Denton. 1988, "The Dimensions of Residential Segregation," *Social Forces* 67: 281 – 315.

Morenoff, J. D., Robert J. Sampson & Stephen W. Raudenbush, 2001, "Neighborhood Inequality, Collective Efficacy, and the Spatial Dynamics of Upban Violence." *Criminology* 3: 517 – 560.

Murray, C., 1996, "The Emerging British Underclass." in R. Lister, (ed.) *Charles Murray and the Underclass: The Developing Debate* (London: Institute for Economic Affairs).

Sampson, Robert J., Morenoff Jeffrey D. & Gannon – Rowley Thomas, 2002, "Assessing 'Neighborhood Effects': Social Processes and New Directions in Research." *Annual Review of Sociology* 28: 443 – 478.

Sampson, Robert J., Raudenbush SW & Earls F., 1997, "Neighborhoods and Violent Crime: A Multilevel Study of Collective Efficacy." *Science* 277 (1997): 918 – 924.

Smith, Richard A., 1975, "Measuring Neighborhood Cohesion: A Review and Some Suggestions." *Human Ecology* 3 (1975): 143 – 160.

Souza Briggs, Xavier De, 1998, "Brown Kids in White Suburbs: Housing Mobility and the Many Faces of Social Capital." *Housing Policy Debate* 1: 177 – 221

Veysey, Bonita M. & Steven F. Messner, 1999, "Further Testing of Social Disorganization Theory: An Elaboration of Sampson and Groves's 'Community Structure and Crime'." *Journal of Research in Crime and Delinquency* 2: 156 – 174.

Wilson, W., 1987, *The Truly Disadvantaged: The Inner City, the Underclass and Public Policy*, Chicago, I. L.: University of Chicago Press.

Wilson, W., 1996, *When Work Disappears: The World of the New Urban Poor*, New York: Knopf.

有关日本社区规划政策法规的社会学研究

——可持续发展的社区规划指标体系初探*

戴建方（同济大学社会学系，讲师）

摘要：本文①通过紧凑城市概念及其政策导向，考察日本紧凑城市的地方实践活动；②通过了解与紧凑型社区建设、城市再生以及相关问题有密切关系的一系列法律政策、基本方针，探讨中心城区活性化建设中的政策导向；③了解环境保护法律及政策，并使其与中心城区活性化法律和政策相关联，关注环境示范城市构想以及地方实践活动，以建构低碳社区建设指标的新内涵；④通过了解有关文化政策，把握历史文化作为城市文化的一部分在城市文化的连续性及推动城市活性化方面所发挥的重要作用；⑤通过了解《社会福祉法》《介护保险法》及介护保险制度，考察有关健康、医疗、福祉一体化社区建设的理论与实践。

关键词：日本社区规划　政策法规　紧凑型城市中心城区　活性化养老社区

2013年随着中国GDP增长率进入拐点①以及2013年十八届三中全会

---

* 本文为同济大学高密度区域智能城镇化协同创新中心上海同济城市规划设计研究院（2014年3月1日）委托并资助项目之一，在此谨向科研资助方表示由衷的感谢。科研报告的最终版（2015年1月30日）是在中期报告（提交日期2014年10月15日）的基础上，增加附录《日本社区规划政策法规的主要指标一览表》，同时对部分内容进行修订而成。

① 自2008年以来中国国内生产总值增长（百分点）分别为9.63%（2008年）、9.21%（2009年）、10.45%（2010年）、9.30%（2011年）、7.65%（2012年）、7.67%（2013年）（国家统计局网页，http://data.stats.gov.cn）。

会议精神的提出①，1978 年三中全会以来的改革开放已进入新阶段。就社区规划而言，若要保持社区的可持续发展，不管是从社区重建、社区振兴的角度，还是从社区建设或社区发展的角度，可以预计政府单方面大规模的资金投入模式将一去不复返，为此探讨社区规划中的新模式势在必行。这种模式或许会引发社区的结构性转变，促进社区提升创新力，使社区可持续发展，即创建低碳绿色社区，因此研究者应该从战略高度及实际可操作层面加以把握和研究，而这就要求建立一套符合客观规律、尊重科学精神的可操作的社区规划指标体系。

根据国外经验，美国在 1930～1960 年代制定大规模公共住宅规划，从 1960 年代起开发分散的公共住宅，同一时期住房社会学形成（刘豪兴，1993：430～433），这两者在时间节点上吻合，并非偶然，具有内在的必然性及相互关联性。国内城市规划现状及前景，应该说为社会学研究提供了参与契机。由于国内社区规划政策这一基础性研究尚处于摸索阶段，因此借鉴国外现有的理论及经验是非常重要的。

众所周知，公共政策及法规长期以来与城市规划、社区规划密切相关，因此，通过对日本社区规划政策法规的导向性及重要性进行初步研究②，可以发现在构建可持续发展的社区过程中，政策法规具有导向性作用。而且，研究发现公共政策及法规在具体的社区规划理念及设计过程中不仅仅体现规划设计所在国的一系列法规政策，而且也反映出全球化时代的主流理念，是一种"全球－地方化"实践（Robertson, R., 1992）。

日本 1960 年代经济高速成长期的城市规划及社区规划中相当一部分依

---

① 在中国共产党十八届三中全会通过的《中共中央关于全面深化改革若干重大问题的决定》中，党中央提出了推进城乡发展一体化的一系列重大改革举措。诸如加快构建新型农业经营体系；赋予农民更多的财产权利；推进城乡要素平等交换和公共资源的均衡配置；完善城镇化健康发展体制机制，推进城市建设管理创新，推进农业转移人口市民化等（中国共产党新闻网，http://theory.people.com.cn）。

② 笔者认为通过第一期（日本社区规划与政策法规）的研究可以为第二期（美国）和第三期（欧洲）的研究奠定基础，考察社区规划与政策法规的关联度及内在机制，确立可持续发展理念下的社区规划与政策法规的主要指标，提出建立相关指标体系的可行性报告。

赖国家政策法规①，而且在社区居民运动蓬勃发展的过程中，自治体（市、町、村）将城市规划从以现有的硬件为中心的地方末端规划转化成满足市民最低生活需求的充实生活基础的规划（见田、栗原、田中，1994：318）。而且，日本在借鉴欧美理论及经验的基础上独自探索社区规划，并取得成功，日本经济高速增长时期的情况与中国改革开放后城市化进程加快的实际情况类似。因此，选择日本社区规划与政策法规进行探讨，并以此作为问题意识，具有一定的现实意义与实际操作性。

制度层面的政策法规与社区建设及规划的关联性是毋庸置疑的，关系到社会公正与正义。② 但哪些外部因素或前提条件会对制度层面的政策法规与社区规划产生影响，这是研究假设的第一步。就城市规划或社区规划而言，或许我们仍然处于西方城市规划及社区规划的第一阶段（rational planning movement，1890~1960 年代）和第二阶段（synoptic planning，1950~1960 年代）（Hudson，Barclay M.，1979：387-406），而部分规划项目，比如灾后重建、历史文化遗址保护等项目比较符合第二阶段。由此可见，"自上而下"（政府及专家主导及决策）模式仍然为进行时态，这一模式可以说不仅是目前的主要模式，而且是未来相当长时期的主要模式，这是由中国城市化进程的现状决定的，因此研究探讨社区规划与政府或地方政府出台

---

① 1968 年制定的《城市规划法》（1968 年 6 月 15 日法律第 100 号，最终修订 2014 年 6 月 13 日法律第 69 号）中第 1 条写明："这是一部以城市的健全发展为目标而制定的城市规划法，该法律旨在通过规定城市规划的内容及其决定手续、城市规划限制、城市规划事业等其他城市规划相关事项，谋求城市的健全发展及有序的布局，为国家的均衡发展与公共福祉的增进做出贡献。"该法制定以后政府做了两次大的修改：1998 年根据《地方分权一括法》加以修正，将城市规划作为自治事务由地方公共团体按照自己的责任和判断进行。其后 2000 年在城市规划中央审议会的要求下，建设者对《城市规划法》与《建筑标准法》（1950 年 5 月 24 日法律第 201 号，最终修订 2014 年 6 月 27 日法律第 92 号）进行了修改。本文中主要涉及的《城市规划法》（1968）、《城市再开发法》（1969 年 6 月 3 日法律第 38 号，最终修订 2014 年 6 月 13 日法律第 69 号）、《建筑标准法》一般被称作"都市三法"。

② 就政策与城市规划的关联性而言，国外近期的研究有 Carmon, N.、Fainstein, Susan S.（2013）（eds.），"Policy, Planning, and People: Promoting Justice in Urban Development"，以往的研究有 Frieden, B. J.、Morris, R.（1968）（eds.），"Urban Planning and Social Policy"。国内有翻译出版的《公共政策分析和规划的初步方法》。总体而言，随着日本经历了后现代主义时代，西方关于这方面的研究呈下降趋势，而中国国内呈上升趋势，这一方面是因为国内对政策概念的把握由过去的过分偏重政治性概念而转向重视现代通用的"公共政策"概念；另一方面，从 1990 年代起房地产持续泡沫化、房地产开发热、政府土地财政模式等导致人们对房地产、城市规划相关政策法规的关注度提高。由此可见，在社区规划过程中解读政策的作用、功能、导向性，并同时确立复数指标具有合理性和可行性。

的政策法规之间的关联度将使社区规划具有可行性、可操作性，实现效率最大化，这或许是社区规划目前和未来值得探讨的重要课题之一。这里并不否定"自下而上"（社区居民、志愿者、"专业化"市民以及居民委员会、业主委员会等积极参与规划及决策）的模式，即第三阶段以上的可能性，但就现实而言目前基本处于缺失或萌芽状态。

日本经济高速成长期的经验对于中国具有一定的可借鉴性，而且日本经历了经济拐点这一阶段后，正在经历逆城市化过程，社会结构和人口结构发生急剧变化。在全球化时代，这是西方世界共同面临的社会问题，未来也可能是我们面临的社会问题。日本城市规划或社区规划进入了前所未有的"后现代"模式①，从规划设计、规划模式到规划过程都出现了自主性、参与性、多样性、低碳、环境友好型等特征（大西，2010a、2010b、2011）。在这一背景下，解读日本的政策法规与城市规划、社区规划、社区建设、社区发展之间存在哪些互动关系，哪些因素或动因可以作为社区建设及规划指标，是本项研究的问题意识之一。② 这里不得不提及的是，即便是处于与欧美城市规划进程同步的日本依然重视国外早期城市规划或社区规划与公共政策的基础性研究（馬場，2009 – 2011）。

日本从经济高速成长期到泡沫经济崩溃时期，经历了与西方相近的逆城市化、城市社区更新或再造过程。尽管在泡沫经济崩溃时期，日本被贴上"失去的十年""失去的二十年"等标签，但社区规划中的低碳环保及市民参与等特征依旧明显，这合乎联合国人居规划（United Nations Human Settlements Programme）倡导的促进社会和环境可持续发展的人居发展理念。③ 从1960年代经济高速成长期出现的"团地"（公共住宅）理念到1970年代

---

① 在1995年阪神大地震后的社区重建及社区振兴过程中，日本社区居民及市民团体对社区规划的参与度空前高涨，这无疑是"自下而上"的市民活动意识的觉醒，给社区规划研究提供了宝贵素材。

② 国内关于日本城市规划、政策、法规的介绍多为一般性介绍，专题研究较少，文献检索率也较低，中国知网上主要有：①刘强、刘武君（1993）《日本的城市规划制度——日本城市规划法研究（之二）》《规制放松与现代城市法——日本城市规划法研究（之四）》《环境与开发——关于1992年日本城市规划法修改的研究》；②谭纵波（1999）《日本城市规划行政体制概观》（2000）《日本的城市规划法体系》《从中央集权走向地方分权——日本城市规划事权的演变与启示》（2008）；③曹康（2008）《以探针的方式解读日本城市规划》；④王德、唐相龙（2010）《日本城市郊区农村规划与管理的法律制度及启示》；⑤高晓路（2004）《关于城市规划中外部经济效果的分析——日本规划政策的研究实例》。

③ http://www.unhabitat.org.

后期的"MY HOME"理念，再到1980年代的国际化时代、1990年代后半期的全球化浪潮，在这一漫长过程中，伴随着泡沫经济崩溃、人口老龄化、出生率下降、城市人口逆向流动等社会问题，相关政策法规不断被修正，为推进城市再造与社区重建确定了主旋律。最近几年旧"团地"再生项目成为日本社区规划研究重点之一（馬場，2009-2011），将旧"团地"作为老龄化居住养老模式与低碳社区，这种战略探索值得我们借鉴和思考。1970年代日本地方自治的政治实践为地方出台合乎本地区的相关政策及法规条例奠定了基础，也为地方社区规划实践提供了支持性的外部环境（內海，2010）。

本文通过了解日本城市规划、社区建设及规划的政策法规，从社会学研究角度[①]，探索法规政策是如何在城市规划及社区建设中，作为一种先导性或引导性指标而发挥作用的。同时论证城市规划与社区建设及规划方面的理论与实践又是如何与法规政策发生互动或连动，并反馈到政策及制度层面的。社区规划实践提升制度创新，诱导政策法规完成自我更新，而后者（政策及制度层面）无疑确保前者在操作层面的规范。再者，试图在研究过程中，找出与日本法规政策相关的、可作为城市规划、社区建设及规划的重要指标，包括主指标和次指标，以期提出与可持续发展社区规划相关的制度性参数指标，进而为未来研究（二期、三期）中构建可持续发展社区规划的政策法规指标体系提供可行性报告及实证性论文，最终为构建规范化的、系统完整的社区规划指标体系奠定基础。

本研究的基本步骤为首先梳理与社区建设有关的日本主要法律与政策，并加以解读，然后通过考察分析具体的社区建设内容，论证法律与政策的先导性及重要性。笔者暂且设定以下部分为与政策法规导向相关的内容[②]并加以探讨和分析：第一，政策引导紧凑城市理念：构建社区建设重要指标（通过紧凑城市概念及其政策导向，考察日本紧凑城市的地方实践活动，同时关注紧凑城市理念如何融入《新国土整体构想》。从阿瓦尼原则到新城市主义宪章的未来设计新动向，考察社区建设指标内涵的基础）。第二，法律政策确保中心城区活性化：构建社区建设重要指标（通过了解与紧凑型社区建设及城市

---

① 这里所说的主要是指在研究方法上注重实证性，即通过文献、法律、政策文本以及事例等进行实证考察，尽可能避开烦琐的理论，即从概念到概念的论证。

② 原先提交的课题大纲内容中还包括"政策引导市民参与社区规划"，但考虑到日本市民参与城市规划，尤其是社区建设及规划，在制度层面已经确立，在日本社区建设及规划中属于常态，因而笔者在中期报告中除了前言部分外，正文中一般不再提及"政策引导市民参与社区规划"。

再生有密切关系的一系列法律与政策及基本方针,包括中心城区活性化法律、城市再生特别措置法、住宅生活基本法等,探讨中心城区活性化社区建设中的政策导向,关注多视角、跨文化的政策研究,探索社区建设指标内涵。另外,也关注地方主权型社区建设问题)。第三,环境保护法律、政策与环境示范城市构想(了解环境保护法律及政策,并使其与中心城区活性化法律和政策相关联,关注环境示范城市构想以及饭田市、北九州市的环境示范城市实践活动,建构低碳社区建设指标新内涵)。第四,文化政策与城市观光、创新城市(通过了解文化政策,把握历史文化作为城市文化的一部分在城市文化的连续性及推动城市活性化方面所发挥的重要作用,同时作为社区建设中不可或缺的一环,其表现出的地方独特性。探讨多元文化社区建设及创新城市型社区建设问题,寻找城市再造的持久活力)。第五,介护保险制度与健康、长寿社区(通过了解《社会福祉法》《介护保险法》及介护保险制度,考察有关健康、医疗、福祉一体化社区建设的理论与实践,比如新潟县见附市的"自律"新政所引导的社区建设。关注"白金社会"和"白金构想"及日本版未来养老社区)。

一 政策引导紧凑城市理念:构建社区建设重要指标

1. 紧凑城市概念的引入及其政策导向

Compact city(紧凑城市)一词最早由两位数学家 Dantzig, G. B.、Saaty, T. L.(1973)提出[①],而后 Jenks, M.、Burton, E., Williams, K.(1996)等在设计规划领域使用这一概念。Compact city 是批判现代城市设计的词语,虽然概念本身由非城市规划专业人士提出,但后来成为决定城市规划走向的重要理念。Compact city[②] 一词,较早出现在日本,但 2000 年

---

① 日本介绍 Dantzig, G. B. 和 Saaty, T. L. 的 compact city 概念为森口繁一、奥平耕造、野口悠纪雄(1974)。Dantzig, G. B. 和 Saaty, T. L. 在 *Compact City* 一书中对美国无计划、无秩序的开发敲响警钟。相关著作还有《美国大城市的生与死》(Jacobs, J., 1961),该书对美国社会以汽车为中心,人口缺失的状况产生疑问,并担忧对郊区的大规模开发会引发"城市中心荒芜化"等社会问题。1969 年日本鹿岛出版会出版该书,译者为日本建筑学家黑川纪章。2010 年日本鹿岛出版会出版全译本(译者山形浩生)。

② 对于 compact city 这一外来语,日本一般采用音译"コンパクト",也有采用汉字"集约都市"。与外来词コンパクト对应的中文是"小型完整的;小巧玲珑的;小型充实的;简洁的"等。对于 compact city 一词,中文可译作"小型城市、集约(型)城市、紧凑(型)城市"等,考虑到 Dantzig, G. B.、Saaty, T. L. 使用数学用语构建 compact city 概念,因而本文中一般采用"紧凑城市"一词,同时也保留原文中的日本汉字"集约城市",词义上无差异。

后才普及①，目前作为法规政策中有关社区建设或规划的重要术语，引领社区建设新潮流。由此可见从日本建筑界、城市规划界到政府行政部门对紧凑城市这一概念的重视程度。

关于紧凑城市定义，有不同的议论和解释。在"全球—地方化"这一思潮影响下，紧凑城市一方面反映政府紧跟国际潮流的趋势，另一方面也反映地方或民间的呼声，是地方主导的紧凑城市的实践探索活动。

国土交通省解释紧凑城市一词时②，认为"紧凑城市观点在1990年代初在欧美各国，作为解决因汽车导致的环境问题和城市空洞化问题而引起关注。但是，有关其定义及效果等解释不一，仍然处于未达成共识的状态。"本文中欧美紧凑城市的观点转引自海道清信（2001）对国外紧凑城市理论的介绍，基本内容概括为如下几点：①紧凑城市的九项原则（中心命题为密度高、多样性、人性尺度、独自性等）；②紧凑城市的效果；③为实现紧凑城市的城市、地方政策（英、荷、德、美等国的事例）。③

2. 日本紧凑城市的地方实践：紧凑城市理念的内涵

国土交通省就日本紧凑城市的地方实践，介绍源自东北地区及神户地区的紧凑城市构想。国土交通省将紧凑城市一词作为政策概念加以推广实践，以青森市、仙台市、稚内市为主的东北地区和北海道及神户市成为样板城市，其中东北地区及神户地区率先提出日本紧凑城市构想，并进入实践摸索阶段。

东北地区城市中心居住研究会构想④及研究与实践活动成果最终成为政策法规制定的依据之一。在城市中心居住研究会构想中，关于紧凑城市的

---

① 书名中出现紧凑城市的可查到 Jenks, M., Burton, E.、Williams, K. (eds.) (1996), *The Compact City: A Sustainable Urban Form*（神戸市コンパクトシティ研究会・こうべまちづくりセンター訳『コンパクトシティー持続可能な都市形態を求めて』2000）、海道清信（2001）『コンパクトシティ：持続可能な社会の都市像を求めて』、日経産業消費研究所（2002）、『地方都市再生への戦略―コンパクトシティーを目指して―』；松永安光（2005）『まちづくりの新潮流：コンパクトシティ/ニューアーバニズム/アーバンビレッジ』；（財）東北産業活性化センター（2006）『コンパクトなまちづくりの時代人口減少高齢社会における都市のあり方』。
② 国土交通省，http://www.thr.mlit.go.jp/compact-city/contents/what_is/what_is.html。
③ 国土交通省，http://www.thr.mlit.go.jp/compact-city/contents/what_is/what_is.html。
④ 东北地区为城市空洞化严重的地区之一，有关紧凑城市研究与实践活动较早开展。城市中心居住研究会（1998～2002，召开10次）、紧凑城市研究会（2004～2007，召开6次）、东北紧凑城市推进研究会（2007至今）引领东北地区的紧凑城市实践。有关紧凑城市的研究成果有：城市中心居住研究会（2000）『コンパクトな都市づくりを目指して―東北地方におけるコンパクトシティ―』、山本恭逸（2006）『コンパクトシティ―青森市の挑戦―』等。

必要性，列出以下几点：①少子老龄化的加剧；②郊区化与城市中心空洞化的加剧；③城市历史与文化的消失；④自然及地球环境的保护；⑤地区合作的现实及今后去向。

神户市复兴、活性化推进恳谈会（1999）的观点现在成为紧凑城市政策概念来源之一。国土交通省将神户市复兴、活性化推进恳谈会（1999）①的构想概括为"自律的生活圈的交流与协作的紧凑城市，将生活圈称作 compact town"。② 在培育我们社区意识的地区整合过程中，使居民日常生活中具有某种程度的自律性，居民通过构思自己社区的风貌，亲身实践，珍视地方的自然及历史、文化等个性，构筑安全安心、适宜居住的生活圈。③

其他一些具有代表性机构对紧凑城市的定义也值得关注，其中经济广报中心④的定义如下："所谓紧凑城市是将徒步可到达的范围作为生活圈，瞄准健康而适宜居住的城市建设。（中略）将从衣食住行到工作场所、学校、医院、游乐场所这些功能集中到城市的中心部分，建设更为有效、高效的基础设施，使中心城区活性化等。"⑤

3. 紧凑城市理念作为社区建设重要指标引导政策转向

如上所述，国土交通省对紧凑城市观点持开放态度，也基本代表了官方观点。紧凑城市实践层面涉及一些具体的法律法规政策，从中也能看出政府关于紧凑城市的基本思路和主要观点以及未来紧凑型社区建设的战略设想。

对于将扩张至郊外的城市功能集中到中心部这一紧凑城市构想，国土

---

① 1995年版神大地震前神户市人口约152万，灾后142万（为第二次世界大战后人口首次下降），2001年回升至150万，2004年恢复到152万（神户市官方网页，http://www.city.kobe.lg.jp）。1995年6月制订《神户复兴计划》，成立相关组织及研究机构：神户市復興・活性化推進懇話会（1998设立）、神户市コンパクトシティ研究会、こうべまちづくりセンター。神户在灾区重建中，注重"自下而上"的社区建设运动，而后在这一过程中引入紧凑城市理念，为日本紧凑城市实践奠定了基础，作为紧凑城市标志性的研究成果：神户市（1999）『コンパクトシティ構想―持続可能な都市づくり、地域発意のまちづくり』，其观点及议题成为制定政策法规的依据之一。国土交通省，http://www.thr.mlit.go.jp/compact-city/index.html。
② 国土交通省，http://www.thr.mlit.go.jp/compact-city/index.html。
③ 国土交通省，http://www.thr.mlit.go.jp/compact-city/index.html。
④ 経済広報センター（经济广报中心）为内阁府所管辖的财团法人，成立于1978年，初任会长土光敏夫（旧日本经济团体连合会第4任会长）。现任会长榊原定征（2014年就任一般社团法人日本经济团体连合会第4任会长。该中心是经济界与社会交流的重要平台，对政策的执行具有一定的影响力）。
⑤ 转引自経済広報センター（一般财团法人），http://www.kkc.or.jp。

交通省彻底重新评估。① 法律上明确诱导医院及照顾设施、商业设施等集中到城市中心部，同时对从郊外迁入的设施提供补助金及税制优惠。鉴于少子老龄化和地方自治体的严峻财政状况，国家主张将扩大至郊外的城市功能重新集中到中心部这一紧凑城市模式在全国推行。

对于紧凑城市这一概念的形成，国土交通省的解释是"一方面，在城市中心空洞化的背景下研究激活市中心区域的各种各样的方法；另一方面，郊外土地利用扩大化倾向依然持续，对于这一矛盾，地方城市必须加以解决。"②

4. 紧凑城市理念作为社区建设重要指标融入《新国土整体构想》

紧凑城市这一概念在《新国土整体构想》（grand design）中有详细表述。所谓《新国土整体构想》是指以 2008 年内阁决议的《国土形成规划》为基础形成的国土建设与地区建设的基本规划。③ 该规划是中长期规划，时间上限至 2050 年，以 2020 年东京奥运会为里程碑。《新国土整体构想》提出，即使在人口减少和老龄化加剧的状况下也要维持经济增长，为此重视推进集约化和网络化。④ 国土交通省于 2014 年 7 月 4 日公布《国土整体构想 2050》。⑤ 该整体构想是以 2050 年为目标，"显示国家建设理念以及全国地方、城市的现状"（太田国土交通相）。以紧凑（集约化）、网络为核心制定 12 项基本战略。作为一项具体的与住宅关联的措施，该战略明确加快可应对多样化需求的住宅统一整编，加速制定多世代循环型环境城

---

① 以下部分至本段落结束参考「地方都市を高齢対応型に中心部に病院や商業施設・国交省、税優遇で移転後押し」，日本経済新聞電子版，http：//www.nikkei.com。
② 国土交通省，http：//www.thr.mlit.go.jp/compact-city/index.html。
③ 《国土形成规划》是以《国土形成规划法》（1950 年 5 月 26 日法律第 205 号，最终修订 2012 年 3 月 31 日法律第 13 号）为基础，基于日本的自然条件、经济、社会、文化等，为推进国土的利用、布局及保护而确定的综合性且基本的规划。最初的《国土形成规划》在自由民主党执政的 2008 年 7 月由内阁决议通过。国土交通省设立国土规划局（2001 年国土厅与建设省等一同合并）专门负责这一事务。日本政府 1962 年制定《第一次全国综合开发规划》，以《国土综合开发法》为基础，但在小文化的时代，为适应新时代的要求，于 2005 年第 162 次通常国会上对该法进行了根本性的修正，日本政府取代国土综合开发而重新制定了《国土形成规划》。
④ 除了通过城市功能紧凑实现集约化，减少成本以外，方针表明通过灵活运用 IT 的点状网络化，激活人与企业同行人士交流，提高生产率。构建整体构想时，磁悬浮中央新干线的开通与廉价航空公司（LCC）的覆盖面扩大等也作为重要因素被提起。
⑤ 以下部分至本段落结束的内容均参考标题为「多様な住宅需要に対応、空き家で二地域生活・就労＝国土のグランドデザイン 2050」的报道，住宅产业新闻社，http：//www.housenews.jp/executive/8952。

市的主体规划，以应对城市老龄化和人口减少。

5. 面向多网络型紧凑城市，建构社区建设指标内涵

国土交通省向集约型城市方向转化。有关紧凑型社区建设或社区规划，国土交通省的构想是：为应对地方城市老龄化、人口减少以及城市中心扩散、大城市中老龄者激增等日本城市所面临的各种课题，今后日本城市必须以多网络型紧凑城市的建设为目标。① 自 2013 年 4 月起，为建设具备舒适生活场所与功能性经济活动场所的城市，政府决定对迄今为止的布局进行改变，与此同时也促使地方城市和大城市各自积极努力进行包括软件方面的建设，召开了城市重建战略研究委员会会议，起草综合性城市重建战略（创新计划）。同年 7 月的中间报告书中，提出了推进城市中心居住和城市功能的集约化、集约型城市构造的必要性。关于面向紧凑城市的法律制度、预算和税制的支援政策，国土交通省认为：以多网络型紧凑城市的建设为目标，通过纵览整个城市结构，引入住宅、医疗、福祉、商业等其他居住相关设施以及与此有关的公共交通等，为了支援市、町、村紧凑型城市建设，国会除了对城市再生特别措置法部分修改法案②进行确认外，正在就预算税制的支援政策进行讨论。

6. 从阿瓦尼原则到新城市主义宪章：未来设计规划理念的确立

新城市主义（new urbanism③）是自 1980 年代起至 1990 年代，在北美出现的城市设计动向。在欧洲与紧凑城市（compact city）为同一概念，在英国等同于生活村（urban village④）这一概念（Aldous，T.，1992），可持续发展社区的特征为中密度住宅、混合使用分区、公交设施良好，重视步

---

① 以下部分至本段落结束的内容均参考「中心市街地活性化のまちづくり」，国土建设省，http://www.mlit.go.jp/toshi。
② 都市局都市计划课《城市再生特别措置法部分修改法案》（内阁决议日 2013 年 2 月 12 日）的主要内容：①用地适当规划；②城市功能引导区域；③居住引导区域。国土建设省，http://www.mlit.go.jp/policy/file000003.html。
③ New urbanism 作为回归传统的城市规划，其构想的城市模式是以轨道交通站为中心，周边为商业设施及住宅区。其规划及设计原则最终以 Charter of New Urbanism 为基础。美国佛罗里达州 Seaside 开发项目为其代表，规划设计方为 DPZ（Duany Plater-Zyberk Company）。
④ Urban village 源自英国皇太子查尔斯于 1990 年代初提倡的 urban village 运动，英国由此迎来城市开发的转折点（野嶋慎二，2012）。对于 urban village 一词，日本一般采用音译法，而中文为避免混淆概念，没有直译。中国的"城中村"译成英语同样为 urban village，这两个词为完全不同的概念。在日本作为社区建设的内涵，urban village 与 compact city、new urbanism 同等重要（松永安光，2005）。

行街和公共空间。为了对紧凑城市这一概念做进一步的了解和把握，有必要了解阿瓦尼原则（Ahwahnee Principles①）和新城市主义宪章（Charter of New Urbanism，CNU）的主要内容。在新城市主义宪章确立前，作为其前身的阿瓦尼原则确立了社区原则（Community Principles②）。有关新城市主义理论特征及变化的研究表明，可以将新城市主义理论定位于跨学科团体共同对多样性居住环境进行肯定，对现存城市极为重视，在理论与实践的一体化方面积极行动等，这一规划是具有深远意义的城市设计及城市规划。公

---

① 阿瓦尼原则 1991 年由 Peter Calthorpe，Andres Duany（Duany Plater-Zyberk Company）等人倡导。1991 年非营利团体 Local Government Commission 邀请建筑设计师 Peter Calthorpe、Andres Duany 等为土地使用规划开发一套社区原则。1991 秋该团体于首届约塞米蒂大会上将拟定的社区规划原则提交给约百位政府官员，由此该原则以会议所在地约塞米蒂国家公园命名。Ahwahnee Principles 包括序言、Community Principles（社区原则）、Regional Principles（地区原则）及 Implementation Principles（执行原则）。这是原版阿瓦尼原则（Original Ahwahnee Principle），副标题为 Ahwahnee Principles for Resource Efficient Communities。此后还有 Ahwahnee Principles for Economic Development（1997），Ahwahnee Water Principles，Ahwahnee Principles for Climate Change［Ahwahnee Principles，Local Government Commission（LGC），http：//www.lgc.org］。但影响远不如 Original Ahwahnee Principle。日本较早就开始介绍社区建设或规划这一领域新动向（川村、小門，1995），以此作为可持续发展社区的基本原则，但这一概念并不像 compact city 那样普及，主要在设计规划领域及相关行业内流行。以后因为 Charter of New Urbanism 融入其理念而取而代之，就此这一概念淡出人们的视线。

② Community Principles 为 Ahwahnee Principles 中确立的 15 条社区建设及规划原则（川村、小門，1995），主要内容如下：①所有社区必须设计成多功能、有统一感的社区，将住宅、商店、工作地点、学校、公园、公共设施等居民生活中不可缺少的各种各样的设施及活动据点整合起来。②设计上尽可能将许多设施安排在可轻松步行的范围内。③应该尽可能将许多设施及活动据点布局在轨道交通站和公共汽车站。④社区内应该提供各种类型的住宅，以期让各种经济层次的人、各种年龄的人可以居住在同一社区里。⑤应该在社区内创造出在社区内居住的人可从事工作的场所。⑥必须使新建的社区场所与包括该社区的更大的交通网络协调一致。⑦必须保持社区作为集聚商业活动、市民服务、文化活动、休闲活动等的中心地区的功能。⑧社区必须保持广场、绿化带、公园等用途，是任何人均可利用的、面积相当的开放空间。通过在场所和设计上下功夫，促进开放空间利用。⑨应该将公共空间设计成任何时候人们均有兴趣去的场所。⑩若干社区集中在更大的区域里，必须通过农业绿色地带、野生生物的生息边界等保持明确的边界。而且，这一边界不能成为开发的对象。⑪过道、步行者通道、自行车专用道等社区内的各种道路作为整体必须形成密切的网络且提供引发兴趣的路线及通往目的地的道路体系。这些道路必须小巧以鼓励人们徒步及利用自行车，在建筑物、树林、街灯等周围环境上下功夫，而不鼓励高速交通。⑫对于社区建设前存在的地形、排水、植被等，应该尽可能将原来的自然形态保持在社区内。⑬所有社区应该设计成节约资源型社区，使废弃物最少化。⑭通过自然排水、抗干旱强地势造型、水循环利用设施，追究所有社区水的有效利用。⑮为创建能源节约型社区，应该在道路方向性、建筑物布局、日影活用等上下功夫［Ahwahnee Principles，Local Government Commission（LGC），http：//www.lgc.org］。

共交通工具使邻里关系网络化，达到创建与自然共存的环境友好型城市的目的，在这一点上阿瓦尼原则（1991年）与新城市主义宪章（1996）是一致的（佐佐木、斋木，2010）。另外，新城市主义宪章对社会、经济、文化、政治、环境、空间等进行综合处理，城市与自然环境和谐共存，重视公共空间，比阿瓦尼原则明显进步，具有包容性且视角多元。

与紧凑城市相关的其他概念还有：反城市化或城市中心回归（counter-urbanization[①]）、城市中心居住、市中心贫民区（inner city）、生态城市、城市中心荒芜（urban decay[②]）、公共交通导向性开发（transit-oriented development，TOD[③]）等，这些概念在构建社区建设与规划指标体系时可以作为次级指标加以运用。

二　法律政策确保中心城区活性化：构建社区建设重要指标

1.《关于中心城区活性化法律》的确立是紧凑型社区建设的重要保证

与紧凑城市概念密切相关的一个概念是中心城区活性化或城市中心活性化这一概念。如上所述，紧凑城市理念本身在欧美是因汽车社会引发环境问题，作为城市空洞化的对策产生的，作为保护生态环境对策而加以定位，而在日本紧凑城市理念主要是针对城市空洞化、少子老龄化等问题。为了解决这些问题，作为紧凑城市或紧凑型社区建设及规划的重要一环，即"中心城区活性化"实践一方面由政策引导，另一方必须以法律法规的

---

① Counter-urbanization 是指由城市向乡村迁移人口的社会过程。Brian Berry 当初从内城及人口过密这一问题中发现反城市化现象而开始研究。反城市化导致退缩城市（shrinking cities），后一概念是指经历人口减少的城市，主要是向外部迁移而引发的，由此引发城市基础设施维持这一大问题。

② Urban decay 是 1970 年代到 1980 年代，特别是北美和欧洲部分地区常见的现象。这一时期，经济、运输、政策方面发生了世界规模的变化，由此引发城市中心地区的衰退。

③ TOD（transit-oriented development）概念由 Peter Calthorpe（Duany Plater-Zyberk Company，DPZ）提出，作为新城市主义城市开发模式，旨在构建以公共交通工具为基础、不依赖汽车的社会。家田仁、冈并木、国际交通安全学会都市与交通研究小组（2002）的研究表明：日本 TOD 型事例领先欧美（战前日本私人铁路沿线开发是在美国城际电气铁路的基础上发展起来的），比如日本西武铁道终点站商业重点化政策（百货店经营）及战前阪急电铁、战后东京急行的私人铁路沿线住宅开发，或者以公共事业团体为中心的郊外新城开发与专线铁路配套等。据说东京公共交通的依赖度达 80% 左右，但是在首都圈及京阪神地区以外的地方，由于地方自治体进行偏重于道路布局的城市规划，公共交通正在衰退，因此人们也在反省以汽车为中心的社区建设。

形式加以确立。

紧凑城市一词并没有直接出现在法律法规中，而中心城区活性化则为法律文件中的重要用词。① 《关于中心城区活性化法律》（1998 年 6 月 3 日法律第 92 号，最终修订 2014 年 5 月 21 日法律第 41 号）中强调中心城区活性化必须以下内容为宗旨加以实施②：由于中心城区为地区居民生活与交流场所，因此努力形成具有魅力的中心城区；鉴于地方公共团体、地区居民及相关企事业单位的密切合作，国家对中心城区进行集中且有效的支援。

出台中心城区活性化的法律旨在，在以往"城区的布局与改善"和"商业活性"的基础上增加"市内居住"和"城市福利设施的配备"等支援措施，将相关法律修改为"增加中心城区的城市功能""提升经济活力"的综合性支援法规，法规名称也由原来的《关于统一推进中心城区的市区布局改善与商业设施活性化的法律》变更为《关于中心城区活性化法律》。③

但是，1998~2000 年制定（包括最终修订）的"社区建设三法"——修订《城市规划法》④、《大规模零售店铺布局法》（大店布局法）⑤（1998 年 6 月 3 日法律第 91 号，最终修订 2000 年 5 月 31 日法律第 91 号）、《关于中心城区活性化法律》（1998 年 6 月 3 日法律第 92 号，最终修订 2014 年 5 月 21 日法律第 41 号）朝着调整以往商业框架的方向转换，但是并未充分发挥功能，没有遏制住中心城区衰退的趋势。鉴于中心城区居住人口减少、

---

① 有关中心城区活性化的法律法规有：《关于中心城区活性化法律》（1998 年 6 月 3 日法律第 92 号，最终修订 2014 年 5 月 21 日法律第 41 号）、《关于中心城区活性化法律施行令》（1998 年 7 月 23 日政令第 263 号）、《关于中心城区活性化法律第 54 条规定的、促进食品流通结构改善的省令》（1998 年 7 月 23 日农林水产省令第 63 号）、《关于中心城区活性化法律施行规则》（2006 年 8 月 18 日内阁府令第 77 号）、《关于中心城区活性化法律第 15 条第 3 款中心城区活性化协议会组织公布的命令》（2006 年 8 月 18 日内阁府、经济产业省、国土交通省令第 2 号）、《国土交通省有关中心城区活性化法律实施规则》（2006 年 8 月 18 日国土交通省令第 82 号，最终修订 2014 年 7 月 2 日国土交通省令第 63 号）等。
② 「中心市街地の活性化に関する法律」。
③ 「中心市街地家活性化のまちづくりコンパクトなまちづくりを目指して」，国土交通省，http://www.mlit.go.jp/crd/index/law/index.html。
④ 修订《城市规划法》为《城市规划法》（1968 年 6 月 15 日法律第 100 号，最终修订 2014 年 6 月 13 日法律第 69 号）的修订版本。
⑤ 面对大规模零售店铺开设分店而对当地中小零售业进行调整的《有关大规模零售店铺中调整零售业事业活动的法律》（大店法）（1973 年法律第 109 号），作为放宽管制的一环于 2000 年被废除。《大规模零售店铺布局法》（大店布局法）从社区建设的观点出发对大规模店铺进行布局控制，规定大规模店铺开设分店时，要考虑维护周边生活环境。

公共设施迁移及郊外大型店增加等，经重新认识与考虑，政府修订《城市规划法》和《关于中心城区活性化法律》（2006 年 8 月实施）。对于此次修订有批评认为，其目的并非在于重新布局，而是针对在福岛县等地产生问题的、往郊区发展的大型量贩店及购物中心。①

本研究认为，从上述的紧凑型社区建设到这里所议论的中心城区活性化建设，二者之间最大的不同点在于后者有法律体系，即经过修正的"社区建设三法"，尤其是有《大规模零售店铺布局法》与《关于中心城区活性化法律》的支撑，同时也有基本方针政策《谋求中心城区活性化的基本方针》（最终版，2014 年 7 月 25 日部分变更）的指导，因此不仅在制度层面，而且在操作层面上均可以完善日本紧凑型社区建设的内涵。

2. 《城市再生特别措置法》《住宅生活基本法》等与城市再生相关问题

《城市再生特别措置法》②（2002 年 4 月 5 日法律第 22 号，最终修订 2014 年 6 月 13 日法律第 69 号）指出，为了应对近年来急速的信息化、国际化、少子老龄化等社会经济形势变化，应改善城市居住环境，确定有关城市再生的基本方针的同时，实施交付金交付等特别措施，此目的在于顺利地实现社会经济结构转换，为国民经济健全发展和国民生活改善做出贡献。

《住宅生活基本法》③（2006 年 6 月 8 日法律第 61 号）是住宅政策方面的基本法律。主要理念是：①供应优质住宅；②形成良好的居住环境；③保护购买者的利益；④确保居住的稳定。全国规划（到 2016 年的目标值）为：①优质住宅库存。a. 将新抗震标准精确度从 75% 提高到 90%；b. 公共住宅共用部位设计化率由 10% 提高到 25%；c. 将实施节能对策的库存率由 18% 提高到 40%；d. 将旧房改建实施率由 2.4% 提高到 5%；e. 将设有适当房屋维修基金公寓的比例由 20% 提高到 50%。②良好的居住环境。a. 将重点密集城区火灾的安全性配备率由 0 提高到 100%；b. 将地块数量由 1000 个减少至 500 个。③城市住宅市场的环境配套。a. 将住宅性能表示实施率（新建）由 16% 提高到 50%；b. 将现有（旧）住宅的流通率由 13% 提高到 23%；c. 将住宅利用或改用期间（耐用年限）由 30 年提高到

---

① 转引自 http：//ja.wikipedia.org/wiki/コンパクトシティ。
② 「都市再生特別措置法」，http：//law.e-gov.go.jp/cgi-bin/strsearch.cgi。
③ 「住生活基本法」，http：//law.e-gov.go.jp/cgi-bin/strsearch.cgi。

40 年；d. 将有孩子家庭的居住面积水准完成率由 37% 提高到 50%。④确保市民的居住稳定。a. 尽早取消最低居住面积未达标率（3 人为 40 平方米，4 人为 50 平方米）；b. 将有高龄者居住的住宅无障碍化率由 29% 提高到 75%。

《国土形成规划法》（1950 年 5 月 26 日法律第 205 号，最终修订 2005 年 7 月 29 日法律第 89 号）2005 年改名为《国土综合开发法》。由此，根据《国土综合开发法》，《新国土形成规划》（全国规划）替代过去 5 次撰写的《全国综合开发规划》（总体规划）于 2008 年 7 月 4 日通过内阁决议。

与上述政策法规相关的、从城市规划体系转换（从 20 世纪向 21 世纪转换）角度，试图解决市场与社区的现有冲突，强调生活世界型城市建设与社会系统型城市建设的研究（小林，2008），回答了城市再生与地方再生问题，内容包括大城市再生与城市规划变革、城市再生和地方再生及区域管理、地方再生与"知识"时代的城市建设、地方城市中心城区的再生与城区未来图像。关注的问题还涉及大城市与地方城市现有的城区重建，包括现代城市规划结构与住宅城区、大城市现有城区整编与新结构、现有企业重建以及有关"容积转移"制度。

3. 中心城区活性化的基本方针，迈向中心城区活性化社区建设

中心城区活性化社区建设是实现紧凑型或集约型社区建设的重要一环。有关中心城区活性化的基本方针是指"为了使中心城区活性化，整个政府积极应对，与政府应实施的其他政策一起，对基本规划审批标准及实施情况进行评价等"[①]。《谋求中心城区活性化的基本方针》由中心城区活性化总部撰写（2006 年 9 月 8 日内阁决议，2007 年 12 月 7 日部分变更，2009 年 4 月 24 日部分变更，2011 年 10 月 7 日部分变更，2014 年 7 月 25 日部分变更）。

《谋求中心城区活性化的基本方针》（2007 年 12 月 7 日部分变更）已确立"地方再生 5 原则"[②]：①"互补性"原则（国家集中支援对当时实际情况了如指掌的居民、NPO、企业等，制定与地方公共团体合作的、现实性强

---

① 「基本方針」，国土交通省，http：//www.mlit.go.jp/crd/index/law/index.html。
② a. 关于"地方再生"，日本有《地方再生法》（2005 年法律第 24 号）、《地方再生法施行令》（2005 年政令第 151 号）、《地方再生法施行规则》（2005 年内阁府令第 53 号）。b. 内阁决议平成十九年变更「中心市街地の活性化を図るための基本的な方針」，http：//www.kantei.go.jp/jp/singi/tiiki/chukatu/kettei/071207kihon.pdf。

且有效果的规划);②"自立"原则(制定那些发挥地方资源及智慧,在社会自立的规划);③"共生"原则(优先支援那些通过人力、物力、财力,相互支援、指向共存的规则);④"综合性"原则(国家支援排除各省厅纵向结构,以地方创意为基础的规划);⑤"透明性"原则(对支援对象的规划结束时,引入第三方对其评价,基于客观性标准加以评价)。

《谋求中心城区活性化的基本方针》(2014年7月25日部分变更)[①]前言末尾中增加"国家战略特区、综合特区"和"环境模范城市、环境未来城市"词语,对于后者可以理解为确立战略目标,将中心城区活性化作为社区建设的重要一环。"第一章有关中心城区活性化意义及目的事项,1. 中心城区活性化意义"末尾新增内容如下:"中心城区活性化的重要性在于,在人口减少、老龄化等我国社会经济状况发生重大变化之时,谋求整个地方城市活力的提升,改善整个地方居住环境,确保医疗、福祉以及地方公共交通的充实,在应对农业地方活性化等问题上有必要统筹解决,密切协调,从整个地区活性化的角度加以应对。"上文为基本方针的要旨,强调多方位,统筹兼顾,重点倾向于地方发展,以激发地方的发展潜力。"第二章为实现中心城区活性化,政府应实施政策的基本方针,3. 基本规划的审批标准"中新增内容如下:"若无必要从地方现状、需求及过去所取得的成效等进行判断时,那么从第四章至第七章各章就无须写明新立项目。"这是对中心城区活性化基本规划的放宽。"第七章标题添加民间中心城区商业活性化项目""中心城区特例外语导游培养等项目"用词,通过放宽管制,促进弹性项目发展。另外,《谋求中心城区活性化的基本方针》对经济产业大臣审批"特定民间中心城区经济活力提高项目"时的条件做出规定,以民间力量为主,重点加以支持。同时《谋求中心城区活性化的基本方针》也强调当地居民以及市、町、村强有力的参与。

综上所述,《谋求中心城区活性化的基本方针》(最终版,2014年7月25日部分变更)引导中心城区活性化实践,同时为社区中心城区活性化社区建设指明方向,中心城区活性化与紧凑城市、紧凑型社区建设等概念一样,可以作为构建社区建设及规划的重要指标而加以利用。

4. 多视角跨文化政策研究,探索社区建设指标内涵

基于上述《谋求中心城区活性化的基本方针》(2007年12月7日部分

---

① http://www.kantei.go.jp/jp/singi/tiiki/chukatu/kettei/h260725_3.pdf.

变更）所确立的"地方再生5原则"，地方自治组织在中心城区活性化社区建设中的作用是显而易见的，而且，地方自治主体，包括居民组织及当地企业如何提升效率以应对少子老龄化等问题是焦点。如何激活中心城区，国外经验尤其是国外的政策导向值得借鉴，这是日本紧凑城市实践的开端。以下所列若干论文，尤其是有关国外的经验研究，反映多视角、跨文化的政策研究成果，尽管不一定具有代表性，但因为有较为独特的观点或视角，通过这些视角，我们或许可以发现、提炼和构建中心城区活性化社区建设指标，所以，笔者做简单介绍。

有关居民自治组织与社会企业合作创建的"弹性化社区政府"研究提出应出台增进邻里关系的自治政策，并提出具体建议：①确认社区里的社会企业及居民组织网络，有效针对社区问题提出解决方案。②阐明社会企业及居民组织构建"弹性化社区政府"的条件。"弹性化社区政府"的基本原则是讨论、互惠、共赢。而且，"弹性化社区政府"的特征是在自由网络里形成，而不行使权力（斋藤，2013）。

有关英国中心城区管理与零售拓展问题和研究（南方，2010）属于这类研究，该研究提出借鉴英国BID（Business Improvement District）的必要性。日本大型店郊外开店和公共设施郊外迁移等导致中心城区空洞问题加剧，同样的问题也出现在英国。撒切尔执政期间实施开发主导型城市政策，购物中心等向郊外迁移，导致中心城区严重荒废。但英国在1990年代后半期以后，引导零售业向中心城区拓展，这应归功于2005年的Planning Policy Statement 6（PPS6）及1996年的Planning Policy Guidance Note 6（PPG6）。英国在模式主导的中心城区活性化这一点上取得了成果。研究结论是日英在城市制度及地方自治制度上存在差异等，尽管英国政策不一定适用于日本，有一定的难度，但就日本版BID而言，有必要模仿英国的BID制度。

台湾地区经验主要是指台湾1960年代的农业改革经验，在第三世界颇具影响力。台湾地区农村活性化社区建设或许对日本农村社区活性化依然具有吸引力。日本学者与台湾地区学者合作的《台湾农村活性化策略》（林、秋山，2012）探讨了台湾农村活性化社区建设如何实现农村发展。研究具有一定的前瞻性，提供了可借鉴的政策实践版本，在《谋求中心城区活性化的基本方针》（2014年7月25日部分变更）前言末尾新增内容中提及农村活性化，出现"在应对农村地方活性化等问题上有必要统筹解决"

等表述。①《台湾农村活性化策略》指出，面对经济及社会环境变化，农民和农业的地位逐年降低，政府农业管理部门推行一系列农村活性化社区建设政策，其他相关机构也在各自范围内支援农村住宅活性化建设，通过环境改善和产业发展，在农村经济振兴、生活环境改善方面取得效果。该项研究以台南县七股乡溪南村为实证研究对象，考察政府支援下的农村活性化项目的具体效果。研究表明：农村活性化是社区建设的结果，有一定效果，但仍然存在一些问题，应尽快确立农渔产品产地直销制度、对农村地区资源及居民需求进行把握、在规划的基础上加强合作、保留城市农地、强化政府支援活动等，必须重新探讨与社会、经济变化相对应的项目规划。

有关威尔士地方政府的可持续性地方再生政策的研究考察了社区的能力培养与授权过程。研究指出社会可持续发展自 1992 年联合国环境与发展大会召开以来已经成为世界口号，一方面，国际社会在广泛讨论环境和经济的可持续性，另一方面，社会层面有些部分已经处于不发达状态。研究分析威尔士政府最重要的地方再生政策"Communities First"②，该政策特别关注社区的能力培养与授权过程，这是社会可持续发展的重要因素（的場，2012）。

5. 探讨地方主导政策转变与地方主权型社区建设

伴随国土、城市、地区政策的结构性改革，日本政府应把握地方布局的转换时机，重视社区建设的"地方环境"，以回应人们对建设具有运作魅力的"城市再生"的期待（長谷部，2005）；并且，探索始于地方主权的、真正的城市规划、社区建设，对法律制度做根本性修正（蓑原，2009）。

《社区建设季刊》（26）（クッド研究所、学芸出版社企画编集，2010a）出版特集《从地方建设的视角对城市规划提出建设》，内容第一部分涉及城市规划合理性这一主题，第二部分探讨城市规划谁是"主体和中坚力量"的问题，就自治体而言，内容包括：①重新研究城市规划区域；②权限"逆移交"也有可能实现灵活变通的地方分权。关于居民的内容涉及：①政

---

① 关于「中心市街地の活性化を図るための基本的な方針」的变更参考内阁官房地域活性化统合事务局网站。

② Communities First 为集中扶贫社区项目，以期缩小最贫困与最富有地区在经济、教育、技术、健康等方面的差距。Communities First 有三个战略目标，实现繁荣的社区、学习型社区、更健康的社区。Communities First, http://wales.gov.uk/topics/people-and-communities/regeneration/communitiesfirst/? lang = en。

府有责任培养城市规划的中坚力量；②在城市规划中给地方管理主体定位等。《社区建设季刊》（27）（クッド研究所、学芸出版社企画编集，2010b）出版特集《城市规划！给出地方主权型社区建设方向》，第一部分是关于城市规划法修改的论点，第二部分针对问题点提出新计划，内容有：分权和参与城市规划等，第三部分针对 21 世纪进行城市规划，内容有地方分权时代的城市法现状等。

三 环境保护法律政策与环境示范城市构想

1. 有关环境保护的诸法律、条例、国际条约及议定书

（1）确立环境保护的法律、法规。

《环境基本法》①（1993 年 11 月 19 日法律第 91 号，最终修订 2014 年 5 月 30 日法律第 46 号）为规定日本环境政策基调的基本法。其基本理念有"环境的享受与继承"（第 3 条）、"对环境负荷小的可持续发展社会的构建"（第 4 条）、"通过国际协调，积极推进保护地球环境的行为"（第 5 条）。

"景观绿三法"指《景观法》②（2004 年 6 月 18 日法律第 110 号，最终修订 2014 年 6 月 27 日法律第 92 号）、《景观法施行相关配套法》③、《城市绿地法》④（1974 年 1 月 10 日政令第 3 号，最终修订 2012 年 9 月 14 日政令第 227 号），均于 2004 年 6 月 18 日公布，2004 年 12 月 17 日部分施行，2005 年 6 月 1 日全面实施。以《景观法》为中心制定的相关法律，主要是从美观这一角度对建筑物、屋外广告物等进行布局。其对象不仅是城市，也包括农村、山村、渔村。《景观法》强化了地方自治体的权限，地方自治体有权确立建筑物的外观、色调、橱窗照明标准等。

《循环型社会形成推进基本法》（2000 年 6 月 2 日法律第 110 号，最终修订 2012 年 6 月 27 日法律第 47 号）是以《环境基本法》为基本理念制定的下位法。《循环型社会形成推进基本法》第 1 章总则（目的）第 1 条明确

---

① 「環境基本法」，http：//law.e-gov.go.jp/cgi-bin/strsearch.cgi。
② a.「景観法」，http：//law.e-gov.go.jp/cgi-bin/strsearch.cgi。b.《景观法》可归入日本法律、日本环境法、日本景观法、日本城市规划相关法规、不动产法等，笔者作为日本环境法来讨论。
③ 「循環型社会形成推進基本法」，http：//law.e-gov.go.jp/cgi-bin/strsearch.cgi。
④ 「都市緑地法」，http：//law.e-gov.go.jp/cgi-bin/strsearch.cgi。

规定:"这部法律依据《环境基本法》(1993 年法律第 91 号)的基本理念,就循环型社会的形成,规定基本原则,明确国家、地方公共团体、事业者、国民及民间团体的职责,同时确定有关循环型社会的基本规划及其他循环型社会形成的政策基本事项,合理并有计划地推进有关循环型社会形成的政策,由此为确保现在及未来的国民健康文化生活做出贡献。"

《关于推进国家考虑温室气体排放和削减的法律》①(2007 年 5 月 23 日法律第 56 号)(目的)第 1 条明确规定:"这部法律是通过推进国家考虑温室气体的排放和削减,明确国家职责的同时,规定基本方针及其他必要事项,谋求温室气体的削减,构建对环境负荷较小的可持续发展社会。"

《生物多样性基本法》②(2008 年 6 月 6 日法律第 58 号)是以《环境基本法》为基本理念制定的下位法。《生物多样性基本法》第 1 章总则(目的)第 1 条明确规定:"这部法律依据《环境基本法》(1993 年法律第 91 号)的基本理念,关于生物多样性保护及可持续利用,规定基本原则,明确国家、地方公共团体、事业者、国民及民间团体的职责,同时制定有关生物多样性的国家战略、其他生物的多样性保护政策及可持续利用政策的基本事项,综合并有计划地推进生物多样性保护及可持续利用,由此保护生物的多样性,谋求实现未来可享受的、与自然共存的社会,并且为保护地球环境做出贡献。"

《关于促进城市低碳化的法律》③(2012 年 9 月 5 日法律第 84 号,最终修订 2014 年 6 月 4 日法律第 54 号)第 1 章总则(目的)第 1 条明确规定:"这一法律解决伴随社会经济活动而产生的二氧化碳问题,通过制定有关促进城市低碳化的基本方针政策的同时,制定市、町、村低碳社区规划,实施以此为基础的特别措施与促进低碳建筑物普及的措施,与《有关推进地球温暖化对策法律》(1998 年法律第 117 号)一起,谋求城市低碳化,为城市健康发展做出贡献。"(定义)第 2 条指出:"1. 在这部法律中所谓'城市低碳化'是指限制由城市社会经济活动产生的二氧化碳的排放,保护及强化其吸收作用。2. 在这一法律中所谓'低碳社区规划'是指市、町、村

---

① 「国等における温室効果ガス等の排出の削減に配慮した契約の推進に関する法律」,http://law.e-gov.go.jp/cgi-bin/strsearch.cgi.
② 「生物多様性基本法」,http://law.e-gov.go.jp/cgi-bin/strsearch.cgi.
③ 「都市の低炭素化の促進に関する法律」,http://law.e-gov.go.jp/cgi-bin/strsearch.cgi.

进行的有关促进城市低碳化的社区建设,由第 7 条规定。3. 这一法律中所谓的'低碳建筑物'是指有助于限制二氧化碳排放的建筑物,根据第 53 条第 1 款规定的低碳建筑物新建等规划,进行新建或扩建、改建、修理、改装,或者安装或修理空调设备以及其他设备。"

(2) 出台地方环境保护条例。

《柴油车规则条例》由地方自治体为防止柴油车引起公害的扩大而制定。规定不适合环境政策规定的商用柴油车不能在对象地区内行驶。命令未达排放标准的柴油机车禁止行驶,若不听从命令可罚款。若旧式柴油车的车辆加装除 PM(柴油机颗粒物排放)装置则可以从行驶规则对象中排除。

《埼玉县生活环境保护条例》《千叶县有关柴油车颗粒物排放控制条例》《有关确保东京都市民健康和安全的环境条例》《关于神奈川县生活环境保护等条例》均自 2003 年 10 月起施行。《有关兵库县环境保护与创造的条例》自 2004 年 10 月起实施。《有关大阪府生活环境保护等条例第 40 条》自 2009 年 1 月 1 日起实施。

(3) 加入或签署有关环境保护条约及议定书。

《名古屋议定书》(Nagoya Protocol)为 2010 年 10 月 29 日在爱知县名古屋市名古屋国际会议厅召开的第 10 届缔约国会议(COP10)上通过的生物多样性条约议定书。正式名称:《生物多样性公约关于遗传资源获取和公正公平分享由遗传资源利用产生惠益的名古屋议定书》(The Nagoya Protocol on Access to Genetic Resources and the Fair and Equitable Sharing of Benefits Arising from their Utilization to the Convention on Biological Diversity)亦称《名古屋 ABS 议定书》。主要内容①:①与遗传资源并列,与遗传资源相关的原住居民的传统知识也被定为利益分配的对象。②利益中包含金钱利益和非金钱利益,通过相互协商进行分配。③关于遗传资源的获取,必须得到资源提供国的事先同意。④设立多国间的利益分配结构。⑤在获取病原体以防备出现紧急事态时,应尽早联系并实施利益分配。⑥各国采取必要的法律措施,检查企业和研究机构对获取的遗产资源有无不正当利用。

《保护臭氧层维也纳公约》1985 年制定,1988 年生效,日本于 1988 年

---

① 「名古屋議定書」,http://ja.wikipedia.org。

加入。蒙特利尔协议书于 1987 年采纳该条约。条约规定：①为了保护人类的健康及环境，要采取适当措施（第 2 条）；②要进行研究及组织观察（第 2 条）；③要进行有关法律、科学技术等国际合作。

2. 有关环境示范城市构想：低碳社区、低碳城市、低碳社会

为落实上述有关保护环境的政策、法规以及国际条约和议定书中的相关内容，同时与地方活性化这一政策连动，日本政府提出有关环境示范城市构想，以实现未来的低碳社会。内阁官房地域活性化统合事务局、内阁府地域活性化推进室就环境示范城市与环境未来城市，定义如下①：注重世界规模的城市化，推进"环境未来城市"建设，实现城市的可持续发展。环境示范城市向实现可持续发展、低碳社会这一高目标迈进，指向低碳社会，支撑"环境未来城市"的建设。环境未来城市积极应对环境、老龄化等人类共同课题，创造环境、社会、经济三种价值，建设"人人想居住的城市""人人活力并发的城市"。日本政府应统一推进建设这些环境示范城市和环境未来城市，目标指向那些确定为"环境未来城市"构想的理想型城市和地区。推进环境示范城市的目的②主要在于：①为将日本转换为低碳社会，必须从根本上改变国民的生活方式、城市和交通现状等；②为了建设今后的低碳社会，国家将那些提出温室气体大幅度削减等高目标的、领先应对挑战的城市选为"环境示范城市"，对其进行支援；③通过发挥市民及当地企业共同协作等地方团结一致的优势，构筑低碳型城市，同时降低地球环境负荷，由此恢复地方的活力。

3. 确立环境示范城市，展现未来发展模式

关于环境示范城市的确定③，2008 年 5 月 21 日有"环境示范城市"82 件提案。内阁官房地域活性化统合事务局于 2008 年 7 月 22 日从全国 82 件提案中选定 6 件为"环境示范城市"，7 件为"环境示范候补城市"。入选"环境示范城市"的是：大城市中有横滨市、北九州市；地方中心城市有富山市、带广市；小规模市、町、村有下川町（北海道）、水俣市。入选"环

---

① 「環境モデル都市・環境未来都市」，http：//www.kantei.go.jp/jp/singi/tiiki/kankyo/index.html。
② 「環境モデル都市・環境未来都市」，http：//www.kantei.go.jp/jp/singi/tiiki/kankyo/index.html。
③ 「環境モデル都市・環境未来都市」，http：//www.kantei.go.jp/jp/singi/tiiki/kankyo/index.html。

境示范候补城市"的是：大城市中有京都市、堺市；地方中心城市有饭田市、丰田市；小规模市、町、村有梼原町（高知县）、宫古岛市；特别区为东京千代田区。内阁官房地域活性化统合事务局于 2009 年 1 月 22 日将上述"环境示范候补城市"升格为"环境示范城市"，到此确立了 13 个"环境示范城市"。

4. 有关环境示范城市实践活动

（1）环境示范城市饭田市："节能 + 创能"型社区建设。

长野县饭田市，人口约 11 万人，面积 659 平方公里。饭田市作为环境示范城市行动计划概要①如下。削减目标（中期 2030 年）：以 2005 年为标准，将以家庭为单位的二氧化碳排放量削减 40% ~ 50%。长期目标（2050 年）削减 70%。①最大限度地灵活应用"太阳""树林"的能源（促进太阳能等的利用，并形成一套大范围的太阳热、木质颗粒供热系统）；②建筑物节能化（计划普及有饭田地方特色的节能型建筑物）；③从抑制温室气体排放的角度出发利用森林及木材（有计划地在整个地区普及地方木材，即建材和木质颗粒、木柴等，将其作为能源利用，并合理布局森林）；④推进环境友好型交通工具的利用（促进电动汽车、电动自行车、公共交通的利用）；⑤与产业界进行合作（与全地区环境 ISO 研究会、产业界边合作边推进二氧化碳削减活动）；⑥培养低碳的意识（为了使整个地区形成共识，与各位市民一起考虑制定低碳社会基本条例）。为此，2009 年 4 月 10 日饭田市设置饭田市地球温暖化对策推进总部，监督各部门的执行情况。

（2）环境示范城市北九州市：从低碳社区建设，到面向亚洲的低碳化。

北九州市，人口约 99 万人、总面积 488 平方公里。作为工业城市，有克服严重公害的业绩。北九州市作为环境示范城市行动计划概要②如下：①2030 年削减 30%的二氧化碳，2050 年削减 50% ~ 60%（以 2005 年为标准）；②支援亚洲地区削减 150%，以代表世界、亚洲的环境示范城市为目标；③低碳社区建设（低碳先进示范街区、环境友好型建筑物、新型汽车交通系统、社区再生资源的环境布局、中心城区的低碳化和活性化）；④新能源的导入（充分利用能源供给系统、北九州"氢气城"、太阳能工厂）；

---

① 環境モデル都市飯田，http：//www.ecomodel-iida.com/outline/model/index.html。
② 「環境モデル都市」（2010 年 3 月 29 日），http：//www.kantei.go.jp/jp/singi/tiiki/kankyo/upload/100329EMCgaiyou/gaiyou1003xxver.pdf。

⑤市民参与计划（北九州版减碳环保积分制①、低碳社会综合学习系统②）；
⑥亚洲低碳化。

关于上述"亚洲低碳化"③，北九州市致力于提高"低碳化技术"，并将技术全面转移到亚洲地区，促进成长中的亚洲建设低碳社会。在1960年代克服过严重公害的北九州市想将在这一过程中所取得的技术和经验应用在国际环境合作中。而且，如今在"创建'真正'富有的城市，传承至下一代"这一使命的召唤下，北九州市为实现名副其实的"世界环境首都④"目标，开始迎接新的挑战。

四 文化政策与城市观光、创新城市

1. 有关文化城市的法规及政策⑤

（1）《文化财产保护法》。

《文化财产保护法》⑥（1950年5月30日法律第214号，最终修订2014年6月13日法律第69号）第1章总则第1条明确规定："这部法律旨在保存文化财产，且谋求其灵活应用，在提升国民文化的同时，为世界文化进步做贡献。"

这部法律将文化财产分为5类：①有形文化财产（建筑物、绘画、雕刻、工艺品、书籍、典籍、古文书以及其他有形文化所产生的、历史上或艺术上具有高价值的物品、考古资料、其他学术价值高的历史资料）；②无

---

① 环保积分（eco point）是消费者购买环境型商品时赠与的积分。环保积分是根据"通过环保积分促进绿色家电普及项目"实施的，由总务省、经济产业省、环境省2009年5月开始实行。

② 低碳社会综合学习系统（Super CAT）相关项目旨在构筑市民可以综合学习低碳社会建设必要知识的环境学习体系。针对该项目北九州市投入经费达1亿7百万日元，是"开拓未来"中的一个项目，http：//www.city.kitakyushu.lg.jp/page/dayori/100501/special/special2.html。

③ 以下内容至本段落结束参考「環境国際協力・はじめに」，http：//www.city.kitakyushu.lg.jp/kankyou/file__0263.html。

④ 北九州市在应对环境问题方面在NGO主办的"日本环境首都大赛"中连续两年第一，http：//www.city.kitakyushu.lg.jp/kankyou/file__0291.html。

⑤ 已将"景观绿三法"（《景观法》《景观法施行相关配套法》《城市绿地法》）作为"环境保护法律政策与环境示范城市构想"进行探讨，由于"景观"是城市规划中涉及城市文化的基本指标之一，因而以下部分不再探讨。

⑥ 「文化財保護法」，http：//law.e-gov.go.jp/cgi-bin/strsearch.cgi。

形文化财产（戏剧、音乐、工艺技术以及其他历史上或艺术上具有高价值的物品）；③民俗文化财产（衣食住、信仰、风俗习惯、民俗艺能以及相关衣服、器具、房子等）；④纪念物（古坟、都城遗迹、古城遗迹、旧宅以及其他历史上或学术上具有高价值的物品，庭院、桥梁、峡谷、海滨、山岳及其他名胜古迹，艺术上或观赏上具有高价值的物品，动物、植物和地质矿物，在学术上具有高价值的物品）；⑤传统建筑群（与周围环境成为一体、形成历史景致的传统建筑物群）。政府认定这些文化财产中最重要的为重要文化财产，对其进行特别保护。

（2）国际观光文化城市。

《为国际观光文化城市布局的财政措施法律》①（1977年6月16日法律第71号，最终修订2011年8月30日法律第105号）的第1条明确规定："这部法律旨在使国际观光文化城市对我国国民生活、文化及国际友好发挥作用，为增加这些城市中必要的设施，制定有关国际观光文化城市布局的规划以及以此为基础的必要的财政措施等，谋求形成与国际观光文化城市相符合的良好城市环境，同时为国际文化交流做出贡献。"

国际观光文化城市是根据《日本国宪法》第95条或《为国际观光文化城市布局的财政措施法律》（1977年6月16日法律第71号，最终修订2011年8月30日法律第105号），为促进国际观光事业发展而指定的城市。

根据从1950年到1951年制定的个别法、特别都市建设法，指定9座城市（大分县别府市、静冈县伊东市、静冈县热海市、奈良县奈良市、京都府京都市、岛根县松江市、兵库县芦屋市、爱媛县松山市、长野县北佐久郡轻井泽町）为国际观光文化城市，根据《为国际观光文化城市布局的财政措施法律施行令》（1977年政令第308号）指定3座城市（栃木县日光市、三重县鸟羽市、长崎县长崎市）为国际观光文化城市。

（3）政策推进产业遗产，文化引导社区建设。

世界遗产登录②是一项重要政策。对于那些正处于生产运转中的产业遗产，政府出于对遗产价值适当保护的考虑，对负责生产运转企业经营进行

---

① 「国際観光文化都市の整備のための財政上の措置等に関する法律」，http：//law.e-gov.go.jp/cgi-bin/strsearch.cgi。

② 「産業遺産の世界遺産登録推進」，http：//www.kantei.go.jp/jp/singi/tiiki/sangyouisan/index.html。

最小化的制约，2012年5月25日日本内阁确立向世界遗产登录推荐产业遗产群的新框架。现在基于这一新框架，正在积极申报2015年度世界遗产。

将先辈遗留下来的业绩称为"产业遗产"，由国家加以指定，作为地方观光资源等，与地方活性化相联系，这一尝试早在2007年就已开始。① 经济产业省成立"产业遗产活用委员会"，决定到2007年秋天为止选定从江户幕府末期到第二次世界大战前的产业遗产，认为"各地分散的产业遗产以及附加建筑物等价值，该政策对产业技术发展起过重要作用，先辈们的故事可以成为对地方活性化有益的'种子'"，该政策特征是重视故事性。

2. 阿瓦尼原则②强调"地方原则"，表现地方独特性的社区建设

阿瓦尼原则中包括的地方原则明确规定：①以往地方的土地利用者首先考虑与汽车专用高速公路的整合性，但今后必须首先考虑与以公交线路为中心的大规模交通运输网络的整合性；②地方必须以由自然条件决定的绿化带和野生生物的栖息边界等为界线，保持与其他地方的分界线，而且经常维持这一边界；③市政厅、体育馆、博物馆等地方中心设施必须位于城市的中心部位；④当地的历史、文化建筑应该表现出该地方的独特性，而且采用凸显地方特色的建设方法及建筑材料。

3. 多元文化城市政策、多元文化社区建设与创意城市

（1）多元文化城市政策与多元文化社区建设。

就城市文化政策与社区建设这一主题，开展创意城市研究，围绕创意城市的理论与治理，考察理论的最新动向，并关注创意产业、财政以及多元文化共生等课题，将支持文化城市政策的结构及方向性作为预测城市创意性的前提条件和方法。该研究在有关多元文化城市政策与地方再生论题方面提出的与外国人共存、文化多样性和创造性的论点值得关注。多元社区建设与历史认识问题研究（松本，2012）认为，《漫画嫌韩流》③之所以引发恐韩，掀起反对韩国人在日居住浪潮，原因在于在日本多元文化社区的建设中忽略了历史认识问题，而且恐韩会对政府推动的多元社区建设实践构成威胁。

---

① 「産業遺産」，http：//www.weblio.jp，转引自http：//www.kkc.or.jp。
② 参照有关 Ahwahnee Principles 以及有关 Ahwahnee Principles 中的"社区原则"。
③ 《漫画嫌韩流》最早于2005年7月26日发行，续集有《漫画嫌韩流2》，此后还出版《韩国中的日本》系列和《漫画嫌中国流》等作品。出版社为晋游舍。

(2) 创意城市与紧凑城市、智慧城市。

与中心城区活性化动向同步的有"创意城市"这一研究动向以及一系列城市及地方的创意活动。在多元文化城市政策以及在中心城区活性化政策的引导下，日本政府开展多元文化社区建设实践活动，以反映城市文化的多样性，这一方面有助于构筑创意城市，另一方面也适应全球化城市发展趋势。这里所指的创意城市或创新城市偏重于文化及制度层面的创新，并非仅限于技术文化层面的创新。

对于 creative city（Landry, C., 2000）一词，日本一般不用外来语，而用日语汉字"创造都市"，但 creative 与 city 均可用外来语表述。该词与 compact city（紧凑城市）、smart city（智慧城市或智能城市）均有关系。smart city 与 compact city 这一外来语不同的地方在于该词并未出现在法律、法规、政策等正式文本中。与 smart city 一词类似的 sapiential city（智慧城市）也未成为日语外来语。智慧城市（smart city）作为外来语被广泛使用，是指运用信息通信及其他技术管理能源消费，以适度的方式控制城市发展。[①]

五 介护保险制度与健康、长寿社区

1. 社会福祉六法、《社会福祉法》、《介护保险法》及介护保险制度

社会福祉六法指《生活保护法》《儿童福祉法》《身体障碍者福祉法》《智力障碍者福祉法》《老人福祉法》及《母子及寡妇福祉法》。[②]

《生活保护法》（1950 年 5 月 4 日法律第 144 号，最终修订 2014 年 6 月 25 日法律第 83 号）是保障国民最低水平生活的同时支援国民可自立生活的法律。

《儿童福祉法》（1947 年 12 月 12 日法律第 164 号，最终修订 2014 年 6 月 25 日法律第 79 号）是以儿童健康出生、健康成长为目标的法律，对育儿、母子保护、防止儿童虐待等所有儿童福祉进行支援的法律。

《身体障碍者福祉法》（1949 年 12 月 26 日法律第 283 号，最终修订

---

① Smart city 一词的基本定义源自日本『新語時事用語辞典』，http：//www.breaking-news-words.com，关于该词条有如下说明："荷兰（阿姆斯特丹智慧城市）、阿拉伯联合酋长国（马斯达尔城）、中国（天津生态城市）等，正在推进智慧城市的建设与实证研究。日本在经济产业省的主导下，为了实现智慧城市而积极活动"。

② 「社会福祉六法」，http：//law.e-gov.go.jp/cgi-bin/strsearch.cgi。

2014年6月13日法律第67号）对天生或非天生、因某种原因导致身体部分功能出现障碍的人进行援助，若有必要对其加以保护，增进其福祉。

《智力障碍者福祉法》（1960年3月31日法律第37号，最终修订2014年6月4日法律第51号）对智力障碍者进行援助和必要保护，以增进其福祉。

《老人福祉法》（1963年7月11日法律第133号，最终修订2014年6月25日法律第83号）是阐明老人福祉原理、对老人采取必要措施，增进老人福祉，以使其身心健康及生活稳定的法律。

《母子及寡妇福祉法》（1964年7月1日法律第129号，最终修订2014年4月23日法律第28号）是在阐明有关母子家庭及寡妇（丧夫或离婚、未改嫁的女性）福祉原理同时，为使其生活稳定对其进行必要援助的法律。

《社会福祉法》[1]（1951年3月29日法律第45号，最终修订2014年6月4日法律第51号）为规定有关社会福祉的日本法律。旧法名称为《社会福祉事业法》，政府于2000年法律第111号修改法律名称。《社会福祉法》第1章总则第1条写明："这一法律旨在规定以社会福祉为目的的所有领域共通的基本事项，与以社会福祉为目的的其他法律一起，保护福祉服务利用者的利益，增进地区社会福祉，同时确保社会福祉事业公正、正当实施以及以社会福祉为目的事业健康发展，增进社会福祉。"

《介护保险法》[2]（1997年12月17日法律第123号，最终修订2014年6月25日法律第83号）旨在对需要介护者进行保健医疗服务和福利服务，1997年12月27日被通过，自2000年4月1日起实施。是为了减轻介护家庭负担而由整个社会支撑介护的介护保险制度。

第1章总则（目的）第1条规定："这一法律针对那些因年龄增长、身患疾病而处于需要介护状态的人，对其进行入浴、排泄、就餐等介护、功能训练以及护理及疗养上的管理等，为了让其保持尊严，可以让其进行力所能及的日常生活，政府对必要的保健医疗服务及福利服务进行支付，这是基于国民共同团结理念而设立的介护保险制度，规定保险支付的必要事项，以此提升国民保健医疗水平，增进福祉。"[3]

---

[1]「社会福祉法」，http://law.e-gov.go.jp/cgi-bin/strsearch.cgi。
[2]「介護保険法」，http://law.e-gov.go.jp/cgi-bin/strsearch.cgi。
[3]「介護保険法」，http://law.e-gov.go.jp/cgi-bin/strsearch.cgi。

2. 作为地方活性化的一环，开展 smart wellness city 社区建设的实践活动与理论探讨

（1）实现健康长寿社会的 smart wellness city（SWC）。

新潟县见附市、福岛县伊达市等 7 市两个团体向国家申请"创建健康幸福长寿社会：smart wellness city 综合特区"（SWC 特区），2011 年 12 月这两座城市被定为"地方活性化综合特区"。这一特区是指"最大限度地运用地方资源，提升地方实力"。在 SWC 特区，通过预防常见病，减少外出困难者，对当地所有居民提供健康支援，基于科学而客观的标准，构筑准确把握当地居民健康状况的体制，目标是"是人们感到生活有意义，可以过上安心而丰富多彩的生活"。

（2）有关实现健康长寿社会的 smart wellness city 理论探讨。

久住时男①（2013）在地方积极开展具有前瞻性的养老社区模式——smart wellness city，积极构筑地方综合护理体系，摸索并推进与健康、医疗、福祉相结合的社区建设模式，认为任何人都可以在这样的社区里健康幸福。基于多视角，综合地分析论证实现健康长寿社会的可能性，为 smart wellness city 实践活动提供重要依据。

（3）新潟县见附市"自律"新政引导社区建设创新。

见附市②位于新潟县中部，人口 41847 人（2014 年 10 月 1 日），面积为 77.96 平方公里。见附市市长久住时男的新政③业绩斐然。

2003 年设立今町亲代照料支援中心（到 2008 年为止市内设立 3 处）。

2003 年在表参道新潟馆举办第一届"见附珍藏百选"。

2003 年开展第一届"学校述职"活动。

2003 年"社区公交车"开始运行。

2004 年设立"市民交流中心"。

2005 年开始推行"幸福退休项目"和"悠然人生"。

2005 年为建设自律型社区，策划"自律推进项目"。

2006 年创设葛卷地区社区协议会。

2008 年将 0 岁以上儿童的一切问题移交给教育委员会统一管理。

---

① 「久住時男」，http：//ja.wikipedia.org。
② 「市のプロフィール」，http：//www.city.mitsuke.niigata.jp。
③ 「市のプロフィール」，http：//www.city.mitsuke.niigata.jp。

2008 年开办"今町亲代照料支援中心"。

2008 年在见附市市立医院一楼开设"健康车站"。

2009 年"探索英国花园"开始运营。

2009 年今町小学新校舍竣工。

2010 年见附传承馆开始运营。

2011 见附市接受东日本大地震 487 名避难者。

2011 年新潟县见附市被指定为 smart wellness city 综合特区。

2012 年制定《见附市健康幸福基本条例》和《见附市步行条例》。①

2012 年见附市临终笔录②中编入接受"健康幸福"理念的"我的人生记录"。

久住时男出生于新潟见附市，2002 年 11 月起就任见附市市长，2010 年 10 月第 3 次当选，为无党派人士。由于在 2003 年 11 月实施的与周边市、町、村合并的市民问卷调查中半数以上市民反对合并，所以久住选择不参加法定合并协议会。其政策目标是建设"自律"型城市，为此推进以下措施：停止职员录用，削减人员 13.4%，削减市议会议员，引入公共设施管理者制度，引入连接见附市市中心与今町地区的社区公交车，开始在新潟县中部产业住宅区（见附市科技园区）开展招商活动以振兴产业等。

3. 白金社会研究会和白金构想：构建日本版未来养老社区

（1）白金社会研究会与日本版 CCRC。

白金社会研究会③设立的背景是实现工业社会的物质富裕，解决 21 世

---

① 「见附市健幸基本条例」「见附市步こう条例」见附市，http：//www.city.mitsuke.niigata.jp。

② a. 临终笔录，或称临终笔记、死前备忘录等，原文为英语 ending note，对应的日语汉字为"终活"（临终活动），与"就活"（就职活动）发音相同。"终活"为 2012 年流行语。「エンディングノート」，http：//ja.wikipedia.org。b. "临终笔录"一词指日本地方政府福祉部门发放的小册子。堺市南区政府保健福祉综合中心社区福祉科发放的临终笔记目录有：①我的简历。②回顾往事。③我逝去的岁月。④对家人及亲戚的回忆。⑤我的家谱。⑥我对珍爱的人的赠言：第一，有关照护和护理的希望；第二，关于延长寿命、脑死亡、病名告知等的想法；第三，有关葬礼等的希望；第四，关于我的遗言。⑦给珍爱的人的留言。⑧关于财产。⑨有关地区附近的咨询窗口，http：//www.city.sakai.lg.jp/minami/kurashi/sogocenter/korei/haifu.html。临终笔记也作为书籍和文具出售。也有自治体及 NGO 等举行的有关临终笔记的讲座，http：//ja.wikipedia.org。c. "临终笔录"一词指 2011 年公开发行的以临终笔录为题材的日本电影《临终笔记》（砂田麻美导演）。该片在日本纪录片中，自『ゆきゆきて、神軍』（1987 年）以来票房首次突破 1 亿日元，http：//ja.wikipedia.org。

③ プラチナ社会研究会事务局长村上清明「プラチナ社会研究会について」，http：//platinum.mri.co.jp/platinum-society/about/index。

纪的老龄化社会问题、环境问题及雇佣问题。由于这些问题起因于"物质富裕"，因此靠提高生产率及降低成本等方法去解决是不可能的。为加以根本解决，必须使工业社会进化到上一级社会，三菱综合研究所（MRI）将其称作"白金社会"（platinum society），并将实现白金社会的构想命名为"白金构想"（platinum vision）。所谓白金社会是指下一代社会发展模式，而且这一模式可以创造出生态产业、健康产业、知识产业这三个产业合作的新型产业。为推动这项运动，三菱综合研究所于 2010 年 4 月 1 日设立由产业界、政府和学术界组成的会员组织"白金社会研究会"。到 2013 年 8 月有 330 多名会员（企业会员 158 名、自治体会员 88 名、大学研究机构人员及其他 92 名）。

三菱综合研究所（MRI）与日美不动产协力机构（LARECO）研究"建设健康、老龄、节能的可持续社区"的政策建议、以促进国民运动"大家行动吧，日本版 CCRC[①]"为目标，于 2014 年 7 月 10 日共同成立"可持续白金社会政策研究会"。[②] MRI 主办的白金社会研究会于 2012 年设立 CCRC 商务分科会，从新产业创新的观点研究 CCRC，为了在日本国内普及 CCRC 而与 LARECO 展开合作。根据美国养老社区的经验，CCRC 免去了从健康到需要照护时的搬迁，建立可以安心持续居住生活的老龄社区。美国约 2000 所 CCRC，大约有 60 万人居住，约 30 万亿日元的市场规模。

（2）白金构想。

白金构想[③]（platinum vision）概要如下：①解决物质富裕产生的三个课题（全球环境问题、老龄化、需求不足）。②日本成为世界引领者（工业社会无法解决 21 世界的三个难题，需要新的社会模式。明治维新 100 年后，第二次世界大战 22 年后，日本 GDP 名列世界第二，经济实力进入引领者行列。21 世界的今天成了迫于解决三大难题的第一个国家。也就是说成为后工业社会的引领者）。③要求引领者具有"Yes, We Will"的意志（若在世界上最早解决难题，不仅能在产业上确立优势，而且能成为受世界尊敬的国家，这是真正的发达国家。引领者与追赶时代有很大差异。去向和道路

---

① CCRC（continuing care retirement communities）持续照护养老社区。
② 至本段落结束的内容出自「サステナブル・プラチナ・コミュニティ政策研究会」，http://platinum.mri.co.jp/recommendations/proposal/spc-20140710。
③ 三菱総合研究所理事長小宮山宏「プラチナ構想」プラチナ社会研究会，http://platinum.mri.co.jp/platinum-society/preface/index。

都必须由引领者自己创造。当然不可能进行高精度的预测。需要的是"做"这一意志）。④白金社会（"建设解决地球环境问题的健康的超老龄化社会"是21世纪世界各国的课题。将以高水准解决环境和老龄化社会这两个课题的社会称作"白金社会"）。⑤白金社会成就新产业的创造（通过减税等引起消费需求的方法不可持久。必须通过白金社会来创造新产业。环境、医疗、教育、基础设施配备及维护管理等领域中应解决的课题很多。迄今为止，在日本这些领域不是作为产业，而是作为社会成本来把握。但是，为了创造更舒适的社会而使用的钱，不应被看作成本，而应被看作投资，为了持续投资必须使其成为产业。而且，为了灵活运用民间资本，政府的作用也是重要的，包括放松管制、重新设立审查制度和技术标准、投入风险资金及公共财政、平衡既得利益者等）。

4. 构建未来社区模式：健康、医疗、福祉一体化社区

有关建设健康、医疗、福祉一体化的社区，日本城市规划协会杂志《新城市》出版特辑展开讨论。这里选出3篇：①推进健康、医疗、福祉一体化的社区建设，阐明政策重点及方向，推进地方落实健康、医疗、福祉一体化社区建设（国土交通省都市局社区建设推进科、国土交通省都市局街路交通设施科，2013）；②有关构建地方综合照护体系的研究探索未来地方社区照护模式，旨在构建健康、医疗、福祉一体化的养老社区（岡島，2013）；③有关探讨美国养老社区经验并展开日本白金社会建设活动的研究为"白金构想"提供理论依据（長谷川，2013）。

结　语

作为研究结论一，通过上述基于社会学方法论的实证研究，笔者考察日本城市规划、社区建设与政策法规，主要包括"社区建设三法"（1998～2000）[《修订城市规划法》、《大规模零售店铺布局法》（大店布局法）、《关于中心城区活性化法律》]、《城市再生特别措置法》（2002）、《住宅生活基本法》（2006）、《新国土整体构想》（2008）、《环境基本法》（1993）、《循环型社会形成推进基本法》（2000）、"景观绿三法"（2004）（《景观法》《景观法施行相关配套法》《城市绿地法》）、《关于推进国家考虑温室气体排放和削减的法律》（2007）、《生物多样性基本法》（2008）、《关于促进城市低碳化的法律》（2012）、《文化财产保护法》（1950）、《为国际观光文化城市布局的财政措施法律》（1977）、《社会福祉法》（1951）、《介护保险法》（1997）等，将这些政策法规涉及的紧凑型社区建设、中心城区活性化、低碳化社区建设、城市文化创新、健康长寿社区建设等相联系，试图找到关键问题，并以此为社区建设和规划定位。这些政策法规中也包含一些次要指标，或许有助于未来构建规范化的、系统完整的社区规划指标体系。

作为研究结论二，本文论证了政策法规作为一种先导性或引导性指标，在城市规划及社区建设和规划中所发挥的作用（比如，《关于中心城区活性化法律》《介护保险法》《关于促进城市低碳化的法律》等）。毋庸置疑，为了保证城市规划及社区建设操作的顺利实施与展开，日本政府需要根据新形势新情况不断做出修正。

作为研究结论三，本文认为日本在城市规划及社区建设和规划上紧跟欧美主流（比如，日本紧凑型社区建设、从阿瓦尼原则到新城市主义宪章、日本未来养老社区 CCRC、中心城区活性化法律及城市再生等），与此同时在相关概念或实践方面甚至超越欧美（比如，《介护保险法》及介护保险制度、"白金社会""白金构想""临终笔录"、smart wellness city 社区建设等）。

作为研究结论四，本文认为日本社区建设概念及实践（比如，日本版紧凑城市构想由东北地区及神户地区率先提出，新潟县见附市"自律"新政引领 smart wellness city 社区建设）以及一些地方条例（《埼玉县生活环境保护条例》、《千叶县有关柴油车颗粒物排放控制条例》、《有关确保东京都市民健康和安全的环境条例》、《关于神奈川县生活环境保护等条例》、《有关兵库县环境保护与创造的条例》、《有关大阪府生活环境保护等条例第 40 条》等保护环境条例与《见附市健康幸福基本条例》和《见附市步行条例》等养老健康条例）源自地方，可以认为这是与日本中央放宽管制，激活地方自治体及民间力量等政策转变有很大关系。

参考文献

曹康，2008，《以探针的方式解读日本城市规划》，《国际城市规划》第 2 期。
高晓路，2004，《关于城市规划中外部经济效果的分析——日本规划政策的研究实例》，《2004 城市规划年会论文集（上）》。

简·雅各布斯著，金衡山译，2005，《美国大城市的死与生》，译林出版社。

卡尔·帕顿、大卫·沙维奇著，孙兰芝、胡启生等译，《公共政策分析和规划的初步方法》，华夏出版社。

刘豪兴，1993，《国外社会学综览》，天津人民出版社。

刘强、刘武君，1993，《日本的城市规划制度——日本城市规划法研究（之二）》，《国外城市规划》第 3 期。

刘强、刘武君，1994，《规制放松与现代城市法——日本城市规划法研究（之四）》，《国外城市规划》第 1 期。

刘强、刘武君，1996，《环境与开发——关于 1992 年日本城市规划法修改的研究》，《国外城市规划》第 1 期。

谭纵波，1999，《日本城市规划行政体制概观》，《国外城市规划》第 4 期。

谭纵波，2000，《日本的城市规划法规体系》，《国外城市规划》第 1 期。

谭纵波，2008，《从中央集权走向地方分权——日本城市规划事权的演变与启示》，《国际城市规划》第 2 期。

王德、唐相龙，2010，《日本城市郊区农村规划与管理的法律制度及启示》，《国际城市规划》第 2 期。

Aldous, Tony, 1992, Urban Villages: A Concept for Creating Mixed Use Urban Developments on a Sustainable Scale, London: Urban Villages Group.

Carmon, Naomi, Fainstein, Susan S., 2013, (eds.), Policy, Planning, and People: Promoting Justice in Urban Development, University of Pennsylvania Press, Inc.

Dantzig, G. B., Saaty, T. L., 1973, Compact City: A Plan for a Liveable Urban Environment, W. H. Freeman, San Francisco.

Frieden, Bernard J., Morris, Robert, 1968, (eds.), Urban Planning and Social Policy, Basic Books.

Hudson, Barclay M., 1979, "Comparison of Current Planning Theories: Counterparts and Contradictions." Journal of the American Planning Association, Volume 45, Number 4.

Jacobs, Jane, 1961, The Death and Life of Great American Cities, New York: Random House.

Jenks, M., Burton, E., Williams, K. (eds.), 1996, The Compact City: A Sustainable Urban Form? London: Spon Press.

Landry, Charles, 2000, The Creative City: A Toolkit for Urban Innovators, London: Earthscan.

Robertson, Roland, 1992, Globalization: Social Theory and Global Culture, Sage.

森口繁一監訳、奥平耕造・野口悠紀雄訳，1974，『コンパクトシティ―豊かな生活空間四次元都市の青写真』日科技連出版社。

黒川紀章抄訳，1969，『アメリカ大都市の死と生』日本鹿島出版会。

山形浩生全訳，2010，『アメリカ大都市の死と生』日本鹿島出版会。

神戸市コンパクトシティ研究会・こうべまちづくりセンター訳，海道清信監修『コンパクトシティ―持続可能な都市形態を求めて』阪神大震災復興市民まちづくり支援ネットワーク出版、2000。

阿部美哉訳，1997，『グローバリゼーション 地球文化の社会理論』東京大学出版会。

家田仁、岡並木、国際交通安全学会都市と交通研究グループ著，2002，『都市再生―交通学からの解答』、学芸出版社。

内海麻利，2010，『まちづくり条例の実態と理論―都市計画法制の補完から自治の手だてへ』第一法規出版。

海道清信，2001，『コンパクトシティ：持続可能な社会の都市像を求めて』学芸出版社。

岡島さおり，2013，「地域包括ケアシステムの構築に向けた取組」（特集健康・医療・福祉と連携したまちづくり）『新都市』67（10），28–31。

大西隆編著，2010a.，『低炭素都市―これからのまちづくり』学芸出版社。

大西隆編著，2010b.，『広域計画と地域の持続可能性』学芸出版社。

大西隆編著，2011， 『人口減少時代の都市計画―まちづくりの制度と戦略―』学芸出版社。

馬場哲，2009–2011，『「社会政策的都市政策」の概念史的・比較史的研究』，「科学研究費助成事業2011年度研究成果報告書」。

川村健一、小門裕幸，1995，『サステイナブル・コミュニティ―持続可能な都市のあり方を求めて』学芸出版社。

久住時男，2013，『誰もが自然と健康になれる「健幸」なまち：スマートウエルネスシティを目指して』（特集健康・医療・福祉と連携したまちづくり）『新都市』67（10），32–34。

クッド研究所、学芸出版社企画編集，2010a，『季刊まちづくり』（26）（特集 地域づくりの視点から都市計画制度に提案する）学芸出版社。

クッド研究所、学芸出版社企画編集，2010b，『季刊まちづくり』（27）（特集 都市計画よ！地域主権型まちづくりの進路を示せ）学芸出版社。

久野譜也、松原悟朗、吉澤裕世，2013，「健康長寿社会を実現するSmart Wellness City」『新都市』67（6），60–67。

国土交通省都市局まちづくり推進課、国土交通省都市局街路交通施設課，2013，「健康・医療・福祉のまちづくり」の推進について」，特集健康・医療・福祉と連携したまちづくり，『新都市』67（10），25–27。

小林重敬，2008，『都市計画はどう変わるか―マーケットとコミュニティの葛藤を超えて』学芸出版社。

神戸市，1999，『コンパクトシティ構想―持続可能な都市づくり、地域発意のまちづくり』復興・活性化推進懇話会。

斎藤友之, 2013,「柔らかなコミュニティ政府の形成：住民自治組織と社会的企業の連携」,『社会科学論集』(139), 131-150, 埼玉大学経済学会。

佐々木宏幸、斎木崇人, 2010,「ニューアーバニズム理論の特徴と変容に関する研究：アワニー原則とニューアーバニズム憲章の比較を通して（建築・環境デザイン）」*Design Research* (53), 72-79, Design Research Association。

佐々木雅幸、総合研究開発機構編, 2007,『創造都市への展望―都市の文化政策とまちづくり』学芸出版社。

（財）東北産業活性化センター, 2006,『コンパクトなまちづくりの時代人口減少高齢社会における都市のあり方』日本地域社会研究所。

（財）都市計画協会, 2007,『コンパクトなまちづくりぎょうせい』ぎょうせい。

南方建明, 2010,「中心市街地活性化と大型店立地の都市計画的規制：イギリスのタウンセンターマネジメントと小売開発規制からの示唆」*Japan Management Diagnosis Association*。

日経産業消費研究所, 2002,『地方都市再生への戦略―コンパクトシティーを目指して―』本経済新聞社日経産業消費研究所。

野嶋慎二, 2012,『英国におけるアーバンビレッジの概念とその実態に関する研究』, Concept and Actual Situation of Urban Villages in UK, IBSフェローシップ論文最終報告。

長谷川専, 2013,「米国リタイアメントコミュニティの経験とわが国におけるプラチナコミュニティへの展開」, 特集健康・医療・福祉と連携したまちづくり,『新都市』67 (10), 43-45。

長谷部俊治, 2005,『地域整備の転換期国土・都市・地域の政策の方向』大成出版社。

林梓聯、秋山邦裕, 2012,「台湾における農村活性化策略」,『鹿児島大学農学部学術報告』(62), 1-21, 鹿児島大学。

マイク・ジェンクス、エリザベス・バートン、カティ・ウイリアムス編著, 2000,『コンパクトシティ―持続可能な都市形態を求めて』阪神大震災復興市民まちづくり支援ネットワーク発行。

街なか居住研究会, 2000,『コンパクトな都市づくりを目指して東北地方におけるコンパクトシティ―』建設省東北地方建設局。

松永安光, 2005,『まちづくりの新潮流：コンパクトシティ/ニューアーバニズム/アーバンビレッジ』彰国社。

松本邦彦, 2012,『多文化共生論と歴史認識：「嫌韓流」の挑戦を考察する』*Journal of Northeast Asian Studies* (18), 23-34。

的場信敬, 2012,「社会的持続性のための地域再生政策：コミュニティ・エンパワメントを志向するコミュニティーズ·ファースト事業の分析」,『龍谷政策学論集』2（1）,21-33,龍谷大学政策学会。

見田宗介、栗原彬、田中義久,1994,（eds.）『社会学事典』弘文堂。

蓑原敬,2009,『地域主権で始まる本当の都市計画・まちづくり—法制度の抜本改正へ』学芸出版社。

山本恭逸,2006,『コンパクトシティ—青森市の挑戦—』ぎょうせい。

图书在版编目(CIP)数据

同济大学社区研究·上海社区研究与规划/朱伟珏主编.—北京：社会科学文献出版社,2015.7
ISBN 978-7-5097-7700-8

Ⅰ.①同… Ⅱ.①朱… Ⅲ.①社区-城市建设-研究-上海市 Ⅳ.①D669.3

中国版本图书馆CIP数据核字(2015)第138491号

同济大学社区研究·上海社区研究与规划

主　　编 / 朱伟珏

出 版 人 / 谢寿光
项目统筹 / 谢蕊芬
责任编辑 / 孙　瑜　胡　亮　佟英磊

出　　版 / 社会科学文献出版社·社会政法分社(010)59367156
　　　　　 地址：北京市北三环中路甲29号院华龙大厦　邮编：100029
　　　　　 网址：www.ssap.com.cn

发　　行 / 市场营销中心 (010)59367081　59367090
　　　　　 读者服务中心 (010)59367028

印　　装 / 三河市东方印刷有限公司

规　　格 / 开　本：787mm×1092mm　1/16
　　　　　 印　张：18.5　字　数：302千字

版　　次 / 2015年7月第1版　2015年7月第1次印刷

书　　号 / ISBN 978-7-5097-7700-8

定　　价 / 79.00元

本书如有破损、缺页、装订错误，请与本社读者服务中心联系更换

▲ 版权所有 翻印必究